톰 라이트는 특유의 또렷한 분석과 풀이를 통해, 언제나처럼 기독교 신앙이 지닌 가장 본질적인 복음이 어떻게 우리의 일상과 공적인 삶과 연결되는지를 차분하게 제시한다. 다락방에 계신 하나님을 찾아가 그와 비밀스러운 이야기를 나눌 것이 아니라, 우리가 살아가는 일상과 공적인 삶의 현장 속에서 잔치를 베풀고 초대하시는 하나님과 더불어 그 잔치를 누리는 것이 복음의 골자임을 명료하게 보여 준다. 전쟁과 테러, 불평등, 차별이 존재하는 현실에서 라이트의 글은 언제나 유효하고 계속 주목받아야 한다.

김근주 기독연구원느헤미야 교수, 『특강 이사야』, 『복음의 공공성』 저자

이 책은 복음서와 바울 서신에 나타난 하나님 나라 신학을 통해 이 세상에서 기독교가 맡아야 할 공적 역할이 무엇인지 선명하게 보여 준다. 톰 라이트는 하나님 나라를 영적인 나라로 환원하려는 영지주의적 접근을 비판하고, 아울러 하나님 나라를 세상에서 배제하거나 세상과 동일시하려는 제국주의적 접근도 모두 거부한다. 이미 임한 하나님 나라와 성취라는 큰 그림 안에서 그리스도인으로 공적 영역에서 어떻게 살아야 할지 진지하게 고민하는 사람들에게 이 책은 큰 도움이 될 것이다.

신원하 고려신학대학원 원장, 기독교윤리학, 『죽음에 이르는 7가지 죄』 저자

상원의원이자 가장 흥미로운 성서학자들 가운데 한 사람인 톰 라이트는 이 책에서 자신의 오랜 경험을 바탕으로 오늘날 우리나라와 전 세계에서 가장 시급한 이슈들 중 일부를 다룬다. 이런 문제들에 대해 성경을 붙들고 지성을 사용하여 씨름하기 원하는 모든 사람들에게 설득력 있는 방향을 제시한다.

배로니스 콕스Baroness Cox 영국 상원의원

하나님이 공적인 삶으로 '귀환'하는 현상—비록 어떤 이들은 하나님이 실제로는 결코 떠난 적이 없다고 생각하지만—에 많은 사람들이 놀란다. 그리고 미묘한 뉘앙스의 분석이 (상당한 양의 허튼소리들과 함께) 대량으로 쏟아진다. 하지만 그것이 무엇을 의미하며 우리는 어떻게 대응해야 하는가를 묻는, 이 현상에 대한 견고하고도 사유 깊은 성경적 비평은 아직도 찾기 어렵다. 이 과업을 수행하기에 톰 라이트만큼 깊이 있고 전문성을 가진 사람은 희소하다. 라이트의 저술에 익숙한 독자들이라면 이 작품에 실망하지 않을 것이다. 『광장에 선 하나님』은 변화하는 풍경을 무시하지 않고, 성경이 우리에게 제시하는 지도와 나침반을 활용해 항해하기 원하는 사람들이라면 반드시 읽어야 하는 필독서다.

닉 스펜서 Nick Spencer 기독교 씽크탱크 기관 테오스Theos의 연구 이사

종교적 문맹(文盲) 상황 속에서 수십억 명의 사람들이 하나님을 믿고 '실천하는' 세상에 대해 거의 준비가 되어 있지 않다. 오늘날 세상은 선을 위해서든 악을 위해서든 강력한 힘으로 종교가 이용되는 곳이다. 『광장에 선 하나님』의 냉엄한 현실주의는 회고적 향수(鄕愁)로 빠져드는 경우가 결코 없으며, 변덕스럽고 위험한 바다의 항해에 필요한 해도와 지도를 제공한다. 톰 라이트의 메시지에는 진정성과 시급성이 배어 있다. 당신의 배경이 세속적이든 신앙적이든 상관없이, 『광장에 선 하나님』은 당신에게 중요한 통찰을 들려줄 것이다.

데이비드 앨턴 경 Lord Alton of Liverpool 영국 상원의원

광장에 선 하나님

톰 라이트

IVP(InterVarsity Press)는
캠퍼스와 세상 속의 하나님 나라 운동을 지향하는
IVF(InterVarsity Christian Fellowship)의 출판부로
생각하는 그리스도인을 위한 문서 운동을 실천합니다.

© Nicholas Thomas Wright 2016
This translation of *God in Public* first published in 2016
is published by arrangement with The Society for Promoting Christian Knowledge,
London, England, through rMaeng2, Seoul, Republic of Korea.
All rights reserved.

This Korean edition copyright © 2018 by Korea InterVarsity Press
156-10 Donggyo-Ro, Mapo-Gu, Seoul 04031, Republic of Korea

이 한국어판의 저작권은 알맹2 에이전시를 통하여
The Society for Promoting Christian Knowledge와 독점 계약한 IVP에 있습니다.
신 저작권법에 의하여 한국 내에서 보호받는 저작물이므로
무단 전재와 무단 복제를 금합니다.

광장에 선 하나님

톰 라이트 | 안시열 옮김

그리스도인, 어떻게 권력을 향해
진리를 외칠 것인가

lvp

앤드루와 리스 고더드에게
이 책을 바친다.

차례

서문 11

1장_ 내일의 세상에서 바울과 성경 15

2장_ 성경과 포스트모던 세계 35
    포스트모던 세계 속의 성경
    포스트모던 세계

3장_ 빌라도와 가이사와 성경의 진리 77
    요한복음 18-19장에 나타난 예수님과 빌라도: 서론
    현대 세계: 서론
    예수님과 빌라도와 하나님 나라

4장_ 하나님과 세상 권력과 테러 109
    하나님에 관해 말하기, 세상에 관해 말하기
    하나님과 권세들과 전쟁

5장_ 권력과 믿음과 율법 141
    시대의 표적
    분석: 역사와 포스트모더니티
    세속주의와 근본주의
    근대성 해체하기
    제안: 하나님, 나라, 소망
    결론: 공적인 하나님, 공적인 의제

6장_ 하나님과 권력과 인간 번영 177
　　하나님과 신들
　　내일의 세상에서 하나님과 권력
　　그리스도와 권력
　　하나님과 맘몬
　　하나님과 인간 번영

7장_ 어리석은 권세의 세상 속, 하나님의 능력 있는 미련함 203
　　미련함과 지혜로움, 약함과 강함: 고린도의 복음
　　오늘날 세상에서 권력과 어리석음
　　예수님과 권력: 다른 길
　　결론

8장_ 평시와 전시의 기독교 미덕 237
　　미덕과 미덕의 구현
　　용기라는 미덕
　　평시와 전시의 용기
　　결론

9장_ 공적인 삶에서의 기독교 신앙 265
　　세속주의자의 논지
　　옛이야기의 부활인가
　　하나님 나라와 세상의 나라들

10장_ 예수님과 하나님 나라, 그때나 지금이나 295

감사의 말 317
성경과 고대 문헌 찾아보기 319
주제와 인명 찾아보기 321
옮긴이 주 327

서문

지난 20년을 돌이켜 보니 '공적 광장에서 하나님에 대해 어떻게 말해야 하는가'라는 질문에 내가 점점 더 사로잡혀 왔음을 깨닫는다. 일찍이 나는 성서학자이자 성직자로서 사람들이 어떻게 성경을 읽고 또 어떻게 그리스도인다운 삶을 살 것인지 가르치는 것을 내 과업으로 삼는 것이 당연하다고 훈련받고 익혀 왔다. 그리고 '바깥세상'에 해 줄 말은 오직 회개하고 예수를 믿으라는 권면이어야 한다고 생각했다.

대성당의 바쁜 주임 사제로서, 그다음에는 웨스트민스터 참사회원으로서, 그다음에는 더럼의 주교 겸 상원의원으로 섬기며 사역이 중반으로 접어들 무렵, 나는 신앙과 공적인 삶에 대한 온갖 질문들에 직면해야 했다. 그전에는 이런 질문들이 성경 읽기는 말할 것도 없고, 내 사고 체계에 그다지 많은 영향을 미치지 않았다. 그런데 특별히 예수님에 대한 연구가 이런 질문들을 하도록 길을 닦아 주었다. 예수님이 하나님 나라를 어떤 의미로 말했는지 일단 이해하기 시작하자 더 이상 이런 질문들을 외면할 수 없었다. 이 책은 내가 이런 질문들과 맞닥뜨려 씨름한 결과로 발견한 것들의 일부를 엮은 것이다.

이 글들 역시 어떤 의미로는 회개하고 예수님을 믿으라는 권면과 관련 있지만, 그 영역과 의미는 한층 더 넓다. 사회와 문화 전반을 아우르고 단순한 개인적 도전의 차원을 넘어선다. (달리 말하는 사람들도 있지만, 모든 사람이 이런 개인적 도전을 반드시 직면해야 한다고 나는 확고히 믿는다. 우리는 사회나 조직의 비전 뒤에 숨어서는 안 된다.) 예수님은 동시대 사람들에게 시대의 표적을 분별하라(read the signs of the times)고 경고했다. 예수님의 메시지는 이곳의 이 사람, 저곳의 저 사람에게 주어진 것이 아니라, 모든 도시들과 그분이 속한 문화 전체를 향해 주어졌다. 예수님의 메시지가 온 세상을 위한 메시지가 아니라면 무의미할 뿐이다. 마태복음의 끝부분(28:18)에서 예수님은 "하늘과 **땅의** 모든 권세를" 받았다고 선언하신다. 이 말씀이 우리 시대에 갖는 의미를 분별하고 표현하고자 나는 힘써 왔다.

기독교 메시지로 더 넓은 세상을 대면해 말하는 것은 녹록지 않은 데다 논쟁을 초래한다. 그리고 그것이 바로 '우리 시대의 표적들' 가운데 한 가지다. 우리는 오래도록 인정해 온 분층적 우주(split-level universe)를 살아왔고, 거기서 하나님—그런 존재가 있다면—은 세상에서 멀찍이 떨어져 있으면서, 스스로 알아서 살아가라며(그리고 어쩌면 일요일마다 문안 인사나 오라며) 우리를 방치한다. 사람들은 이런 분층적 사고가 현대 과학 지식의 필연적 결과라고 말하지만, 그것은 그냥 착오일 뿐이다. 유일신이나 다수의 신들이 이 세상과 동떨어져 존재하는 분층적 세계관은 고대 에피쿠로스주의(Epicureanism)의 아이디어였다. 현대 서구 유럽에서 어찌어찌해 다시 살아나서 (모든 과학자는 아닐지라도) 일부 과학자들이 그것을 과학적 발표의 틀로 이용하고 있을 뿐이다. 이 주제는 다음에 다룰 것이다. 우리 문화가 특별한 이익 집단들의 산물과 수시로 자기에게 유리하게 갖다 붙이는 이치에 맞지 않는 주장들을 자주 당연하게 여긴다는 점을 아는 것 자체는 중요한 일이다.

내가 말하고자 하는 요점은 이렇다. 나는 더 넓은 성경적 맥락에서 발견되는 예수님의 메시지와 이 시대의 공적 세계와 정치적 세계가 제시하는 도전들을 한곳에 모아 보려고 여러모로 시도해 왔고, 이 책은 이런 노력의 일부를 소개하고 있다는 것이다. 이런 노력을 기울이면서 어떤 경우에는 이 과업과 이 과업이 어떻게 보일지에 **대하여** 동료 그리스도인들에게 이야기를 했고, 또 어떤 경우에는 런던 정치경제대학교(London School of Economics and Political Science)에서 강의를 **했던** 때와 같이 실제로 이 과업을 **직접 수행**하려고 애를 썼다. 두 가지를 함께 하기도 했다.

이런 형식의 책은 아무래도 반복적인 경향이 있다. 사실, 누군가가 이 책에서 중첩되고 되풀이되는 주제들을 취해 체계적 깊이를 더한 다른 종류의 책으로 엮을 수도 있다. 그러나 그렇게 하려면 더 큰 틀이 필요하고, 결론을 도출하기 위해 수많은 지점들을 이리저리 연결해야 할 것이다. 나는 이 책이 다양한 각도에서 비슷한 주제들을 점차 훨씬 명료하게 보여 주는 효과를 발휘하길 기대한다. 한 가지 더 기대하는 바는 이 책을 읽는 독자들이 생생하게 직접 강의를 듣는 느낌을 받는 것이다. 여기 실린 내용들을 발표했을 때의 기억이 하나하나 선명하다. 그때마다 행사를 조직하고 나를 연사로 초대하고 환대해 준 모든 분에게 더할 나위 없는 고마움을 느낀다(이 모든 분들을 책 말미의 감사의 글에서 밝혔다).

이 책을 앤드루 고더드(Andrew Goddard)와 리스 고더드(Lis Goddard)에게 바친다. 이 두 사람은 수십 년 동안 친구이자 동료로서, 복음이 공적인 삶과 사적인 삶 모두에 영향을 미치는 다채로운 방식들을 내가 깨달을 수 있도록 도와주었다. 그들의 우정과 지지는 나와 우리 가족에게 실로 큰 의미를 갖는다.

세인트앤드루스 대학교 세인트메리 칼리지
톰 라이트

1장

내일의 세상에서 바울과 성경

세 가지 장면이 초점을 '공적인 하나님'(God in Public)이라는 질문으로 모은다.

첫째, 나는 2001년 9·11 이후 상황을 파악하기 위해 황급히 코란(Qur'an)을 뒤적이는 토니 블레어(Tony Blair) 총리의 모습을 상상해 본다. 시도도 해 보지 않는 것보다는 늦게라도 뭔가 해 보는 게 낫다고 생각하는 사람이 있을지도 모른다. 그러나 입장을 바꾸어서 이라크나 아프간의 지도자가 왜 '기독교' 서구 국가가 자기네 나라를 폭격하는지 알기 위해 신약성경을 읽는 모습을 머릿속에 그려 보면, 이것이 그리 간단한 문제가 아님을 알 수 있다.

둘째, 몇 년 전 영국 정부가 첫 번째 학위보다 낮은 단계의 두 번째 학위 취득에 대해 재정 지원을 하지 않겠다고 결정했을 때 일었던 찬반 격론을 생각해 보라. 언뜻 문제가 없어 보인다. 어련히 알아서 기술적인 세부 사항들을 조율한 뒤 일을 추진했을까! 그러나 실상은 달랐다. 의도치 않은 결과들이 많이 나타났다. 예를 들어, 신학 학위를 받아서 정식으로 사역을 하려던 일반 학문 학위 소지자들이 재정 지원

자격을 얻지 못하는 바람에 교회가 갑자기 큰 재정 부담을 떠안았다. 주교들은 당연히 반발했다. 그런데 정작 흥미로웠던 것은 대중의 반응이었다. 목회자들에게 진짜 필요한 것은 신학 공부가 아니라 성경 지식과 성령의 감동이며, 학문적 신학은 목회자들과 양 떼를 혼란에 빠뜨릴 뿐이라고 말하는 그리스도인들도 있었다. 어떤 비그리스도인들은 절대로 대학교에서 신학을 가르치면 안 된다고 말한다. 어떤 이들은 신학이 아직도 진지한 학문으로 대접받는다는 사실에 경악한다. 그리고 이러한 상황은 시대착오적인 기득권층이 타성에 젖은 탓이라고 주장한다.

셋째, 나는 지나치게 세속적인 영국 주간지 「뉴 스테이츠먼」(*New Statesman*)을 떠올린다. 그렇게 세속적인 간행물로서는 참으로 생뚱맞게도 「뉴 스테이츠먼」은 2009년에 "하나님: 우리는 무엇을 믿는가?"(God: What Do We Belive?)라는 제목의 특집을 간행했다. [「이코노미스트」(*The Economist*)의 비슷한 특집에 뒤따른 것이었다.] 안타깝게도 거기 실린 대부분의 기사들은 진부하고 빤한 이야기뿐이었다. 기고자 중 공공연한 그리스도인은 보수당 정치인인 앤 위드콤(Ann Widdecombe)뿐이었는데, 그녀에게 허락된 지면은 달랑 세 문장을 넘지 않았다. 그 특집의 많은 부분에서 느낄 수 있는 것은, 「뉴 스테이츠먼」이 다루어야 할 질문의 존재만 알았지 정작 그 질문이 무엇인지는 모른다는 것이었다. 그럼에도 고심이 배어 있는 글이 한 편 있었다. 그 글에서 숄토 번즈(Sholto Byrnes)는 과학적 확실성, 인권, 생태라는 우리의 새로운 도덕적 원리(morality)들이(청교도 설교자처럼 귀에 거슬리고 자기 의에 차 있는 듯한) 하나님과 그분의 목적들에 대한 초창기 세속적 형태의 관점을 형성했다는 점을 지적했다. 또한 그 관점의 부재로 말미암아, 그런 원리들에는 사실상 토대가 결여되어 있다고 꼬집었다.

예는 더 있다. 교회의 타종은 영국 도시들의 위대한 전통들 중 하나이다. 많은 곳에서 이것은 그저 당연한 전통일 뿐이다(새로 이사 오는 이웃들의 반발이 없는 것은 아니다). 하지만 최근에 옥스퍼드에서 무슬림의 기도 시간 알림(call to prayer) 역시 꿈꾸는 첨탑들[1] 주변에 울려 퍼지게 해도 되는지 여부를 놓고 찬반 격론이 벌어졌다. 교회들이 종소리로 사람들을 깨울 수 있다면, 모스크들이 노랫가락으로 기도 시간을 알리는 건 왜 안 되는가? 그런데 좀더 넓게 보면, 서구 민주주의의 위기 자체가 더 뿌리 깊은 불안의 한 증상에 불과하다는 주장을 어렵지 않게 펼칠 수 있다. (서구 민주주의에 위기가 없다고 생각한다면 잠시 멈추어 웨스트민스터에서 무슨 일이 실제로 벌어지고 있는지…또는 같은 맥락에서, 미국에서 도대체 무슨 일이 벌어지고 있는지 자문해 보라. 악의적 조작이 가능한 난해한 제도 아래에서 표를 얻기 위해 수십 억 달러를 쓰고, 이 모든 일이 벌어지는 동안 영국과 미국은 우리처럼 자유민주주의자가 되기만 하면 세상만사가 다 잘 풀릴 것이라며 나머지 세상을 설득하려고 든다.) 우리가 누구이고 무엇을 추구하는지에 대해서는 깊은 불확실성이 있다. 이러한 불안감은 200년 전에 하나님을 공적 광장에서 추방한 것과 직접적인 관련이 있다는 말을 하고 싶다. 그런데 여기서 더 나아가기 전에, 고대 민주주의의 고향으로부터 증인 한 명을 소환해야겠다.

사도행전 17장에서 우리는 아테네의 최고 법정에 선 사도 바울을 본다. 뛰어난 지성의 소유자이자 유대인인 그는 나사렛 예수가 세상의 주라고 믿는다. 아테네에 온 지는 며칠 되지 않았지만, 이미 위험인물이라는 인상을 주기에 충분했다. 사람들은 바울이 '이국의 신들'(foriegn divinities)에 대해 말한다고 생각한다. 왜냐하면 그가 예수와 부활(Iēsous kai anastasis)을 계속해서 말하기 때문이다. 그곳 사람들은 아나스타시스(Anastasis)가 여신이며, 이 예수라는 신의 배우자일 것이라고 미루어 짐작한다. 그런데 이것은 단순한 호기심의 문제가 아니다. 사형 죄목이 될 수도 있다. 알다시피 소크라테스는 두 가지 죄목으로 기소되었다. 하나는 젊은이들을 타락시킨 죄요, 다른 하나는 이국의 신들을 전파한 죄였다. 사람들은 단순히 지적 호기심을 채우기 위해 아레오파고스 언덕 위의 최고 법정에 바울을 세운 것이 아니다. 그가 장터에 서서 오가는 모든 사람들에게 설파한 이국의 신들과 체제 전복적일지도 모르는 기묘한 사상들 때문이다! 이것은 중대한 일이다. 그리고 그들의 세상과 매우 다르면서도 이상하게도 비슷한 우리가 사는 이 세상에서 나는 벌써 고대 아테네 장터의 메아리를 듣는다. 오늘날 우리의 새로운 도덕적 원리들은 세속화 법으로 녹아들어 갔다. 몇 년 전 영국의 어느 항공사 직원이 십자가 착용을 고집하다가 해고된 이야기는 잘 알려져 있다. 한편 프랑스에서 무슬림인 항공사 직원은 히잡 착용을 금지당했다. 아이를 '종교적'으로 양육하는 것이 신체적으로 학대하는 것보다 나쁘다고 선언한 리처드 도킨스(Richard Dawkins) 같은 사람들의 과격한 주장과 비슷한 움직임을 보인 것이다. 종교는—비관용(intolerance)만이 관용할 수 없는 유일한 대상이 되는 오늘날의 세상에서 불편할 정도로 절대적인 주장들을 외치는 아브라함 전통들을 따르는 종교라면—그 존재 자체로 심란하며, 심지어 위험하기까지 하다. 이런 것들은 모조리 금지시켜야 한다고 생각할지도 모른다. 아테네 사람들은 바울이 들고 온 새로운 사상도 그렇게 금지시켜야 한다고 여겼을 것이다. 바울은 도시에서 쫓겨날 판이다. 아니 더 나쁜 일이 벌어질지도 모른다.

우리의 질문에 적용되는 틀은 바울에게 적용되었던 틀과는 확실히 다르다. 여기서 잠시 논제를 벗어나 보자. 사도 바울의 말을 경청하기 전에 먼저 우리가 현재 어디에 있고 우리가 어떻게 여기에 오게 되었는지를 숙고해 보자. 대략적으로 말해서 오늘날의 서구 세계에서 우리는 근본주의(fundamentalism)와 세속주의(secularism)라는 양극단의 날선 대립 속에서 살아가고 있다. 2011년 9월 11일의 참극으로 이 대립은 유별난 양상을 띠게 되었다. 세속주의자들이 '종교'라는 이름으로 행해지는 끔찍한 일들에 손가락질을 할 수 있게 된 것이다. 하지만 종교인들도 손가락질할 거리는 갖고 있다. 프랑스 파리에 세워졌던 단두대와 소련의 강제 노동 수용소처럼 세속주의도 경악스런 일들을 만만치 않게 저질렀기 때문이다. 그리고 사실 이런 참극들은 양분된 서구 사회의 작은 증상들에 지나지 않는다. 마치 치매 걸린 늙은 친척을 다락방에 가두듯 계몽주의가 하나님을 사적인 영역으로 몰아낸 이후로 이런 일들은 꾸준히 일어났다. 우리는 때때로 다락방을 들락거리지만, 그분이 아래층으로 내려와서 우리를 당혹스럽게 하는 일은 없도록 잘 단속한다. 손님이 방문 중일 때는 더더욱 그렇다.

프랑스와 미국처럼 종교와 실제 삶의 분리를 아예 헌법에다 못 박아 놓은 국가들도 있다. 국가별로 결과는 제각각이다. 영국에서도 많은 사람들이 종교와 삶의 절대적인 분리를 희망한다. 그뿐 아니라 일종의 이데올로기적 안락사를 시행함으로써 다락방 늙은이를 완전히 제거해 버리기를 바란다. 대학교와 대학의 부속 예배당을 콘서트홀로 바꾸고,

신학 교육을 폐지하고 싶어 하는 사람들도 있다. 미국 지폐에서 '우리는 하나님을 믿는다'(In God We Trust)라는 글귀를 지워 버리고자 애쓰는 사람들이 있는 것처럼, 영국에는 학생들의 공적인 삶에서 하나님의 모든 표식들을 말끔히 제거해 버리고 싶어 하는 사람들이 있다. 성인으로서 인생의 반을 교육기관에서 보낸 나로서는 이런 사람들의 존재가 그리 놀랍지 않다.

세속주의 의제에 대한 뜨거운 열기는 부분적으로 세속화 신화(secularization myth)가 계획대로 진행되지 않았다는 절망감에서 비롯된다. 종교라는 가지는 지금쯤이면 포도나무 덩굴에서 시들거리며 떨어져야 마땅한데, 이슬람이 성장하고 있고, 어떤 의미에서는 위협적일 뿐만 아니라, 기독교가 다시 힘을 얻고 있다. 그것도 덜 문명화되고, 덜 '계몽된' 사람들이 사는 아주 먼 땅에서 일어나는 일이라고 우리가 거드럭거릴 수 있는 곳이 아니라, 바로 이곳 영국에서 일어나는 현상이다. 세속주의자들은 등록 교인 수가 감소하고 있다는 통계를 즐겨 인용하지만, 왜 크리스마스와 같은 주요 절기의 예배 출석 인원이 꾸준히 늘어나는지는 이해하지 못한다. 포스트모더니즘(postmodernism)은 모든 거대 담화들을 해체하는 가운데 세속적 담화들까지 해체해 버렸다. 비록 자신들이 무엇을 원하는지 설명하지 못하거나 자신들이 원하는 바가 기독교 신앙의 고전적 주장들과 어떻게 연결되는지 설명하지 못하는 경우들이 허다하지만, 그동안 아주 오랫동안 영성에 굶주려 있던 사람들은 갑작스럽게 영성을 재발견하고 있다. 이 수수께끼는 내일의 세상을 만들어 가는 중요한 동력이다. 내일의 세상에서 발언할 수 있으려면, 우리는 이 수수께끼에 대해 명확하게 생각하고 진술하는 법을 배워야 한다.

우리가 사는 세상에서는 두 가지 일이 더 일어나고 있다. 그 둘은 서로의 성장을 부추길 뿐 아니라, 공적인 하나님(God in public)이라는 오래된 질문에 대한 현재와 미래의 논의를 위한 풍토를 조성해 준다. 이 두 가지는 각기 따로 논의할 만한 주요 주제이지만, 여기서는 간략하게 언급하고자 한다. 하지만 이 둘을 모르고는 우리의 현 위치를 이해할 수 없다고 생각한다. 아주 간단히 말하자면, 이 두 가지는 영지주의(Gnosticism)와 제국(empire)이다. [나는 이것을 『창조, 능력, 진리』(*Creation, Power and Truth*, 런던: SPCK, 2013)에서 더 자세히 논했다.] 영지주의에 대해서는 댄 브라운(Dan Brown)의 유명한 소설 『다빈치 코드』(*The Da Vinci Code*)를 떠올리고, 왜 그렇게 그 소설이 인기가 많았는지 자문해 보라. 겹겹이 싸인 러시아의 마트료시카 인형처럼 온통 음모 이론에 대한 것들뿐이다. 『다빈치 코드』에서는 역사 그 자체가, 사실 교회 그 자체가 하나의 음모로 밝혀진다. 교회가 철저하게 은폐해 온 예수와 막달라 마리아에 대한 '숨겨진 진실'이 이제 막 '새롭게 발견된 고대 문서들'에서 폭로된다. 그리고 이 '숨겨진 진실'은 소위 우리 자신에 대한 숨겨진 진실까지 거슬러 올라간다는 것이다. 우주의 비밀이 우리 안에 있고, 우리 내면 깊숙한 곳에 신성의 불꽃이 존재하며, 그 불꽃에 충실히 사는 것이 인생의 목적이고, 그 불꽃이 이끄는 대로 어디든 따라가야 하며, 외향적 형식과 역사적 뿌리를 가진 신앙을 거부하고, 세상의 제약들을 벗어 버리며, 영원한 영적 영역으로 들어가야 한다는 것이다. 어떤 사람들은 이것이 진정한 기독교의 참모습이라고 여긴다. 그러나 실상은 거의 정반대다. 그럼에도 이것은 할리우드 영화의 적어도 3분의 1이 따르는 종교이다. 책이 날개 돋친 듯 팔리게 하려면 영지주의를 넌지시 언급하기만 하면 된다.

그리고 영지주의는 제국에서 번성한다. 막대한 부와 권력을 쥔 사람들이 세상을 좌지우지한다고 느낄 때 그리고 자신들이 무슨 수를 쓰든 그것을 바꿀 수 없다고 느낄 때, 사람들은 별수 있겠냐는 듯이 어깨를 한번 으쓱하고는 공적인 세상에서 물러나서 자기 내면이나 들여다 보는 편이 낫겠다고 생각한다. 그리고 당연하게도 제국은 그런 사람들을 원한다. 거기까지는 마르크스가 옳았다. (어떤 종류의) 종교는 대중을 침묵시키고 현재의 영적 평안을 중시하고 미래의 영적 복락을 믿게 함으로써, 돈 많은 권력자들이 유리하게 세상을 나누어 가질 수 있도록 하기 위해 존재한다. 역설적이게도 노예화, 겁박, 전쟁이라는 케케묵은 방식을 통해 자유, 정의, 평화라는 수사적 의제(修辭的 議題)들을 추구한다며 세상을 사분오열시키면서 짭짤한 재미를 보고 있는 것이 바로 서구 민주주의 국가들이다. (내가 사실을 과장하거나 좌파들이 떠들어 대는 이야기를 늘어놓는다고 생각한다면, 다시 생각해 보라.) 그리고 민주주의의 수사 그 자체가 폭압의 현실을 손쉽게 가려 버린다. (우리 생각에) 우리는 계몽된 사람들이다. 4-5년에 한 번씩 투표를 한다. 그렇게 함으로써 우리는 우리만큼 문명화되지 못하고 편리하게도 우리만큼 좋은 무기를 손에 넣지 못한 사람들을 착취하고, 괴롭히며, 마침내 폭격해 산산조각을 내기에 충분한 숭고한 도덕적 근거를 확보한다(우리는 고상한 도덕적 논쟁을 펼치면서, 버르장머리 없이 선진 무기를 원하지 말라며 그들을 꾸짖는다). 이런 혼란이 내일의 세상을 집어삼킬 기세이다. 이럴 때에 기독교의 복음이 명료성과 새로운 방향감각을 제시할 수 있다면 모두에게 고마운 일일 것이다.

지금까지 논한 것을 요약해 보자. 오늘날 근본주의와 세속주의라는 두 요소 간의 대립에는 적어도 세 개의 다른 요소들이 관통하고 있다. 바로 포스트모더니티, 영지주의, 제국인데, 이 세 요소는 서로 주거니 받거니 영향을 미친다. 그리고 공적인 하나님이라는 주제를 다룰 때 점점 밀려드는 자극들에 귀를 기울여야 한다. 또한 피할 수 없는 신적 차원(God-dimension)을 가진 우리 시대의 문제들을 다루는 방식에도 귀를 기울여야 한다. 이 점을 부인하려 하면 오히려 위험스런 방식으로 우리를 괴롭힐 것이다. 이것들은 내일의 세상을 만들어 가는 세력들이다.

자, 이제 아테네의 바울로 돌아가자. 아테네는 민주주의와 제국에 대해 정통했고, 사실 영지주의와 다른 형태의 종교들에 관해서도 잘 알았다. 바울이 아테네에서 한 말에서 공명할 수 있는 힘을 찾을 수 있는지 살펴보자. 그의 말은 위험하고 혼란스러운 내일의 공적 세계에서 우리가 하나님에 대해 지혜롭게 말하고 하나님을 위해 슬기롭게 행동할 수 있도록 도와준다.

바울의 두 가지 메시지가 아테네 토론의 장에서 우리 시대에까지 울려 퍼진다. 첫 번째 메시지는 **보이지 않지만 존재하시는 창조주 하나님**의 존재에 대한 것이다. 이것은 모든 고전적 유대교와 기독교의 사상적 기반이며, 그 당시의 아테네 철학 사상들뿐만 아니라 오늘날의 이데올로기들도 관통한다. 바울은 "여기 계시는 분들이 '알지 못하는 신에게'라고 새긴 단을 세움으로써 어렴풋이나마 인정하는 '그 신'에 대해 한 말씀 드리고자 합니다"라고 말한다. 그 단은 아테네 세계관에서 일종의 열린 결말로, 다신론의 혼란 속에 찍힌 물음표였다. "어쩌면 우리가 누군가를 잊은 것인지도 몰라. 어쩌면 **무언가 더 있는** 것은 아닐까?"

바울은 이렇게 말한다. "그렇습니다. 무언가가 더 있습니다. 바로 그게 무엇인지 말씀드리려고 제가 여기 있는 겁니다."

당시에는 스토아주의, 에피쿠로스주의, 아카데미아주의의 세 가지 주류 세계관이 있었다[아카데미아주의는 그 자체로 유동적이었던 플라톤주의(Platonism)의 한 형태다]. 스토아학파는 기본적으로 신과 세계를 하나로 보았다. 그래서 사람은 자신과 세상 속의 내면적 '로고스'(the inner logos) 혹은 이성과 맞닿아 있어야 한다고 주장했다. 에피쿠로스학파는 신들은 완전히 세상과 별개로 세상에서 아주 멀리 떨어져 있다고 말했다. 따라서 인간은 신들이 저 멀리 있음을 인정하고 최선을 다해 스스로의 인생을 개척해 나가야 한다고 설파했다. 흥미롭게도 이것은 18세기 계몽주의 시대의 기본적인 주제였고, 오늘날까지 우세한 관점의 하나로 남아 있다. 아카데미아학파는 그 모든 것에 대해 확실하고 충분한 증거는 없지만, 혹시 모르니 오랜 종교적 전통들을 고수하는 편이 낫다는 주장이다. 아! 이 입장은 영국국교회에서도 전혀 낯설지 않다. 한편, 일반인들은 신전에서 희생 제사를 드리고, 축제 기일을 지키고, 소용이 있겠다 싶은 모든 남신들과 여신들의 이름을 불렀다. 그들의 모습도 우리들만큼이나 혼잡스러웠던 것이다. 바울이나 우리나 처한 상황을 어설피 편평하게 펴려고 시도하다가는 완전히 망쳐 버리기 십상이다.

그러니 보이지 않지만 존재하시는 창조주 하나님에 대한 유대교적 메시지를 가지고 바울이 아테네의 현장을 어떻게 헤쳐 나가는지 잘 지켜보자. 바울은 말한다. "여러분이 매우 종교적인 분들이라는 것은 분명합니다만, 여러분의 이 모든 화려한 신전들은—판테온, 니케의 신전

같은 걸 떠올려보라. 어떤 신전들은 인간 문명사에서 가장 위대한 건축물의 반열에 든다—사실상 범주 오류(category mistake)[2]에 불과합니다. 이 세상을 만드신 신은 이런 집에 살지 않습니다. 사람들이 여기 와서 죽은 고기를 드시라고 바치지 않아도 그분은 아무 부족함이 없습니다." 그러고는 사도 바울은 그 지역 시인들의 시구(詩句)를 인용하면서, 하늘과 땅을 만드신 그 신은 보이지 않지만 존재한다는 것을 증거한다. "스토아학파의 주장은 절반은 맞습니다. 신성은 정말로 우리 곁에 있습니다. 그 증거가 도처에 있습니다. 그러나 그들의 주장은 절반은 틀렸습니다. 신성이 단순히 모든 것 안에 존재한다고 추정한 점에서 그렇습니다. 비록 창조주가 자신의 능력과 영광의 증거들로 세상을 가득 채우셨지만, 그분이 그 세상 자체는 아닙니다. 그분은 자신이 만드신 세상을 주권적으로 다스리며 존재하시는 분입니다. 그래서 에피쿠로스학파 역시 절반만 옳습니다. 신은 세상 그 자체가 아니라는 점에서 그렇습니다. 하지만 그들도 역시 절반은 옳지 않습니다. 신이 세상이 아니므로 신과 세상이 서로 멀리 떨어져 있다고 추론한 점에서 그렇습니다. 오히려 창조주는 세상에, 특히 인간에게 늘 친밀하도록 가깝게 계십니다. '우리 각 사람과 그리 멀리 떨어져 계시지 않습니다.' 왜냐하면 '그분 안에서 우리가 살고 움직이며 우리의 존재를 갖기 때문'입니다. 또한 그분은 우리가 어둠 속에서도 그분의 존재를 느끼고 알기 원하시기 때문입니다."

그렇다면 아카데미아학파는 어떨까? 바울은 그들에게 전할 소식이 있고, 이 소식에 그의 두 번째 요지가 담겨 있다. 바로 **세상을 바로 세우기 위한 하나님의 행위**이다. "알 수 없고, 보이지 않지만 우리와 친밀하게 가까이 계시는 이 신은 세상에 새로운 표지를 남기셨습니다. 아카데미아학파의 주장 또한 절반은 옳습니다. 지금까지는 애매하고 불확실했습니다. 어느 정도의 무지가 있었습니다. 이 참 신은 그것을 알고 계시며, 사람들에게 그 책임을 묻지 않으십니다. 그러나 이제는 바로 창조주인 이 신께서 모든 사람들에게 가던 길에서 돌이켜 그분의 길을 걸으라는 메시지를 보내고 계십니다. 그분은 세상을 꾸짖으시며, 모든 잘못을 바로잡고 혼란을 수습하고 세상을 새로운 조화로 이끌겠다고 약속하십니다." (바울이 어떻게 법정에서 사람들의 주목을 끄는지 보라. 그들은 땅에서 가장 높은 법정에 있다고 생각하지만, 바울은 더 높은 법정이 하나 더 있으며 그들이 언젠가는 그곳에 서서 스스로를 변호해야 한다고 말한다.)

그리고 바로 이 요점에 사람들은 아무런 준비가 되어 있지 않았다. 이 요점은 다른 모든 것을 설명하고, 종교와 윤리학에 대한, 철학과 정부에 대한 점잖은 토론에 당혹감을 끼얹는다. 바울은 이렇게 선포한다. "신은 한 날을 정하셨습니다. 그날에 신은 진정한 정의로 세상을 심판하실 것이며, 그분이 지정하신 한 사람을 통해 그 일을 행하실 것입니다. 그리고 신은 죽은 자 가운데서 그 한 사람을 살리심으로써 이 일을 확증하셨습니다." 예수와 아나스타시스(부활), 그것이 바로 바울이 장터를 돌아다니며 하고 다닌 말이고, 바울을 곤경에 빠뜨릴 선언이다. 바울은 방금 그 메시지를 제대로 된 맥락에 맞추어 넣었다. 예수와 아나스타시스를 새로운 두 잡신이라도 되는 것처럼 이교도의 세계관에 끼워 넣을 수는 없는 노릇이다. 예수와 부활은 본질적으로 유대교적인 세계관에서 이해되어야 한다. 유대교적 세계관에는 세상과 친밀한 관계를 맺으며 머무르는 창조자인 유일신, 마지막 날에 세상을 바르게 세울 유일신이 있다. 바울은 이렇게 선포한다. "그런 유대교적 세계관이 예수에 대한 사건들에서 명확하고 뚜렷해졌습니다."

그리고 특히 예수님의 부활이 그렇다. 근본주의를 비롯한 오늘날의 일부 체계들은 하나님이 강력한 초자연적인 존재이며 죽음 뒤에는 삶이 있다는 점을 증거하는 기이한 기적으로 부활을 취급한다. 그러나 바울에게 예수님의 부활은 새로운 창조의 시작이었다. 즉 창조주 하나님이 예수님 안에서 혼돈, 엔트로피,[3] 죽음의 힘 그 자체를 패배시키고 진정한 정의와 평화의 새로운 세상을 여는 순간이었다. 복음의 메시지로 인간의 마음과 정신과 공동체들을 열어 새로운 형태의 인간 존재 방식을 심어 주심으로써 하나님은 이 세상을 이미 바르게 세우고 계셨다. 그다음에야 하나님은 심판과 자비라는 최후의 행위로 모든 것을 최종적으로 마무리하실 것이다. 예수님의 부활은 다른 세계관에서는 말이 되지 않지만, 유대교적 세계관으로는 다른 모든 것의 정체와 향방을 드러내는 원형적 사건(prototypical event)이 된다. (흥미롭게도, 신의 명령으로 아레오파고스에 관한 한 부활은 배제되었다. 고대 전설에 따르면, 아레오파고스 법정이 설립될 당시에 아폴로는 사람이 죽으면 그 피가 땅에 쏟아지며, 부활은 없다고 선언했다. 그러나 바울은 "아닙니다, 부활은 있습니다"라고 선포한다. "왜냐하면 아폴로는 최종적 심판자가 아니기 때문입니다. 마지막 판결 권한은 창조자이신 그 신에게 속한 것입니다. 그 신은 온 세상을 바로잡으실 것이며, 그 신은 예수와 그분의 부활을 통해 자신을 드러내셨습니다.")

이 선언은 1세기에나 21세기에나 도전적인 말이다. 이 똑같은 복음의 도전이 내일의 세상에서 어떻게 펼쳐질지 묻기 전에 한 가지 명확하게 짚고 넘어갈 것이 있다. 현대 과학이 부활을 부정하기 때문에 부활을 믿을 수 없다고 말하는 소리를 나는 자주 들었다. 얼토당토않다. 우리는 뉴턴과 라이프니츠, 산업혁명이나 페니실린의 발견이 도래한 뒤에야 사람이 죽으면 죽은 채 있다는 걸 비로소 깨달은 것이 아니다. 호메로스와 플라톤도 사람이 죽으면 죽음에 머무른다는 것을 우리만큼 잘 알았다. 실상을 말하자면, 인류 역사가 무지 속에서 허우적거리다가 18세기가 되어서야 마침내 빛으로 나아왔다고 말하며, 당시 서유럽과 북미가 사회적 질서를 수립하고 제국을 건설함으로써 하기 원했던 모든 것을 정당화하는 데 계몽주의의 말재간이 필요했을 뿐이다. 그것은 사실상 바울의 아테네 설교에 담긴 기독교적 주장의 모방이다. 지금까지 그림자와 수수께끼들이 있었지만, 이제 비로소 새로운 것이 드러났다는 것이다! 그리고 계몽주의 시대의 새로운 이야기가 인정받으려면, 옛것은 길을 비켜 주어야 했다. 세계 역사에는 두 개의 정점(頂點)이 있을 수 없었다. 사람이 정점에 서려면, 예수님은 물러나야 했다. 그리고 이것은 우리의 질문에 대한 단서를 제공한다.

부활을 언급하기만 해도 근본주의자로 취급하는 사람들도 있다. 그리고 확실히 세속주의자들은 부활과 얽히고 싶지 않을 것이다. 그러나 근본주의자들은 이원론적 우주에 살면서, 이 창조 세계의 선함을 부인하고 완전히 다른 세상으로의 도피를 도모하며, 부활을 그런 도피를 돕는 초자연적인 능력의 표징으로 이해한다. 하지만 초기 그리스도인들에게 부활은 그 자체로 새로운 창조의 시발점이었고, 세상을 폐기 처분하기보다는 새롭게 하고, 썩어질 것에 내려질 심판을 받지 않는 저 너머에서 빛날 세상의 선함과 아름다움과 힘을 긍정하는 것이었다. 대부분의 서구 그리스도인들은 부활이 실제적으로 무엇을 의미하는지를 아직 간파하지 못한 것 같다. 즉 부활을 믿는 자들은 그것을 이해하지 못하고, 믿지 않는 자들은 그것을 원치 않는다. 짐 월리스(Jim Wallis)는 그의 저서 『하나님의 정치』(*God's Politics*, 청림출판)에서 "우파는 잘못 이해하고 좌파는 이해하지 못한다"라고 일갈하듯이 말한다. (그는 미국의 정치에 대해 쓴 것이지만, 이 말은 신학에도 똑같이 적용되며, 정치와 신학은 밀접하게 상호 연관되어 있다.)

특히 부활은 내일의 세계의 모양새를 만들어 가는 인간 삶과 사고의 강력한 세 개의 물줄기들인 영지주의, 제국, 포스트모더니티에 도전장을 던진다. 참된 영성은 세상을 저버리는 것이 아니라 세상을 새롭게 하는 것이라고 부활은 선언한다. 하나님 나라는 이 세상**으로부터** 나오는 것이 아니라 이 세상을 **위한** 것임이 분명하다. 현재에는 세상으로부터 떨어져 나오고 미래에는 세상을 완전히 떠나기를 원하는 사적인 영성(private spirituality)인 영지주의라는 도주로(逃走路) 대신에 신약성경이 제시하는 것은 통합적 영성(integrated spirituality)이다. 통합적 영성은 일그러지고 뒤틀린 고통과 수치 속에서 십자가의 표지가 세상 위로 걸려 있을 때에, 바로 그 까닭은 부활이 세상에 생명을 주기 위한 것임을 안다. 생명을 주는 하나님의 능력이 현재에 정의와 자비와 치유와 아름다움과 소망의 사역들 안에서 이미 발휘되고 있는 것처럼, 궁극적 미래에 새 하늘과 새 땅에서뿐 아니라, 궁극적 미래의 전 단계(penultimate future)에도 부활은 세상에 생명을 줄 것이다. 근본주의자들과 매한가지로 영지주의자들은 왜 우리 그리스도인들이 현재의 세상에서 정의와 건강을 위한 일에 부름받았으면서도, 부활에 관한 한 의심하지 않는지 결코 이해하지 못한다. 그렇다, 우리는 그런 부름을 받았다.

그리고 이것은 제국에 대한 기독교적 도전의 기초다. 우리가('우리'가 누구이든, 수백 년 전 영국인들이든, 오늘날의 미국인들이든, 가까운 미래의 그 누구이든) 정의와 자유와 평화를 본질적으로 소유하며 타인에게 정의와 자유와 평화를 (필요하다면 무력을 써서라도) 부여할 권리를 가졌다고 가정하는 오만함에 대한 기독교적 도전의 기반인 것이다. 제국은 궁극적으로 공포의 힘으로 통치하며, 공포의 끝은 죽음이다. 그리고 세상의 제국들이 예수님의 부활 소식을 억누르거나 뒤엎으려 하는 한 가지 이유는 예수님이 죽음 자체를 이기심으로써 죽음이라는 폭군의 힘이 꺾였기 때문이다. 그래서 제국과 결탁하는 신학은 언제나 부활이 사실은 '역사적' 사건이 아니라고 말하는 데 열심이다. 하나님이 다락방에서 마침내 내려와서 공적인 세계, 실제 세계, 경제학과 법학의 세계, 경영과 기후변화의 세계, 중동과 잉글랜드 중산층의 세계, 도시와 빈민촌과 스캔들과 추문의 세계와 관련을 맺기 시작하기라도 하면 안 되니까.

포스트모더니티의 모래 회오리 속에서 우리의 사고와 삶을 다시금 시작할 고정된 출발점이 바로 나사렛 예수의 부활이기 때문이다. 그리고 이런 까닭에, 모더니스트들은 모든 거대 담화들을 해체하고, 그것들이 사람들에게 권력을 쥐어 주고 유지하게 하는 이야기들이라고 선언했다. 그러나 **예수님**, 병든 자들을 낫게 하고 가난한 자들을 사랑하고 십자가에 달려 죽은 진짜 예수님의 부활은 권력의 이야기가 아니다. 사랑의 이야기이다. 예수님의 부활은 다른 종류의 진리를 제시한다. 쉽게 부러지고 바스러지는 근본주의나 세속주의가 내세우는 진리가 아니라, 유연하고 강한 그리고 세상과 맞붙을 능력을 가진 진리이다. 내일의 세상과 맞붙어 이길 진리. 내일의 공적인 세상과 맞붙어 이길 진리.

그렇다면 "예수님의 메시지와 부활을 가지고 '공적인 하나님을 실천한다'(do God in public)"⁴는 것은 어떤 모습일까? 확실히 그와 같은 관점은 예배와 기도에 뿌리를 두어야 한다. 그것 없이 우리는 가장 순수한 진리조차 이기적인 이데올로기로 바꾸어 버리거나 거슬리는 슬로건들의 불협화음으로 뭉그러뜨려 버릴 것이다. 우리는 이미 그런 경험이 낯설지 않다. 그런데 성례들과 성경 봉독뿐만 아니라, 참된 예배와 기도는 그 뿌리를 분명히 부활의 삶에 두고 있다. 이 장을 마치면서 내일의 세상에서 이런 방식으로 '공적인 하나님을 실천한다'는 것이 어떤 모습일지 세 가지 간략한 예를 들고자 한다.

먼저 나와 함께 잉글랜드 북동부의 티사이드(Teesside)에 있는 어느 시내 교회에서 나와 길모퉁이를 돌아 보자. 새벽 4시의 어둠을 이슬비가 촉촉이 적시고 있다. 네댓 명의 사람들이 길가에서 뭔가를 기다리며 서 있다. 버스 한 대가 멈추어 서고, 두려움에 사로잡힌 사람들이 내린다. 스물다섯 명이다. 그들은 목숨을 걸고 영국 땅으로 건너온 망명자들이다. 그들을 준범죄자로 취급한 영국 정부는 캄캄한 새벽을 뚫고 국토를 가로질러 이곳까지 실어 날랐다. 그들의 도착을 풍문으로 미리 들은 교회는 새벽 어스름보다 먼저 나와 그들을 기다리고 있었다. 환영하고, 음식과 쉼터를 제공하고, 이야기를 들어 주며, 도움을 줄 것이 없는지 살피기 위해서이다. 이제 법원에서 교회는 그들의 편에 서서 양식과 신청서를 작성하고, 거처를 마련하고 지역사회에 그들이 융합되도록 도울 것이다. 또한 교회는 두려워하지 않고 씩씩하게 그들을 위해 목소리를 낼 것이며, 그들을 범죄자로 취급하고 위협하기까지 하는 정책들에 맞설 것이다. 그리고 교회는 동네 카페에서부터 저 위—아니, 저 아래라고 해야 할까?—상원 의사당에 이르기까지 어디에서든 그렇게 할 것이다. 이것이 '공적인 하나님을 실천한다'는 것이다. 내가 발견한 바로는, 이것은 바울이 아테네에서 이끌어 낸 것과 정확히 똑같은 반응을 이끌어 낸다.

둘째, 앞서 언급한 「뉴 스테이츠먼」의 특집에는 멋진 역설이 담겨 있다. 표지의 이면에 '행동하는 믿음'(Belief in Action)이라는 제목의 구세군 광고가 실려 있었던 것이다. 이 광고 지면은 공적인 하나님이라는 주제를 다른 기사들보다 훨씬 더 강력하게 웅변하고 있었다. 언론이 이론적 가능성들에 대해 재잘거린다면, 교회는 거리로 나아가 문제들과 직접 씨름하고 있다. 교회가 하나님의 구원의 도를 노숙인들에게, 위기에 처한 젊은이들에게, 환자들과 중독자들과 재소자들에게 전하면서 언제나처럼 예수님이 하셨던 일을 하고 있을 때, 우리는 부활이 과연 무엇인지 보게 된다. 부활은 궁극적 미래를 기대하며 현재의 시간에서 올바르게 세워지는 하나님의 세상에 대한 것이다. 영국 사회의 번영에 밑거름이 되는 수백 개의 단체에서 자원봉사를 하는 사람들의 4분의 3 정도가 어느 정도 명확한 신앙의 기틀 위에서 그런 봉사를 한다. 그 부분을 배제하면—하나님을 사적인 공간으로 오롯이 추방해 버리면—그 배척과 함께 많은 것들이, 특히 치유와 희망의 수많은 표징들이 사라져 버리는 충격적인 장면을 지켜봐야 할 것이다. 교회가 추구할 정치적 재화들(political goods)[5]과 교회 밖 세상이 추구할 정치적 재화들은 분리할 수 없다. 오히려 교회는 세상을 다루고 다시 찾는 데 쓰임받는 주님의 몸이 되어야 한다. 그리고 이러한 쓰임은 공적인 활동일 수밖에 없다.

셋째, 나와 함께 토론의 장으로 가 보자. 그곳이 국회나 의회의 회의실이든, 국제연합의 회의실이든, 시의회나 대학교, 대학 또는 교수단의 회의실이든, 오늘날의 주요한 윤리적·공적-정치적 이슈들로 웅성거릴 것이다. 전 지구적 채무 문제, 생태 위기, 우리의 그 잘난 서구 사회에서의 신빈곤(new poverty), 민주주의 자체의 작동 방식과 의미, 사회 문화적 성차(gender)와 생물학적 성별(sex)의 문제들, 줄기세포 연구, 안락사, 특히 다양하고 복잡한 중동 문제들을 말한다. 아, 그리고 '표현의 자유' 문제도 빠뜨릴 수 없다. 한편에서는 근본주의의 관점에서, 다른 한편에서는 세속주의의 관점에서 논쟁을 펼치는 한, 그 어떤 토론도 소리 지르기 시합에 지나지 않을 것이다.

이 시점에서 역설적이게도 계몽주의의 꿈이 자신의 꼬리를 먹기 시작한다. 즉 계몽주의의 최대 강점인 평화로운 공존의 수단인 이성을 강조하는 행태가 계몽주의의 최대 약점인 신과 공적 세계의 이원론적 분리를 뒤흔들기 시작한 것이다. 그러자 인간의 공적 담론이 견강부회(牽強附會)와 정의주의(emotivism)에 빠져들었고, 현재 시점에서 '옳다'고 여겨지는 관점을 제외한 모든 대안적 관점들을 배제하려는 온갖 시도들이 난무하게 되었다. 어쩌면 포스트모더니티 혁명은 이성이 해내겠노라고 공언하는 것을 해내려면 결국 공적인 하나님을 중요하게 고려하지 않을 수 없다는 점을 의도치 않게 노출한 것인지도 모른다. 그러려면 토론의 탁상에서 지혜로운 그리스도인들이 소리를 내게 해야 한다. 지나치거나 근본주의적이지 않은 목소리, 겸허하고 명료한 목소리, 즉답을 내놓는 자들이 아닌 하나님의 진리를 새롭게 깨달은 자들의 목소리, 알지 못하는 신에게 바쳐진 단에 대해서 바울이 했던 것처럼,

모든 사람이 대충만 알고 많은 사람들이 억누르려고만 했던 것들에 대해 일깨우기 위해 확신 있게 말하는 자들이 소리를 내게 해야 한다. 전 국제연합 사무총장 코피 아난(Kofi Annan)이 은퇴 연설에서 주장했던 것처럼, 이 세대의 통치자들은 책임을 묻는 자리에 불려 나와야 한다. 반드시 그렇게 되어야 하며, 궁극적으로 그것은 마지막 날에 모든 만물을 바로 세우실 한 분의 이름으로만 될 수 있다.

이런 목소리들이야말로 내일의 세상에 필요한 목소리들이다. '공적인 하나님을 실천하는' 사람들, 예수님의 복음에 비추어 시대의 문제들을 숙고한 사람들 그리고 바울이 그랬듯이 사람들의 고개를 끄덕이게 만들 지혜와 용기를 가지고 그 문제들을 처리할 수 있는 사람들, 바로 그런 사람들의 목소리가 필요하다. 그리고 나는 여러분이 그런 목소리를 내는 사람들이 되기를 기도한다.

2장

성경과 포스트모던 세계

먼저 용어부터 정의하는 것이 좋겠다. 누군가 근래에 "세상이 예전 같지 않아"라고 말하면 대부분의 사람들은 어렴풋이나마 그게 무슨 뜻인지 알아듣는다. 서구 사회는 문화적 격변기를 지나고 있다. 많은 관찰자들은 갈피를 잡지 못하고, 많은 참여자들은 갈 길을 알지 못한다. 혼란이 더해지면 더해지지, 진정될 징조는 전혀 보이지 않는다. (어떤 차원에서는 포스트모던이라든지 하는 것들과는 아무런 상관이 없는) 새 천년의 도래로 사람들은 엄청난 변화를 열망하는 동시에 다른 한편으로는 염려하는 눈으로 세계를 보게 되었다. 도처에 그런 조짐들이 널려 있다. 모든 컴퓨터가 2000년 1월 1일에 걸릴 것이라던 지독한 감기인 이른바 '밀레니엄 버그'는 현대 신화의 차원에서 포스트모더니티의 증상을 훌륭하게 대변하는 질병이었다. 사이버 공간으로 떠난 탐험대들은 현대적인 장비를 갖추었다는 것을 까맣게 망각하고, 새 시대의 동이 터올 때, 자정을 알리는 시계 종소리를 듣는 신데렐라처럼, 모두 호박으로 변해 버릴지도 모를 일이었다.

그러나 이 모든 용어들을 들을 때 자신이 뒤처진 느낌을 받는 사람들도 있을 것이다. 그렇다면 '모더니티'나 '포스트모더니티'는 도대체 무슨 뜻일까? 여기서는 개략적인 스케치만으로 충분할 것이다. '근대적' (modern)이라는 말을 할 때 나는 18세기부터 현재에 이르는 서구 세계를 대략적으로 지칭한다. 유럽 계몽주의는 지적 차원에서 그리고 산업혁명은 사회적 차원에서, 사회가 작동하는 방식에 문자 그대로뿐 아니라 은유적으로도 어마어마한 변화들을 가져왔다. 사람들의 사고방식 또한 커다란 변화를 겪어야 했다. 농업경제에서 공장 경제로 대규모의 전환이 일어났고, 그것은 불가피하게 막대한 사회적 결과들을 초래했다. 유럽에서뿐만 아니라 저 멀리 뉴질랜드를 포함해 여러 국가들이 그 여파를 피해 가지 못했다. 계몽주의 시대에 전통에 대한 두려움 없이 스스로 생각하기를 배운 사람들은—그러고 나서 산업혁명 때는 필요한 것을 기르는 것이 아니라 제조하는 법을 배운 사람들은—새로운 자신감을 얻었다. 그들은 세상에 덤벼들 기세였다.

그래서 근대주의 삼위일체(modernist trinity)가 자라났다. 첫째, "내가 내 운명의 주인이고, 내가 내 영혼의 선장이다"라고 말하는 패기 넘치는 개인이 등장했다. 둘째, 세상과 세상에 대한 우리의 객관적 지식에는 확실성이 있었다. 우리는 세상을 보고 어떤 것들에 대해 알 수 있으며, 그것이 객관적 지식이다. (누군가는 사실들이라는 것이, 망원경이나 신 사용 가발처럼, 18세기의 발명품이라고 말했다. 사실, 둘 다 늦어도 17세기에 생겨난 것이지만, 요점은 분명하다. '객관적 진실', '명백한 사실'들이라는 아이디어가 비교적 근대의 발명이라는 것이다.) 셋째, 어쩌면 셋 중 가장 중요한 것일 텐데, **진보**에 대한 새로운 신화가 자라났다. 그것은 세상이 실제로 어디론가 가고 있고, 진보하고 있으며, 곧 그 목적지에 도달할 것이라는 믿음이다. 현실은 그래서 편리하게도 사실들(facts)과 가치들(values)로 나누어졌다. 사실들은 객관적이고 가치들은 주관적이라고 했다. 아니, 세상을 분할하는 위대한 계몽주의의 방식들 중 다른 하나에 따르면, '저 밖'에는 이성의 진리들이라는 것이 있다. 정신은 그 진리들을 이해할 수 있으며, 실제적이고 경험적인 세상의 진리들은 우리가 실제로 거래할 수 있는 대상이다. 독일의 철학자 고트홀트 에프라임 레싱(Gotthold Ephraim Lessing)은 그 둘 사이에 추악한 도랑이 있다고 말했다.[1] 분층적 현실(split-level reality)은 근대주의 삼위일체가 상당한 값을 치르고 구매한 것이다. 우리는 그때 이후로 지금까지 그 비용을 지불하고 있다.

이 모든 것의 부정적 결과들은 꽤 분명하다. 유럽 세계는 우리가 전통적 종교들이나 윤리에 더 이상 묶여 있지 않다고 말했다. 우리는 이제 실재(實在)하는 세상에 살고 있다고 사람들은 말했고, 종교와 윤리는 사적인 의견의 문제가 되었다. 근대주의가 공언한 목적의 일부는 끝없는 유럽의 종교전쟁에서 벗어나는 것이었다. 그것을 위해 근대주의는 종교들이란 사람들이 홀로 있을 때 하는 행위에 대한 것일 뿐이라고 주장했다. 그래서 그와 같은 믿음들을 놓고 서로 싸우는 것은 얼토당토않은 일임을 증명하고자 했다. "우리는 스스로 생각하는 법을 배웠다. 이 능력으로 야만과 미신을 폭로하고 우리를 전통의 폭정에서 해방시킬 수 있다."

내 생각에 이 어지러운 결합체가 사람들이 '근대 세상에서 살아가기'에 대해 이야기할 때 주로 가리키는 것이다. 그것이 성취해 낸 긍정적 결과는 명백하다. 현대 의학, 통신, 수백 가지의 기타 사회적 발전들이 있다. 펜실베이니아주의 아미시(Amish) 공동체처럼 몇 가지 예외는 있지만, 우리는 모두 근대주의 업적의 단물을 빨아먹으며 살고 있다. 그것의 어두운 면은 늘 잘 알려지지 않는 편이다. 그 예로 프랑스혁명을 빼놓을 수 없다. 아무리 귀족들이 잘못했다 하더라도, 뜻을 분명히 하기 위해 (같은 편 사람들을 포함해) 수천 명의 사람들을 죽인 '자유·평등·박애'의 운동은 자멸적일 뿐 아니라, 자신들이 옹호하는 원리들을 선전하는 좋은 도구가 되기 어렵다.

마찬가지로, 영국의 낭만주의 시인인 키츠(John Keats)와 같은 시인들에게서 일찍이 발견되었던 진보와 계몽의 신화는 찰스 다윈(Charles Darwin)뿐만 아니라 그의 뒤를 이어 나온 '사회진화론'(Social Darwinism)에 필요한 맥락을 만들어 냈다. '사회진화론'은 우생학, 인종위생학, 선택교배, 궁극적으로는 '최종 해결책들'(final solutions),[2] 즉 대량학살과 종족 학살에 대한 논의를 충분히 일어날 수 있고 받아들일 수 있으며 심지어는 바람직한 것으로 만들었다. 독일에서뿐만이 아니라 영국을 비롯한 다른 곳에서도 마찬가지였다. 우리가 잊지 말아야 할 것이 하나 더 있다. 그것은 계몽주의가 스스로를 '자기 운명의 주인'이자 '자기 영혼의 선장'이라고 생각할 수 있게 만들어 준 사람들이 수백만 명의 근로자들의 노예화된 어깨 위에 서 있었다는 점이다. 농노에서 산업적 임금의 노예가 된 그 근로자들의 신분 변화가 가져다준 가장 큰 효과는 신선한 공기를 빼앗긴 것이었다.

잠시 정치적인 면에 천착하고자 할 때, 우리가 상기해야 할 것이 하나 더 있다. 서구 사회가 지난 200년 동안 평준화되면서 꾸준히 자유를 더 많이 쟁취해 왔지만, 그것은 나머지 세상의 희생을 바탕으로 했다.

근대주의의 패기 넘치는 새로운 현실은, 1950년대와 1960년대의 건축, 음악, 미술, 정치로 상징되는데, 그 모습은 갈수록 공허해지기만 한다. 이것이 포스트모더니티 발흥의 배경이다.

이 현상을 들여다보기 전에, 그래도 잠시 근대주의 안에서 성경에 무슨 일이 일어났는지 생각해 보자. 자연스럽게 성경은 전복시켜야 할 전통의 일부로 간주되었다. '객관적 사실들'이 중요한 세상에서 근대주의의 저울 위에 올라간 성경은 함량 미달이라는 판정을 받았다. 중요한 것은 창조가 아닌 진보였기 때문에, '진화'는 당연히 '옳았고', '특별 창조'는 '틀릴' 수밖에 없었다. 창세기는 그러므로 열외가 되었다. 과학은 불변의 자연법칙들을 연구했기 때문에, 기적들은 논외가 되었고, 성경의 절반이 동화 속의 판타지라는 비난을 감내해야 했다.

이른바 예수 세미나(Jesus Seminar)라는 모임은 캘리포니아에서 예수님의 부활에 대해 토론한 뒤 기자회견을 열어서 부활이 일어나지 않았다는 토론 결과를 발표했다. 그때 그들은 증거의 일부로 로스앤젤레스의 어느 영안실에서 일하는 젊은 여성을 내세웠다. 그 여성은 자신이 늘 시체들을 다루는데 그 시체들은 늘 죽은 채로 있다고 기자들 앞에서 증언했다! 이것이 일종의 신선한 '과학적' 발견이랍시고 발표되었다. 그런데 그것은 늘 예수님 부활의 골자 가운데 일부였다. 당연히 죽은 사람들은 죽은 채로 있는 것이 정상이다. 예수님의 부활의 요체는 무언가 새로운 것—다름 아닌 새로운 창조—이 세상을 덮쳤다는 것이다.

그렇다면 이 모든 것은 예수님의 이야기들을 읽는 법에 대하여 무슨 말을 하는가? 18세기 후반의 독일 철학자이자 계몽주의 저술가인 H. S. 라이마루스(Reimarus)[3]에 따르면, 예수님은 사실 갈릴리 지방의 혁명가였다. 그래서 예수님이 '인자'(the son of man)라는 아이디어는 (예수님이 하나님의 아들됨이나 세상의 죄를 대속하기 위한 그분의 죽음과 부활은 말할 것도 없고) 이후 교회가 종교적 미신을 이용한 콘스탄티누스(Constantinus)의 세계 노예화로 가는 길목에서 만들어 낸 경건한 발명품임이 분명하다는 것이다. [종교개혁의 영적 확실성(spiritual certainty)은 확고히 거부하는 계몽주의가 때때로 종교개혁의 수사법을 차용하는 방식에 주목하라.] 근대주의 안에서 성경적 윤리학은 옛 시대의 것에 불과하다. 독자는 그것을 윤리에 적용하는 것은 적절치 않다고 여길지도 모른다. 도덕이 시간이 지나면서 변해 간단 말인가? 그러나 현실이 그렇다. 유대교나 기독교적 세계의 고전적 기준들을 입에 올리려면 '구석기 시대의 도덕성'을 가졌다는 비난을 들을 각오를 해야 한다. 이러한 근대주의의 맥락 안에서 성경의 공적인 역할은 예배 중에 봉독되는 수준으로 전락(轉落)하고 만다. 우리가 주의를 기울이지 않으면 성경은 인간 공동체를 신선하게 뚫고 들어오는 강력한 말씀이 아닌, 언어적 벽지 조각의 기능으로 전락하고 만다. 사적인 역할에서 성경은 개개인에게 경건한 생각을 불어넣을 요량으로 읽히는 수준으로 전락할 수 있다. 일부 사람들이 희망하는 바겠지만, 성경의 진리 주장들과 무관하게 그런 기능을 할지도 모른다. 근대주의 세계관의 수사법이 워낙 강력하다 보니 성경에 대한 이런 부정적인 판단들의 미약한 근거를 드러내려는 시도는 옛날로 돌아가려는 시도로 자주 일축되었다. 근대주의의 물결이 밀려들어 오고 있고, 누구든 그것에 토를 다는 자는 근본주의자 크누트(Canute) 대왕⁴이나 마찬가지였다.

그러나 우리 모두가 알고 있듯이, 근대주의 운동은 악화 일로의 시련을 겪어 왔다. 마르크스, 니체, 프로이트는 근대주의의 품이 양육한 의혹의 대가(master of suspicion)들로, 자신들의 이론이 '과학적'이기 때문에 그 준거 틀 안에서 존중받을 만하다고 주장했다. 이들 덕분에 현실에 대한 근대주의의 관점과 그것을 받아들인 모든 것들은 그 핵심까지 속속들이 흔들렸다. 여기서는 최대한 간략한 설명만으로 충분할 것이다.

그 문화적 변화의 맥락 역시 삶의 방식에 대한 방법들과 가정들이 변화해 왔다. 브리티시 텔레콤(British Telecom)의 어느 광고는 "일하는 방식을 바꾸어 보는 게 어때?"라고 제안한다. 좋은 광고들이 대개 그렇듯, 사람들에게 이미 시작한 일이나 하고 싶은 일을 하라고 권하고 있다. 지루하고 돈이 드는 도심으로 출퇴근하는 방식은 연료를 소비하고 대기를 오염시킬 뿐이니, 대신에 편안하게 교외의 집에 머무르면서 재택근무를 하는 것은 어떤가? 마이크로칩이 공장과 비서와 기타 많은 것들과 사람들을 대체해 왔다. 18세기 방식으로 작동하던 지역사회들이 대규모 실직 사태를 맞이했거나 테마 공원의 신세로 조락했다. 영국의 어떤 마을들에서는 주민들이 돈을 받고 (광부, 철광 노동자 등으로) 옷을 차려입고는 그런 행색에 맞는 일을 보여 주었다. 그들은 선조들이 유용한 제품들을 실제로 생산하기 위해 수행하던 일을 관광객들의 즐거움을 위해 행한다. 이런 것들은 영국 풍광의 중요한 특질이다. 하지만 나는 다른 나라들도 비슷한 처지일 거라고 추측한다. 생산과 제작을 대신해, 오락이 대세가 되어 버렸다.

이 산업적·사회학적 변화는 영락없이 포스트모더니티의 변화된 현실관과 아귀가 깔끔하게 맞아 들어간다. 객관적 사실들(석탄 덩어리나 철제 대들보처럼 딱딱한 모서리를 갖는 것들) 대신에, 우리가 받은 인상들과 태도들과 감정들이 가상공간에서 이리저리 떠돌아다닌다. 우리 모두는 가상공간을 방문하지만 그곳이 어떤 곳인지 정확하게 설명할 줄 아는 사람은 거의 없다. 몇 년 전 내가 참석한 댈러스의 어느 회의에서 한 연사가 열변을 토했다. "오늘날은 태도들이 사실들보다 더 중요합니다. 그리고 우리는 그것을 문서화할 수 있습니다!" 이 말은 근사한 진술이었다. 모더니티에서 포스트모더니티로 넘어가는 문턱 위에서 그 진술은 전율하고 있었다. 최근에 출간된 어느 책의 제목에서 우리는 '진리가 더 낯설어졌다'(Truth Is Stranger Than It Used to Be)[5]는 것을 알게 되었다. 모든 진리 주장들은 어떤 사람이나 어떤 집단에 **의해** 제기된다. 사람들은 보통 진리 주장들이 그것을 제기한 집단들의 이익을 대변한다고 가정한다. 결국 누구나 나름대로의 의제들을 가지고 있고, 기발한 비평가들은 마르크스나 니체나 프로이트와 그 뿌리가 맞닿은 길거리 수준의 지혜로 연기를 피워서 이런 의제들이 굴 밖으로 튀쳐나오게 만든다.

이것이 서구 언론인들의 뇌리를 사로잡고 있는 것은 분명하다. 그들은 정치 지도자들을 물어뜯을 때뿐만 아니라 그 외 모든 사람들에 대해서 그런 태도를 보인다. 적어도 영국의 신문들에서는(미국은 때때로 다른 것 같기도 하지만), 대부분의 언론인들은 대개 한 가지만 이야기하고 또 한다. 구체적 내용은 바뀌지만 스토리는 같다. 즉 내로라하는 사람이라면 누구나 숨기고 싶은 약점이 있다. 이것은 주교, 록 스타, 정치인들에게 한결같이 적용된다. 신문들은 긍정적이고 좋은 뉴스 이야기에는 사실 관심이 없다. 그들은 다른 모든 이들을 깎아내리기 위해 존재한다.

적어도 그것이 우리가 그들에게서 거듭해서 받는 인상이다. 몇 년 전 웨스트민스터 사원에서 수행한 개혁들 덕분에 정기적인 예배 참석 인원이 네 배로 증가했다는 사실이 알려졌다. 그 결과, 부쩍 많은 사람들이 기도를 올리고 크리스마스캐럴을 부르기 위해 몰려왔고, 영국 여왕이 매년 하사하는 크리스마스트리는 그들에게 자리를 내주어야 했다. 「타임스」(The London Times)가 이 사실을 보도했다. 그것도 제1면에! 그런데 생기 넘치는 예배 공동체의 성장에 대한 이야기가 아니라 웨스트민스터 사원의 주임 사제가 여왕 폐하에게 모욕을 선사한 이야기였다. 사람들은 흔히 "설마 이런 이야기를 지어냈겠어?"라고 반응하지만, 신문들은 사실 그 이야기를 지어냈다. 포스트모더니티에서는 '사실들'은 더 이상 중요하지 않게 되었다. 견강부회가 모든 것이 되었다. 그래서 모더니티와 달리, 현실은 더 이상 사실들과 가치들로 나뉘거나 이성의 진리들과 과학의 진리들로 분류되지 않는다. 현실은 당신이 이해하는 대로이다. 당신은 살아가면서 현실을 지어낸다.

현실이 신나게 해체되고 있는데, 이야기들은 오죽하겠는가. 포스트모더니티의 유명한 일면들 중 하나는 이른바 '거대 담화의 죽음'이다. 그것은 우리 인생을 지배해 온 큰 이야기들에게 적용되는 비평을 일컫는다. (거대 담화는 큰 이야기 또는 큰 그림이다. 모더니티의 큰 이야기는 진보의 신화이다.) 거대 담화의 죽음도 정치적 차원에서 명확하게 나타난다. 전후 세대는 세계 정치가 동서의 냉전으로 구성되었고, 그것만 해결되면 만사형통할 것이라는 신화에 따라 살았다. 기본적으로 미국이 부전승을 거두자, 프랜시스 후쿠야마(Francis Fukuyama)[6]는 "역사의 종말인가?"(The End of History?)라는 에세이에서 이제는 뭔가 일어날 일이 없을 것이라고 말했다.

그럼에도 중동 문제는 늘 있었고 지금도 있다. 북아일랜드 문제도 여전히 있다. 신문들이 더 이상 다루지 않지만(언론의 선택성도 포스트모더니티의 주요한 특징이다) 우리의 탈냉전 세상에는 여전히 곪아 터진 상처를 간직한 곳이 많이 있다. 발칸반도, 르완다, 수단 같은 지역들이 그 예다. 그리고 중동은 한층 더 끔찍한 고뇌와 충격의 발원지가 되었다. '난민의 물결'에 대한 일상적인 은유는 현실이 되어, 누군가의 도움을 절실히 기대하면서 지중해의 일렁이는 파도 위를 떠돌고 있다. '역사의 종말'에 대한 거대 담화는 거짓말이었다. 그것과 함께 진행되었던 소위 '아랍의 봄'에 대한 몇 년 전의 신바람에 부채질을 하던 이야기도 그랬다. 즉 서구 언론인들과 정치인들은 '역사'가 폭군들을 제거하는 방향으로 도도하게 흘러가서 서구식 민주주의가 자동적으로 땅에서 솟아날 것이라고 상상했다. 그 큰 이야기도 낭설이었고, 서구가 그것을 믿었다는 사실 자체가 우리가 지금 마주하는 문제들에 대단히 크게 기여했다.

그리고 그 큰 이야기들이 우리를 실망시켰을 때, 그 작은 이야기들 —수천 건의 잔혹 행위들에 대한 끔찍하고 소름 끼치는 이야기들— 이 여전히 존재했다. 그럼에도 우리는 무엇을 해야 할지 전혀 알지 못했다. 정확히 포스트모더니티가 '내 이야기가 중요하다', '너의 이야기가 중요하다', '모든 사람의 이야기가 중요하다'고 말하는 까닭에, 모든 갈등 가운데 각자의 편을 선택한 사람들은 각자의 이야기(보통은 자신을 희생자로 그리는 이야기)가 무엇보다도 중요하다고 믿는다. 사실상 이것은 제1차 세계대전의 발발 원인들과 크게 다르지 않다. 모든 유럽 국가는 들려줄 그 지역만의 이야기를 갖고 있었고, 각 국가의 관점에서 전쟁은 꽤 정당한 선택이었다. 이것은 오늘날까지도 이어지고 있다. 남수단에서, 시리아에서, 북아일랜드에서… 이것이 포스트모더니티의 통렬한 정치적 칼날이다. 우리가 살아온 근대주의 신화는 표지 기사에 지나지 않았다. 이제 그 가면이 벗겨졌고, 우리의 정치인들은 무엇을 해야 할지 짐작도 하지 못한다. 한 가지 이유는 극히 소수의 정치인들만이 대학에서 철학이나 종교학을 전공했다는 것이다. 철학이나 종교학이 충분히 실용적이지 못하다고 생각했기 때문이다. 그들이 손에 쥔 것은 근시안적 실용주의뿐이다.

충분한 실용성? 옥스퍼드에서 있었던 멋진 순간이 기억난다. 신학을 전공하던 어느 명민한 학부생이 마지막에서 두 번째의 긴 방학을 잠비아에서 보내며 현지 교회들을 도왔다. 그는 그 교회들이 지역사회뿐만 아니라 더 넓은 반경에서 성취하고 있는 일들 때문에 감격하며 귀국했다. 우리가 '제3세계'라고 부르던 곳에서 교회를 교회답게 만들어 주는 도구들을 제공하는 신학에 대한 생각으로 큰 환희를 느꼈다. 그는 훈련된 신학자로 돌아가서 개발 사역에 헌신할 각오를 품고 있었다. 내가 가르치던 단과대학의 학장은 마침 노동당 소속 총리에게 경제 자문을 했던 사람인데, 다음 학기 말에 그가 이 젊은이에게 물었다. "자네, 무엇을 하고 싶은가?" 그 젊은 학생은 이렇게 대답했다. "제3세계에서 개발 사역자가 될 겁니다." 학장은 어리둥절한 표정을 지었다. "그런데 왜 경제학 책을 읽지 않는 건가?" 학장이 이렇게 묻자, 학생은 조금도 주저하지 않고 대답했다. "신학이 훨씬 더 관련성이 높으니까요."

학생 말이 맞다. 경제학자에게는 아무 답이 없다. 경제는 자동차의 엔진과 같다. 경제학자들은 엔진이 어떻게 작동하고 어떻게 엔진을 청소하고 고칠 수 있는지 말해 줄 수 있다. 그러나 그들은 차를 몰고 어디로 가야 할지는 말해 줄 수 없다.

필연적으로, 같은 원리가 진보와 계몽주의에도 적용된다. 모든 사람의 해방이라는 것이 알고 보니 다른 누군가를 노예화하는 일이었다. 모든 사람의 경제 호황이라는 것이 알고 보니 다른 누군가의 희생을 필요로 했다. 그래서 포스트모더니티의 말에 따르면, 우리의 모든 거대한 이야기들이, 우리의 통제적 담화들이 작은 이야기들로 조각조각 해체된다. 그 작은 이야기들은 그 자체로는 '진정성'이 있을 수도 있는 나의 이야기, 너의 이야기이며, 우리가 정말로 어떻게 느끼고 보느냐에 대한 이야기이다. 그러나 그 이야기들은 서로에게 거의 영향을 주고받지 않음이 확실하다. 우리가 가상공간에서 산다면 이것은 아무 문제도 되지 않는다. 가상공간에서는 우리가 가상현실들을 만들어 낼 수 있고, 교외의 자기 집 거실에서도 가상현실에 접근할 수 있다. 하지만 진짜 땅 위에는 진짜 선들이 그려져 있다. 그런 선을 넘는다거나 하필 그 선의 반대편에서 태어났다는 이유로 인간들이 총에 맞는 세상에서라면 이런 이야기들은 도통 말이 되지 않는다.

거대 담화들을 작은 담화들로 이렇게 쪼개는 것도 철학적으로 니체로까지 거슬러 올라간다. 니체는 경구 모음(collection of aphorisms)을 세상을 기술하는 적절한 방식으로 제시했다. 어떤 소설가들은 이런 실험을 했다. 유명한 예로, 『프랑스 중위의 여자』(*The French Lieutenant's Woman*, 열린책들)는 독자가 기분에 따라 결말을 선택할 수 있게 해 준다. 줄리언 반스(Julian Barnes)의 『10$\frac{1}{2}$장으로 쓴 세계 역사』(*A History of the World in Ten and a Half Chapters*, 열린책들)는 연결된 담화는 전혀 없이 대신 이미지들을 연속해서 제시했다. 저자가 암시했듯이, 고단한 대양을 표류하는 뗏목 같은 이야기와 함께 제시했다. 현대 성경 연구에서, 포스트모더니티에 얼큰하게 취한 이들은 말할 것도 없고, 일부 학자들이 '큐'(Q)라는 가상의 문서와 "도마복음"(Gospel of Thomas)이라고 알려진 원시 영지주의 문서를 정경의 복음서들보다 더 선호한다는 사실은 흥미롭다. 결국 이 문서들은 조각난 경구들의 모음들만 제시하고, 하나의 통합적인 이야기를 제공하지 못한다. 1990년대 영국의 클래식 에프엠(Classic FM)이라는 라디오 방송국의 급부상은 이와 문화적으로 동일한 선상에 있다. 클래식 에프엠은 음악을 주로 토막 내서 들려준다. 나이 지긋한 사람들의 입맛에 맞게 교향곡, 협주곡, 오페라의 전곡을 들려주는 일은 매우 드물다.

포스트모더니티의 결론은 개인의 해체이다. 더 이상 우리는 우리 운명의 주인이 아니고, 우리 영혼의 선장이 아니다. 우리 각자는 표류하는 기표(signifier)들과 충동(impulse)들과 인상(impression)들의 덩어리이다. 우리는 항상 변한다. 우리는 살아가면서 우리가 받는 자극들, 우리에게 다가오는 견강부회적 해석, '내키는 대로의' 기분에 따라 스스로를 해체한다. 한 권의 책, 한 편의 시, 하나의 예술 작품의 '의미'는 그것 자체에 내재하지 않는다. 독자들에 따라 바뀐다. 객관적인 의미가 있다고 말할 사람이 누구인가? 거대 담화들이 죽임을 당한다면, 저자들 역시 죽임을 당한다. 저자들의 의도는 텍스트 뒤에 불투명하게 남아 있다. 그리고 어쨌든 텍스트라는 것이 있기라도 하단 말인가?

정치, 결혼, 성, 교육 등의 다른 영역들에 동등하게 같은 혼란을 대입해 보면 무슨 일이 일어나고 있는지가 보인다. 포스트모던의 딜레마는 바로 이것이다. 즉 현실은 옛날 같지 않다는 것이다. 거대 담화들은 우리를 실망시켜 왔고, 우리는 풀이 죽었다. 우리에게 남겨진 것은 골라 섞는 문화, 내키는 대로 하는 문화, 끌리는 대로 하는 문화이다. 1960년대의 히피족이 나이를 먹고 새 천년을 위해 옷을 차려입었지만 갈 곳이 없는 꼴이다. 개인적 차원에서 이 문화는 이용자에게 끊임없이 움직이는 사적인 소리의 세계를 만들어 주는 휴대용 개인 스테레오로 상징된다. 더 어둡게는, 진짜 세상에서 진짜 인간들과 관계를 맺는 것이 너무 복잡하거나 엉망인 사람들에게 안전한 가상공간이나 폰섹스를 제공하는 포르노 산업으로 대변되기도 한다. 집단적 차원에서는 영국의 그리니치 돔(Greenwich dome)이 전형적인 포스트모던 프로젝트로서 건설되었는데, 이 어마어마하고 인상적인 공간이 어떤 쓸모를 갖고 있는지 아무도 알지 못했다. (건설 이래로 다양한 용도로 쓰이고 있지만, 건설 당시에는 목적을 찾아 나선 프로젝트였다.) 창안자들의 의도와는 상관없이 그리니치 돔은 이 혼란스럽고, 정처 없고, 야심차지만 뿌리 없는 문화의 거의 완벽한 상징이었다.

더 통렬한 사례가 되는 사건이 있었다. 남아프리카공화국 지도자 넬슨 만델라(Nelson Mandela)의 장례식에서 일어난 사건이 텔레비전으로 널리 방영되었다. 연사들이 연설을 하는 가운데 어떤 남자가 연단에 올라와 큰 몸짓을 이어 갔다. 마치 그 남자는 만델라와 그의 위대한 업적들을 찬양하는 연설들을 수화로 통역이라도 하고 있는 것처럼 보였다. 그러나 결국 그는 제대로 된 통역사가 아님이 밝혀졌다. 그의 큰 몸짓에는 아무 의미도 없었다. 그런데 어느 철학자는 이것에 대해 이 남자야말로 그날 유일하게 진실을 말한 사람이라고 논평했다.

한 세대 전 넬슨 만델라의 '무지개 국가'의 기세등등한 출범으로 일어나리라고 믿었던 변화는 아직도 대부분의 국민들의 실제 삶 속으로 파고들지 못했다. 장례식은 포스트모던의 모습을 보여 주는 전형적인 순간이 되었다. 통역(interpreting)을 하는 것 같았던 사람은 사실은 해체(deconstructing)를 하고 있었다.

포스트모던 세계 속의 성경

지금까지 아주 간략하게 기술한 이 문화에서는 성경에 무슨 일이 일어나고 있는 것일까? 나는 포스트모던 풍토가 성경 해석에 영향을 미친 방식에 대하여 몇 가지로 풀이해 보는 것으로 만족하려 한다. 제대로 포스트모던 스타일을 갖춘 이 풀이들은 체계적이라기보다는 무작위적이지만, 어쨌든 체계적이었더라면 할애할 지면이 모자랐을 것이다.

성경적 '큰 이야기'의 해체
가장 분명한 점은 성경의 근대주의적 비평이 고조되는 것으로 보인다는 것이다. 모든 큰 이야기들이 의심받고 있다. 그래서 (계몽주의가 생각하기에) 잘못된 이야기를 들려주는 성경은 정치적으로 올바르지 않을 뿐 아니라, 어떤 이야기를 한다는 그 자체만으로도 의심의 눈초리를 받는 것이다. 확실히 성경의 모든 책들이 담화 형식을 취하지는 않는다. 그러나 대부분은 그렇다. 기독교 정경의 현재 틀과, 그 점에서 유대교 정경이 거쳐 왔던 여러 가지 틀들은 하나같이 다양한 부차적 이야기들로 채색된 하나의 포괄적 담화를 시종일관 강조한다. 이 큰 담화는 이런

저런 형태로, 성경 개별 책들의 메시지들을 포함하면서도 동시에 초월한다.

신약성경을 그림에서 잠시 들어내고 히브리어와 아람어 정경만 살펴보자. 우리가 성경을 읽을 수 있는 방법이 두 가지가 있는데, 창세기에서 말라기까지의 순서로 읽어 나가거나 히브리어 성경 자체가 구성된 방식처럼, 즉 창세기에서 역대기하까지의 순서로 읽어 나갈 수 있다. 이것은 명백하게 어떤 결말을 찾아 나선 이야기이다. 그 결론은 말라기에서 나든, 역대기하에서 나든, 이 한마디를 남긴다. "그렇군요. 그러면 다음은 무엇입니까?" 신약성경을 다시 그림에 배치시키면, 우리가 가진 기독교 정경도 똑같은 이야기를 들려준다. 네 개의 복음서들은 제각각의 방식으로 "이것이 그 이야기의 클라이맥스입니다"라고 말하고, 그 뒤에 나오는 서신서들과 묵시록은 이렇게 말한다. "이제 그것을 가지고 우리가 해야 할 일은 이것입니다." 요한계시록은 하늘의 도시가 하늘로부터 땅으로 내려오는 경이로운 이미지로 마침표를 찍는데, 이것은 '에덴으로 돌아가기'에 대한 이야기가 아니다. 그보다는 오히려 창세기로부터 시작한 그 이야기의 정점이다. 여기서 그 인간 프로젝트(the human project), 하나님의 프로젝트(God's project), 창조 자체의 프로젝트에 대한 영광스러운 완결이 제시된다. 그것이 기독교 정경에서 우리가 발견하는 큰 이야기이다.

'큰 이야기'를 한 편도 제시하지 않는 것처럼 보이는 책들이 있는 것도 부인할 수 없는 사실이다. 예를 들어, 잠언이나 전도서와 같은 책들이 그런 경우이다. 하지만 이런 책들도 흩뿌려진 격언들과 금언들 아래에 더 큰 이야기들이 있음을 넌지시 내비친다. 그것들은 창조라는 더 큰 담화의 틀 안에서 정경의 맥락들 속에 붙들려 있다. 그것들은 '지혜'가 모든 인간의 삶과 관련되지만, 이스라엘의 계속되는 삶, 이야기, 전통들 안에서 제일 잘 발견되고 깨달을 수 있다고 주장한다.

그런데 포스트모더니티 안에서는 그와 같은 모든 담화의 배경들이 의심을 받는다. 포스트모더니티는 세상에 다른 이야기들도 있고, 이 성경의 이야기들은 억압적인 것 같다고 말한다. 예를 들어, 1960년대의 해방신학은 출애굽의 이야기를 상당히 확장했다. 해방신학은 그것이 당시의 세상이 필요로 했던 모든 해방을 위한 패러다임이라고 주장했다. 이제 포스트모더니티 사회의 사람들은 우리가 그저 출애굽 이야기만 해도, 이중의 문제를 떠안게 될 것이라고 지적한다. 이야기의 한쪽 끝에 있는 이집트인들에게는 무엇이라고 말할 것이며, 다른 끝에 있는 가나안 사람들에게는 무슨 말을 할 것인가? 이를테면 중동의 담화를 유대교 방식으로 말하면 기독교가 시작된 그 지역의 대부분을 구성하는 팔레스타인 공동체들에게 깊은 상처를 준다는 것이다. 그리고 팔레스타인 사람들과 그들의 지지자들은 **그들의** 이야기를 홀로코스트 이후의 이스라엘 이야기를 도려내는 방식으로 말하지 않도록 주의를 받는다. 그런 예들이 수없이 많다. 정치인들이 이 문제들을 해결하지 못한다고 해서 놀랄 필요는 없다. 우리가 발 담그고 살아왔던 이야기들이 사방에서 공격을 받아 무너져 내렸다.

성경적 현실의 해체

당연히 성경적 현실관 역시 포화를 받고 있다. 우리는 바울이 자기 방식대로 사물을 이해했다는 말을 듣는다. 하지만 우리는 그의 반대자들의 눈을 통해 사물을 바라보기 위해 절치부심해야 한다는 것이다. 바울의 반대자들도 결국 스스로를 그리스도인이라고 생각했고, 바울이 말재간으로 우리 시야에서 가려 버린 요지를 그들이 알고 있었을 것이라는 말을 자주 듣는다. 정복자의 문헌이 결국 살아남는다는 말도 자주 듣는다. 그레이엄 쇼(Graham Shaw)의 저서 『권위의 비용』(The Cost of Authority)은 독자들을 교묘하게 조종한다는 이유로 바울을 맹렬히 비난하는데, 이것은 사물을 액면가 그대로 받아들이지 않는 포스트모던 저항의 전형적인 예이다. 쇼는 특히 고린도후서를 예로 들면서, 예수님의 십자가상의 죽음에서 바울이 열정적으로 주장한 것이 사실은 특별한 삶의 방식이 아니라고 말했다. 오히려 바울은 매우 인상 깊지만 사실은 또 다른 힘자랑에 불과한 수사법으로 그의 독자들과 청자들을 냉소적으로 조종하고 있을 뿐이라고 쇼는 말했다. 이것은 성경을 구성하는 각각의 책을 포스트모던 방식으로 해체하는 고전적 사례이다.

전체적 현실에 대한 성경적 관점은 유대교 방식의 창조주 유일신에 대한 믿음을 대체로 당연하게 받아들이는데, 이것 역시 공격을 받고 있다. 어떤 사람들은 다소 일차원적이고 청교도적인 신명기의 관점을 다양한 다른 관점들에 강제적으로 덧씌운 탓에 이스라엘이 가지고 있던 쾌활하고 흥미로운 반(半)다신교도들의 작은 이야기들이 획일적으로 바뀌었다고 주장한다. 후에 정경으로 선택된 유일신교의 군홧발 아래에서 이런 이야기들이 짓이겨졌다고 주장한다. 이 이미지는 아무렇게나 선택된 것이 아니다. 20세기 초반의 폭정들의 기억들과 상상들이 20세기 후반의 저항들의 비옥한 토양이 되었다. 포스트모더니즘은 히틀러와 스탈린을 회고하며 이렇게 말한다. "모더니즘이 하는 일이야 늘 그렇지."

성경적 인간관의 해체

사람에 대한 성경적 관점도 예외가 아니어서 가차 없는 포스트모더니스트에게는 먹히지 않는다. "인간으로서 당신은 누구입니까?" 이런 질문에 유대교인과 그리스도인은 이렇게 대답한다. "나는 하나님의 형상으로 지음받았습니다." 포스트모더니스트가 묻는다. "모든 신들의 이야기는 파워 게임인데, 신의 형상으로 지음받았다는 것이 어떤 의미를 갖습니까?" 이것 역시 '종차별'(speciesism)의 한 예를 보여 주는 파워 게임일 뿐이라는 것이다. 인간들은 가상의 우주적 실재의 영화로운 형태로 자신들을 투영하고, 세상의 나머지를 억압하고 겁탈하는 것을 정당화하기 위해 이 점을 이용한다. 그래서 포스트모던 해방신학은 성경적 담화의 한 부분(우리가 보았듯이 숨은 동기들이 폭로되어 휘청거리게 된 출애굽 전통) 위에 서서 비틀거리면서, 성경의 다른 부분들에 억압적 경향들이 잠재해 있다고 비평한다.

이러한 종류의 성경 읽기로부터 등장하는 해석학은 그 자체로 포스트모더니티의 골라 섞는 스뫼르고스보르드(Smörgåsbord)[8] 문화의 특징을 고스란히 반영한다. 마음을 울리는 부분들을 골라 읽고, 입맛대로 해석하고는 마음에 들지 않는 부분들을 뒤집어엎는 데 이용한다. (그런 방식의 설교는 메시지에 아무런 권위가 실리지 않는다. 그런 틀 안에서 성경을 인용하는 것은 힘자랑의 위험을 안고 있다. 골라 섞기의 설교가 하는 말은 오직 하나이다. "나는 성경이 나와 같은 의견을 보이는 곳에서만 성경에 동의합니다.")

이 모든 것은 '정경 속의 정경'이라는 옛 아이디어의 새로운 버전을 만드는 효과를 발휘했다. 이 과정의 초기 버전들에서는 루터의 칭의 교리가 지배적이었다면, 이제는 마르크스, 니체, 프로이트가 지휘권을 행사한다. 분명히 심각한 포스트모더니스트라면 그 누구도 권위의 교리 따위에 책장의 공간을 조금도 내주지 않을 것이다. 만일 교리들 자체를 미심쩍어하는 상황이라면, 신성한 본문의 권위는 말할 것도 없고, 그토록 비인간적이고, 그토록 폭압적인 권위에 대한 교리 같은 것은 오죽이나 의심스럽겠는가? 이런 방식으로 읽으면, 성경은 쓸모 있을 때는 이용하고 쓸모없을 때는 내던져 버리는 수많은 문화적 산물들 중 하나가 된다. 그러다가 마침내는 아이리스 머독(Iris Murdoch)[9]이나 딜런 토머스(Dylan Thomas),[10] 혹은 장 프랑수아 리오타르(Jean-François Lyotard)[11]의 글에서 인생에 대한 안내를 받을지도 모른다. 그리고 많은 사람들이 그렇게 하고 있다.

포스트모던 세계

그런데 현재의 문화적 풍토로 성경을 조건적으로 이용하는 방식에 우리가 만족하지 못한다면 어떻게 되는가? 포스트모더니티의 주장이 납득이 가지 않고, 포스트모던 이론이라는 프로크루스테스의 침대(Pcocrustean bed)에 활기차고 확실히 유익한 기독교 전통을 억지로 깎아 맞추겠다는 제안이 마뜩치 않다면?

이 모든 것을 이해할 수 없거나, 포스트모던 방식으로 말해서 그저 마음에 들지 않는 데에는 몇 가지 적절한 이유들이 있다. 우선 이론의 차원에서 포스트모더니즘 자체에는 내적 모순들이 존재한다. '모든 진리는 상대적이다'라는 진술이 말이 되려면, 그 진술이 시도하는 일반화에서 그 진술 자체는 배제되어야 한다. (모든 진리들이 상대적이지만, 모든 진리들이 상대적이라는 진술만은 예외이다!) 혼란에 빠진 오늘날의 세상은 옛날의 도덕적 이상들을 해체하는 데 열심이지만, 그 옛것들을 새것들로 대체하는 데도 똑같이 열심이다. 자신의 대안적 성생활이 비난받으면 ("못 견디게 중세적이야!"라고) 격노하는 사람은 닭을 보호하기 위해 여우 사냥을 하는 영국의 농부나 너무 바빠서 병, 캔, 비닐봉지를 재활용하지 못하는 주민에게도 똑같이 화를 낼 것이다. 심지어 모든 원대한 보편적 아이디어들에 대한 포스트모더니티의 공격조차 그 자체가 원대한 보편적 아이디어가 되어 버린다. 모든 거대 담화들에 대한 맹공은 그 자체로서 새로운 거대 담화가 되고, 새로운 거인을 죽인 잭(Jack the Giant Killer)[12]이 되어서 젊고 용맹한 약자인 영웅(포스트모더니즘)이 늙고 따분한 거인(근대주의)을 벤다. 큰 이야기들을 개탄하는 포스트모더니티도 정작 거대 담화를 들려준다. 거대 담화의 죽음 자체가 한 편의 거대 담화이다. 그 이유를 찾으러 멀리 갈 것도 없다. 포스트모더니티 역시 종말론적이다. 그것은 어딘가로 흘러가는 역사에 대한 이야기이지만, 그것이 향하는 '어딘가'는 혼돈, 대재앙, 무의미이다. 그것은 바그너의 오페라에서 '신들의 황혼'(Twilight of the Gods)으로 그려지는, 그 옛날 '괴터대머룽'(Götterdämmerung) 서사[13]의 세속적 버전이다. 우리는 이야기들을 벗어날 수 없다. 우리는 결말을 입맛대로 고를 수도 없다.

포스트모던 프로그램에는 흥미로운 모순들도 웅크려 있다. 재즈 음악가인 찰스 밍거스(Charles Mingus)는 이렇게 선언했다. "내 음악에서 나는 진실한 나다움을 연주하려고 애쓴다. 그것이 어려운 이유는 내가 늘 변하기 때문이다." 위대한 두 가지의 포스트모던 의제들 사이에 있는 매혹적인 모순에 주목하라. 다른 누군가가 아닌 내 이야기를 들려줄 필요성이 있다. 그러나 동시에 '나'라는 그 '자아'가 끊임없는 흐름 속에서 매순간 해체된다는 인식 또한 있다. 바흐나 모차르트, 심지어 감히 말하지만, 루이 암스트롱이라도 그 문제로 괴로워하는 모습을 상상할 수 없다. 진지한 포스트모더니스트는 틀림없이 그것이 정확히 우리가 있는 자리이고, 일관성을 원하는 것은 하늘의 별을 따 달라고 요청하는 것과 같다고 응대할 것이다. 그런데 우리는 이 판결을 받아들여야만 하는 것일까? 성경을 전심을 다해 온전히 읽었을 때, 성경은 답변을 할 수 있을까? 성경은 답할 수 있다.

 우리가 현재 가진 기독교 경전에서 우리는 별 어려움 없이 하나의 포괄적 담화를 발견한다. 그것은 창조에서 새 창조로, 에덴에서 새 예루살렘으로 달려가는 이야기이다. 이것이 다른 모든 것들의 배경이며 궁극적 맥락이다. 하지만 그 이야기의 상당한 부분은 중동 어느 가족의 길흉화복으로 상당히 좁혀서 초점을 맞추고 있다. 선택된 백성인 그 집안을 통해 창조주 하나님이 온 세상을 곤궁에서 건져 내기 위해 행동할 터이다. 이 특정한 집안을 선택했다는 것은 창조주가 다른 인간들 혹은 우주 전체에 대한 흥미를 잃었다는 뜻이 아니다. 오히려 그 반대이다. 하나님은 적극적이고 구속적인 목적들을 가지고 인간들을 다루기 원했기 때문에 이 가족을 우선적으로 택하셨다. 하나님의 구속적인 목적들은 창조 그 자체에 넘쳐흐르는 하나님의 자비에 부합한다. 그러나 세상을 향한 창조주의 계획의 중심에 그렇게 놓인 이스라엘 이야기의 심장부에는 퍼즐이 하나 있다. 선택된 백성들 역시 구속되어야 한다는 것이다. (한 세트의 러시아 인형들을 생각해 보라. 창조의 이야기 안에는 이스라엘의 이야기가 있고, 그 안에는 다시 예수님의 이야기가 있다.) 우리가 구약성경의 책들을 재배치한다 할지라도, (이를테면) 선지서들이 성문서들 앞에 놓이는 일반적인 히브리 성경의 순서를 활용해 이스라엘의 경전이 말라기가 아니라 역대기하로 끝맺게 할지라도, 우리는 여전히 결말을 찾아 한 편의 이야기를 읽게 될 것이다. 세상에 창조주의 치유를 가져다주기 위해 선택된 백성 자체가 구속과 회복을 필요로 한다.

신약성경이라고 불리게 된 초기 기독교 문헌들은 이 포괄적 담화가 나사렛 예수의 삶, 죽음, 부활을 통해 그 목적을 이루었다고 한목소리로 선포한다. 초기 그리스도인들은 예수님의 공적 사역과 부활을 근거로, 예수님이 이스라엘의 메시아임을 믿었다. 그들은 이스라엘을 **위할** 뿐만 아니라 이스라엘을 **통한** 하나님의 의도가 예수님 안에서 성취되었다고 믿었다. 달리 말해서, 예수님 안에서 선택받은 백성이 구속받고 회복되었는데, 스스로를 안내자와 대변인으로 부르는 이들은 그 사실을 깨닫지 못했다. (초기 그리스도인들은 예수님 자신을 통해 이것이 전혀 새로운 소식이 아니라는 걸 깨달았다. 고대의 선지자들은 백성의 공적인 지도자들이 요점을 놓친다고 늘 경고했었다.) 그러나 만일 예수님이 이스라엘의 메시아였고 또 메시아라면, 고대 성경적 희망의 핵심 줄기가 또 하나 뻗어 나온다. 이스라엘의 메시아는 언제나 온 세상의 주님이어야 했다. 시편들(예를 들어 시편 2편과 72편)과 이사야의 예언들(예를 들어 이사야 11장과 42장)은 이 사실을 고전적으로 표현한다.

예수님이 세상의 주님이고 예수님의 메시지가 전 세계적 의미를 갖는다는 아이디어는 예수님에게 갖다 붙인 초기 기독교의 이상한 판타지가 아니었지만, 예수님 자신의 목적과 사명에는 딱 맞아떨어지지 않았다. 그것은 1세기의 유대교 메시아사상 자체에서 자라 나왔다. 예수님의 추종자들은 자신들을 왕의 전령으로 보았고, 온 세상을 새 왕의 것이라고 주장했다. 만일 예수님이 자신의 부활로 죽음 자체를 패배시켰다면, 세상을 옭아매었던 어둠의 세력들도 정복했다는 뜻이 된다. 또한 모든 사람들은 어둠의 세력으로부터 벗어나서 유일한 참 하나님을 예배할 수 있으리라. 만일 예수님이 자신의 죽음으로 세상의 죄의 무게를 짊어졌다면, '이방인들'(비유대인들)이 '죄인들'이라는 생각은 자동적으로 영원히 도전을 받게 될 것이다. 새로운 치유의 권능과 생명이 온 세상을 덮쳤다.

그래서 초기 그리스도인들은 자신들이 단순히 **마지막 날들**만을 사는 것이 아니라—그것 역시 진실이라는 자각이 있었지만—예수님이 부활절 아침에 무덤으로부터 나올 때 동이 튼 새 창조의 **첫날들**도 살아간다고 보았다. 달리 말해서, 그들은 결정적인 사건이 이미 일어났고 이제는 구현되어야 할 필요가 있는 이야기 안에서 살아가는 존재로 스스로를 여겼다. 어떤 일이 **일어났고**, 그들이 기대했거나 원했던 방식은 아니었지만, 그 결과로 세상은 이제 다른 곳이 되었다. 이것은 신약성경 전반에 걸쳐 명확하게 드러난다. 잠시 사도행전을 무시한다 해도, 새 창조의 이 이야기는 모든 서신서들을 떠받치는 영향력 있는 암묵적 담화이다. 네 편의 정경 복음서들은 이해 방식은 제각각일지 몰라도, 한 가지 공통점이 있다. 이 네 편의 복음서들을 이해하려면, 하나님과 이스라엘의 이야기가 예수님 안에서 어떻게 목적지에 도달했는지를 이 복음서들이 들려줄 뿐 아니라, 온 세상 안에서 온 세상을 위해 그것을 실천할 사람들의 관점에서 그 이야기를 들려준다고 간주해야만 한다는 것이다. 심지어 우리가 정경 신약성경을 재배열한다 할지라도,

이 암묵적 이야기의 줄거리는 여전히 매 지점마다 튀어나올 것이다.

그 후의 일들에 주목하라. 최근 몇 십 년 동안 초기 기독교의 논의에 다양한 기타 문서들을 끼워 넣는 것이 유행했다. 이런 문서들에는 이른바 "도마복음"(Gospel of Thomas)이나 (보통 Q라고 부르는) 어록이 있다. 일부 학자들은 이 어록을 이 마태복음과 누가복음의 공통 자료라고 주장한다. 실제 문서이든 재구성된 문서이든 바로 이 자료들 안에서는 이야기가 증발되고 없다. 그 문서들은 (포스트모더니스트의 입맛에 맞게도) 경구와 격언을 모아 놓은 것이며 확실히 무작위적이다. 좋은 **소식**이 아니라 오직 좋은 **충고**만 준다. 그래서 예수님은 이상하고 전복적인 지혜의 선생으로서만, 아니 어쩌면 종교적 '영지'[gnosis, 즉 사적인 지식, 사실상 자기인식(self-knowledge)]의 선생으로만 비쳐진다. 그 안에서 사적인 종교 경험이나 사회 병폐에 대한 개인의 저항에 치우쳐 이스라엘과 창조의 이야기는 온데간데없이 시야에서 사라져 버린다. 물론 그렇다고 신약성경이 '종교적 경험'이나 사회 저항을 제공하지 않는다는 말은 아니다. 단지 이런 것들은 그 담화 자체로부터 나오는 것이지 역사적 진공상태로부터 흘러나오는 것이 아니란 말이다.

일단 이 점을 파악하고 나면, 성경과 오늘날 우리 문화 사이의 접점이 초기 기독교와 그 주변 환경 사이의 접점과 한 가족처럼 닮아 있음을 금방 알아챌 수 있다. 성경을 성경의 관점에서 진정한 거대 담화로 해석할 때—즉 창조주와 우주, 언약의 하나님과 언약의 백성, 인간이 되어 세상의 죄를 위해 죽는 하나님, 따르는 자들에게 자신의 숨을 불어넣고 그들을 구비시켜 세상에서 승리를 구현하는 하나님의 기묘한 역사로 성경을 읽을 때—다른 몇 가지 세계관에 도전하는 이 위대한 거대 담화가 그것들을 전복시키는 것을 발견한다. 이것은 제2차 세계대전 후 수십 년 동안 모더니즘의 절정기에 신앙을 배운 그리스도인들에게는 당혹스럽거나 심지어 위협적인 현상일 수도 있다. 그 세상에서 세상을 다루기 위해 성경을 '이용'하는 올바른 방식은, 성경에서 큼직하고 두툼한 교리들을 추출해 큼직하고 묵직한 근대주의 이론을 믿는 사람들의 머리를 향해 던지는 것이라고 쉽게들 상상했다. 그러나 그렇게 하려면 더 이상 성경을 있는 그대로 바라볼 수 없게 된다. 즉 한 편의 이야기—창조주와 우주의 진정한 이야기—로 취급할 수가 없는 것이다. 성경은 성경답게 두는 게 훨씬 낫다. 이야기들은 큼직하고 추상적인 교리들보다 다른 대체적 세계관들을 더 잘 뒤집고 더 잘 두들겨 팬다. 사실 제대로만 이해한다면, '교리들'은 그 자체가 기본적으로 휴대용 이야기들이다. 담화들을 토론용의 짧은 문구들로 잘 개켜 주지만, 제대로 이해하기 위해서는 다시 이야기들로 펼쳐서 해석해야만 한다.

성경적 거대 담화의 도전들

이제 성경적 이야기가 작동하는 다섯 가지 방식을 스케치하면서, 이 글의 마지막 부분에서 전달하고자 하는 일부 요점들에 대한 초석을 놓으려 한다. 훨씬 더 자세하게 표현될 수 있는 분야이지만 여기서는 단지 요약해 제시할 수밖에 없음을 이해해 주기 바란다.

우선 성경의 거대 담화는 이교주의(paganism)에 도전하고, 우리의 신이교적 세상(neo-pagan world)에 도전한다. 창조에서 재창조까지, 아브라함의 부름에서 하늘에서 땅으로 내려오는 새 예루살렘까지, 성경은 성경을 진리로서 제시하는데, 이교주의는 그것의 패러디이다. 이교주의는 창조의 영광을 보고는 창조주가 아닌 창조 세계를 경배한다. 이교주의가 장성한 버전이 범신론(pantheism)인데, 고대 세계의 스토아주의나 오늘날 세상의 뉴에이지 신앙의 각종 변종들이 여기에 포함된다. 이것의 대칭 이미지가 이원론인데, 이것은 창조 세계가 하위 신(lesser god)이나 악신(anti-god)의 작품이라는 믿음이다. 대체적 신앙인 이런 범신론과 이원론은 소모적인 오랜 테러리스트 전쟁에서 양측이 으르렁거리듯이 서로를 부추긴다. 범신론자는 창조 세계의 영광과 권능을 부인하지 못한다. 이원론자는 세상에서 일어나는 끔찍한 일들을 부인하지 못한다. 각각은 상대의 어리석음을 보고는 상대와 반대되는 자신만의 확신들 속으로 기어들어 간다.

성경의 놀라운 점들 중 한 가지는 창세기부터 요한계시록까지 성경이 이러한 대안들을 체계적으로 거부하고 뒤흔드는 방식이다. 유일한 하나님, 창조주가 있다. 창조 세계는 선하지만, 그것이 하나님은 아니다. 세상에 악이 존재한다는 현실은 악한 창조 세계나 악한 신으로 설명되지 않고, 선한 창조 세계로 악이 침범해 들어온 것으로 이해되며, 선택된 아브라함 일가의 이야기를 통해 다루어진다. 세상은 하나님의 세상으로, "하나님의 장엄함으로 충만"하지만, 신음하면서 타락과 썩어짐으로부터 구원받기를 기다리고 있다.

이교주의에 대한 이 성경적 도전은 사실상 이원론에 대한 것이다. 거대하고 근본적인 이 도전을 전제로 앞으로의 논의를 진행할 것이다.

둘째, 성경의 거대 담화는 철학적 이상주의(philosophical Idealism, 철학적 관념론)의 세계관에 도전하고 이를 뒤집어엎는다. 철학적 이상주의로 보면 역사적 사건들은 단순히 우연적이고 자질구레한 사건들에 불과하다. 또한 실재는 일단의 관념들로 알려지고, 이러한 추상적 개념들은 시간을 초월하는 진리이든 절대적 가치이든 상관이 없다. 성경의 이야기들을 시간을 초월하는 진리나 절대적 가치들을 그려 내는 삽화로만 바라보려는 시도들이 있다. 성경은 본문 자체로 그런 모든 시도에 대해 도전한다. 성경 본문은 정반대로 말하기 때문이다. 즉 하나님의 사랑, 하나님의 정의, 하나님의 용서 등은 역사적 영역에서 벗어나기 위해서가 아니라 역사적 영역에 의미와 깊이를 더하기 위해 언급되기 때문이다. 이를테면 하나님의 사랑은 그저 추상적인 아이디어가 아니다. 하나님의 사랑은 십자가 위에서 일어났다. 하나님의 용서는 단순히 멋진 이론이 아니다. 하나님의 용서는 예수님이 십자가에서 손과 발에 못 박혀 매달린 채 자신을 괴롭히는 자들을 위해 기도할 때 베풀어졌다. 이스라엘 백성이 그들의 하나님의 정의를 부르짖을 때 그들이 원했던 것은 그들을 억압하는 적들로부터 해방되는 것이었다. 초기 그리스도인들이 하나님의 사랑을 말할 때 그들은 근래 역사에서 일어났던 어떤 사건을 이야기한 것이었다. 그 일은 실재 세계—단순히 **그들만의** 실재 세계가 아니라, **모두의** 실재 세계—가 실제로 존재하는 방식을 바꾸어 버렸다. 그것은 분명히 과감한 주장이었다. 그러나 그들이 이 주장을 하지 않았다면, 그야말로, 그들은 허튼소리를 지껄이는 꼴이 되었을 것이다.

셋째로, 이것의 의미는 성경의 거대 담화가 "도마복음"(그리고 유사 문서들)과 오늘날의 포스트모더니티의 비담화적 경구를 이야기하는 세상에 도전하고 이를 뒤엎는다는 것이다. 이것은 예수님에 대한 오늘날의 논쟁들과 깊은 관련이 있다. 정경 복음서들이 억압적이라고 보면서, 담화와 신학을 해체하는 일에 누구보다도 조바심을 내는 사람들에게는 더더욱 그러하다. 결국 보게 되는 것은 영지주의자나 방황하는 냉소주의자처럼 기능했던 예수이다. 그런 예수의 존재 이유는 온통 충격적이고 역설적이며 도전적인 경구들을 내뱉으면서 기존의 사회 문화적 질서에 도전하는 것이지만, 고작 개인의 내면적 종교 세계나 바깥세상과의 관계를 개인이 스스로 알아서 해체하기를 대안으로서 제시할 뿐이다. 조금 전에 보았듯이, 이것은 역사학이라고 상정되는 스크린 위에 비쳐진, 모든 거대 담화들을 해체하고 오직 자기 일에만 몰두하는 개인에 대해 포스트모던 방식으로 강조한 것이다. 하지만 그 어느 경우에서도 이 재해석된 예수는 이야기 안에 포함되지 않는다. 그 어느 경우에서도 이 재구성된 예수는 하나님 나라를 공적인 세상 위로 불쑥 덮치는 새로운 사실로 선언하지 않는다. 역설적이게도, 예수님을 해체하려는 시도는 이원론적 경건주의자의 사적인 세상에 대한 일종의 세속화된 버전을 낳는다. 그 안에서 예수와 성경은 나에게 나에 대해서만 말해 주고, 공적 실재(public reality)는 거론하지 않는다.

성경의 거대 담화는 그와 같은 모든 해체 시도들에 도전한다. 그리고 공적인 세상이 있다고 주장한다. 성경의 거대 담화는 이 공적인 세상에 온갖 문제들이 있음을 인정하는데, 거기에는 지식의 문제 자체도 포함된다('저 밖'에 무엇이 있는지를 우리가 정말로 안다는 것을 어떻게 확신할 수 있을까? 혹시 우리 스스로를 속이고 있는 것은 아닐까?). 그러나 이 문제들이 논쟁의 조건들에 영향을 미쳐, 부질없어질 '확실성'에 대한 유일한 대안이 해체라는 결론에 도달하도록 내버려 두지 않는다. 오히려 성경의 거대 담화는 창조주가 그 문제들을 다루었고 굴복시켰다고 주장한다. (이것이 포스트모더니티를 거부하는 모더니스트의 기독교 버전이 아니라는 점을 주의하기 바란다. 포스트모더니티에 대한 모더니스트의 거부는 어떤 부류의 그리스도인들에게는 항상 존재하는 유혹인데, 우리는 그 유혹에 넘어가서는 안 된다.) 성경의 거대 담화는 기독교적 모더니티를 포함해, 모더니티에 대한 포스트모던 방식의 비평을 통과해 새로운 곳으로 나아가 현실을 이해하게 해 준다. 바로 포스트-포스트모더니티(post-postmodernity)라는 새 지평을 열어 준다.

넷째, 아주 초기부터 성경의 거대 담화는 모든 이교도적 정치 세력 구조들에 도전했다. 이것은 사실상 '복음'이라는 단어의 의미 그 자체에 내포되어 있다. 구약성경의 맥락에서는 이사야가 '좋은 소식'에 대해 말했다. 이사야가 말한 '좋은 소식'은 야훼(YHWH)가 바빌론의 우상들을 뒤엎고는 이스라엘을 바빌론의 손아귀에서 건져 냈다는 것이었다. 그리스 로마의 맥락에서 '복음'이라는 단어는 황제의 탄생이나 즉위의 좋은 소식을 가리켰다. 신약성경은 이사야의 유대교적 세계에 확고히 뿌리를 박은 채 그리스 로마의 맥락을 다루고 있음이 확실하다. 신약성경은 나사렛 예수가 이 세상의 새롭고도 진정한 황제라는 '좋은 소식'을 선포했다. 예수님이 궁극의 권좌로 등극하는 것은 온 창조 세계가 기다려 온 치유와 해방의 소식이었다. 여기에 중간 지대란 없다. 이 선포는 공적 진리의 진술이거나 공적 기만의 진술 중 하나였다. 이 선포가 절대로 의미할 수 없는 것 한 가지는 '나의 느낌'을 말하는 사적 진리에 대한 진술이었다. 다시 말해, 화자의 종교적 내면성만이 관련된 믿음에 대한 진술이었다. 복음을 그런 것으로 해석하려는 시도는 근대 시기의 가장 무시무시한 기만들 중 하나이다.

실재(實在)하는 세상에 대한 '좋은 소식'을 이런 식으로 강조하는 것은 사실상 유대교 원래 맥락에 내재되어 있었다. 예수님이 하나님 나라에 대해 말씀하셨을 때, 그분은 당시의 유대교적 세상에서 기존 권세들의 왕권에 단호하게 도전하려는 어떤 실재를 의미하셨음이 분명하다. 이것은 물론 역사적으로나 신학적으로나 십자가에 대한 설명을 부분적으로 제공한다. 바울은 예수님의 주인됨(Lordship of Jesus)에 대해 말할 때 가이사의 주인됨(lordship of Caesar)을 명확하고 분명하게 환기시키는 언어를 사용했다. 세상에는 두 주인이 있을 수 없다.

유대교의 관점에서 성경의 거대 담화는 모든 이교 권력에 도전한다. 동시에 그 기저에 깔린 우상숭배와 인간성 말살의 측면에서 그 권력을 해체한다. 모든 이교 권력의 자리를 대신해 성경의 거대 담화는 하나님의 나라를 약속과 소망으로 제시한다. 기독교의 관점에서는, 더 풍성한 성경의 거대 담화가 같은 도전을 제기한다. 하지만 이번에는 (바울이 골로새서에서 말하는 것처럼) 십자가 위에서 유일하신 참 하나님이 그리스도 안에서 모든 통치자와 권세(골 2:20)를 굴복시켰다. 한때 잘나가던 이들이 하나님의 개선행렬에서 초라하고 흠씬 두들겨 맞은 몰골로 질질 끌려간다는 예리한 칼날이 장착되어 있다. 그들의 자리에 한 분이 들어서서, 포스트모더니티는 꿈도 꾸어 보지 못했을 방식으로 "하늘과 땅의 모든 권세를 내게 주셨다"(마 28:18-20)고 말씀한다. 누가 이 말을 하고 있는지에 대한 요점도 놓쳐서는 안 된다. 바울은 감옥에서 '권세'의 전복에 대해 쓰고 있다. 모든 권세를 주장하는 예수님은 십자가에서 처형되었던 분이다. 이런 방식들은 세상의 권력을 주장하는 일반적인 종류의 방식들이 아니다. 그것들은 완전히 다른 종류의 권력을 긍정하고 있다.

다섯째, 성경의 거대 담화는—그 안에서 하나님과 세상의 이야기가 발전하고, 형태를 갖추고, 절정을 가리키거나 절정에 도달한다—서로 경쟁하고 있는 미래에 대한 모든 관점('종말론')들에 도전하고 그 도달 방식에 대해 다른 의견을 제시한다. 이것은 문제가 되는 성경의 거대 담화가 유대교적이든 기독교적이든 상관없다. 예를 들어, 시시때때로 제기되는 다양한 정치적 종말론들을 생각해 보라. 시대의 전환기마다, 로마 황제의 궁전에서 시인들과 역사가들은 새로운 로마의 '황금기'에 역사가 절정에 도달하고 있다는 식으로 역사 이야기를 풀어냈다. 18세기와 19세기에는 많은 사람들이 1남성 1표제, 그러고는 1인 1표제, 혹은 심지어 비례대표제의 확립에 대한 이야기도 했다. 그런 것들이 새로운 황금기를 열어 주기라도 할 것처럼 서구 민주주의의 발전에 대해 이야기하기 시작했다.

이 책의 출간을 준비하는 지금, 20세기 초 여성참정권 운동의 업적을 기리는 영화가 한창 상영 중이다. 지금으로서는 여성들이 그렇게 오랜 세월 동안이나 참정권을 거부당했다는 사실이 믿기지 않을 지경이지만, 이 위대한 민주주의 운동이 세속적 유토피아를 가져오지 못한 것은 분명하다. 1세기 말의 타키투스(Tacitus),[14] 유베날리스(Juvenalis)[15] 등의 깊은 냉소주의와, 20세기 말의 많은 논평자들의 깊은 냉소주의의 원인은 부분적으로 황금기들이 우리를 실망시켜 왔다는 데 있다. 우리는 모든 단추를 눌러 보았지만, 그 장난감은 작동하지 않았다. 그것이 다이애나 왕세자비가 사망한 후 분출된 비탄에 대한 요점이었다. 사람들은 다이애나가 근대의 왕세자비(modern princess)라고 말했지만, 사실은 아니었다. 그녀는 **포스트모던** 시대의 왕세자비였다. 그녀는 그

'위대한 꿈' 속에 살았다. 그녀는 멋진 왕자님을 만났다. 모든 일이 잘 풀렸지만, 그 꿈들은 그녀를 실망시켰다. 그런 이유로 서구 문화에서 그녀는 포스트모더니티의 성안에서 우리의 위치를 상징하는 아이콘이 되었다. 그리고 그런 이유로 낭만적 모더니스트의 꿈속에서 살다가 눈을 뜨고 보통의 현실을 직면한 많은 사람들의 가슴속에 그녀의 이미지는 계속 살아 있다.

'르네상스'와 '계몽주의'라는 단어들로 대변되는 위대한 종말론적 주장에 대해서도 생각해 보라. 누가 중세라는 개념을 창안해 냈든지 간에, 돌이켜 보면, 그 사람은 서구 역사상 가장 영향력 있는 사람들 중의 한 명이었다. 누가 18세기에 인류가 '성년이 되었다'라는 아이디어를 떠올렸든지 간에, 그 역시 매우 영향력 있는 사람이었다. (중세 시대에 사람들이 둘러앉아서 이렇게 말했던 것도 아니다. "중세 시대는 사는 게 좀 지루하네요. 언제에야 끝이 날지 모르겠어요." 중세라는 개념은 이후에 생겨났다. 혁신의 세상을 정당화하고 경축하기 위해 3단계 이야기를 들려주던 누군가에 의해 고안된 개념이다.) '계몽주의'도 마찬가지이다. 계몽주의 이전 시대 사람들이 둘러앉아서 "이 시대는 좀 어둡네요, 그렇죠?"라고 말한 것이 아니다. 계몽주의는 이전의 문화적 황금기로 회귀하자고 주장하지 않았다. 과학, 기술, 근대 민주주의, 이 모든 것이 새로웠다. 모든 역사는 기술적 진보, 역사적·신학적 회의주의, 정치적 혁명 등의 이 위대한 절정으로 나아가는 것으로 보였다. 마침내 이런 것들이 구현되면 계몽주의 이전 시대의 미신과 노예 상태라는 기나긴 밤이 지나고 아침이 올 터였다. 그래서 이 이야기에는 두 단계밖에 없다. 처음에는 어둠이 있었고, 이제는 빛이 있다. 그런데 그 상표는 똑같이 문화적 권력 놀이이다.

'르네상스'와 '계몽주의'라는 아이디어들은 사실은 기독교와 경쟁하는 종말론들이다. 그것들은 세계 역사와 발전을 이야기하는데, 그 절정에는 예수가 없다. 기독교는 세계에 대한 이야기를 들려주는데, 그 이야기는 나사렛 예수에서 절정에 이른다. 그 이야기들은 전적으로 다르다.

기독교의 이야기가 믿기 어렵다는 점은 아무도 부인할 수 없다. 세상은 여전히 살인과 상해로 넘쳐난다. 우리는 여전히 대규모의 재앙과 죽음을 마주한다. 그러나 그것은 요점이 아니다. 초기 그리스도인들이 서로를 그렇게 확신시켜야 했듯이, 무언가가 바뀌어 **버렸다**. 예수님은 죽은 자들 가운데서 부활을 **입었고**, 새로운 창조가 **시작되었다**. 그리고 인간들과 더 넓은 사회와 세상에 진짜 변화를 일으키기 위해 성령이 부어졌다. 그리고 '르네상스'와 '계몽주의'라는 거창한 주장들 그 자체에는 구멍들이 숭숭 뚫려 있다. 그 구멍들이 드러나면서 복음의 진정한 요체가 더더욱 밝게 빛나게 된다. 우리가 사는 세상에서 지푸라기라도 잡으려고 손을 뻗는 사람들이 점점 더 늘어나지만, 진정한 평화, 자유, 정의로 가는 길로 우리를 인도해 갈 이야기를 만나지 못한다. 기독교 복음은 그와 같은 이야기를 제공한다. 그러나 진실을 말하자면, 당신은 그 이야기를 살아 내야만 한다. 그것은 성경을 읽고 진지하게 받아들여서 새 창조에 대한 성경의 종말론적 메시지에 따라 살아가면서 해체될 수 없는 공동체를 형성하는 사람들에게 달려 있다. 그리고 그 공동체가 해체될 수 없는 까닭은 그것이 사랑의 공동체이기 때문이다. 이것이 이 세상의 주인인 하나님의 충실한 증인으로 살고자 하는 교회가 직면한 진짜 도전이다.

포스트모더니티에 대한 성경의 도전

그렇다면 포스트모더니티의 세 가지 요소를 살펴보고 성경이 각각에 대해 무슨 말을 할지 제안해 보겠다.

사랑에 대한 성경적 거대 담화. 나는 성경이 전체적으로 그리고 매우 많은 부분에서 우리에게 거대한 포괄적 담화를 제시한다는 점을 이미 강조해 왔다. 포스트모더니티는 성경의 이런 거대 담화를 반대할 수밖에 없다. 포스트모더니티는 이렇게 주장한다. "거대 담화들은 통제적이고 지배적이다. 우리는 모두 이런 이야기가 정치적으로, 사회적으로, 개인적으로 이런저런 힘자랑을 부추기는 데 이용되어 온 방식들을 잘 알고 있다." 그러나 성경의 거대 담화는 그 자체가 이런 방식으로 악용되는 것에 저항한다. 그것은 성경이 사랑의 이야기이기 때문이다. 성경의 거대 담화는 해체할 수 없는 한 편의 이야기로서, 마르크스나 니체, 프로이트의 비판들은 적절하지 않다. (십자가상의 예수님을 보라. 그분이 돈을 위해 십자가에 매달리셨는가? 권력을 위해서? 섹스를 위해서? 물론 아니다. 그것은 사랑의 행위였다.) 그 이야기는 시종일관 세상을 창조할 필요가 없었지만 넘쳐흐르는 자비로운 사랑으로 창조한 어떤 신에 대해 이야기한다. 그 이야기는 구속하고 재창조할 필요가 없었지만 자신을 내주는 사랑의 가장 위대한 행위를 한 어떤 신에 대해 말한다.

그러나 문제는 그리스도인으로서 특히 모더니스트인 서구 그리스도인으로서 이 이야기를 말하고 이 이야기를 살아 내는 것이 흔히 우리만의 권력 놀이가 되어 버렸다는 것이다. 이 문제는 영국국교회 내에서 살고 일해 온 우리에게 더더욱 뼈아픈 일이다. 그런데 성경의 거대 담화 자체는 지배적 담화가 아니다. 그것은 자신을 내주는 담화이다. 그 담화가 말이 되려면, 그것을 읽고 그것에 의해 모인 사람들이 자기를 내어주는 공동체가 되라는 부름을 받아야 한다. 포스트모더니티의 아킬레스건은 그것이 사랑을 인식하지 못하고 사랑의 해체를 주장한다는 점이다.

우리가 현대 문화를 성경의 메시지로 다루기 위해서는 반드시 어떤 두 가지를 조화시키는 데 익숙해져야 하는데, 이 두 가지는 보통 양극단에 놓여 있다. 그것은 바로 겸손과 진리의 진술이다. 우리에게 지적인 겸허는 이런 식으로 말하는 것을 의미하게 되었다. "저는 x나 y나 z를 입증하기를 원합니다." 바꿔 말하자면, 그것은 이런 표현이다. "저는 사실 이것을 강하게 주장하지는 않으려고 해요. 강하게 주장하는 당신의 기분을 언짢게 할 수도 있으니까요. 제 의견들은 단지 저의 의견일 뿐이고 혹 틀릴 수도 있을 겁니다." 진리를 말하는 것은 오만해 보인다. ("사물을 바라보는 방식에는 두 가지가 있습니다. 옳은 방식과 당신의 방식이죠.") 어떻게든 우리는 진리를 말해야겠지만, 반드시 해방의 이야기, 치유의 이야기, 참된 이야기로서 진리를 말해야 한다. 그리고 우리가 이것을 할 수 있는 최선의 방법은 거듭거듭 이야기와 상징과 드라마로 성경의 그 이야기를 들려주는 것이다. 그리고 그 초점은 예수님 자신의 이야기, 육신이 된 말씀의 참된 이야기에 맞추어져야 한다. 기독교의 심장부에 있는 그 위대한 상징이 성찬(Eucharist)의 상징인 이유가 그것이다. 그것은 전체 이야기를 재현해 굶주린 가슴들과 인생들에게 양식으로 제공한다.

해체된 자아를 위한 성경의 약속들. 그 참된 이야기를 우리가 전하고 살아 낸다면, 해체된 자아들을 위한 약속들이 그 안에 담겨 있음을 발견할 것이다. 우리 그리스도인들은 사실상 해체를 겁낼 필요가 없다. 해체는 유대인, 그리스도인 그리고 다른 많은 사람들이 늘 인정하는 진리, 즉 우리의 의가 온통 더러운 누더기와 같다는 진리를 그 나름의 방식으로 보여 준다. 만일 우리가 오만한 근대주의적 개인이라면(우리 운명의 선장이요 우리 영혼의 주인이라면), 분명히 우리는 그리스도와 함께 죽어야 할 필요가 있다. 만일 해체가 그것을 가리켜 바라보도록 하는 간접적인 방식이라면, 그렇게 하도록 내버려 두는 것이 좋다! 그러나 죽음 뒤에 부활이 온다는 것을 포스트모더니즘은 결코 알아차리지 못한다. 세례가 의미하는 진리는 정확히 죽음 저편에 있는 새로운 삶에 대한 진리이다. 여기서 나는 우리가 살아 계신 참 하나님에 대한 더 낫고 더 풍성한 예배의 신학을 발전시켜야 한다고 믿는다. 그 예배는 성경과 현대 문화 사이를 연결하는 본질의 일부분이 되어야 한다! 세례를 받을 때 물에 잠겼다가 수면 위로 다시 나오는 것처럼, 우리는 예배를 통해 해체 저편 위로 나오면서 하나님의 형상과 모양으로 새로워진다. 교회는 자칫 일종의 계몽주의의 꿈속으로 미끄러져 들어가기 쉽다. 그러면 그리스도인은, 특히 교회의 지도자는 스스로를 고립되고 외로운 개인으로 생각할 수 있다. 교회는 부활한 자아들의 공동체로 부름 받았고, 부활한 자아들은 재건을 경험하며, 그 재건은 그리스도의 몸이라는 공동체 안에서만 일어난다.

앎의 성경적 방식. 이 세상을 살아가면서 우리는 재구성된 실재와 진정한 앎의 측면에서 사고할 수 있고 또 그렇게 사고해야만 한다. 그렇다, 우리는 저 오만한 계몽주의의 인식론들(지식의 이론들)에 대한 포스트모던 방식의 비평을 완전히 이해해야만 한다. 그러한 인식론이 가정한 객관주의란 것은 사실상 정치적·사회적 권력과 통제를 은폐하는 망토에 불과했다. 18세기와 19세기의 제국들은 새로운 기술의 등에 올라타고 진보를 향해 나아갔다. 제국들은 세상을 유린하고 목적을 달성하는 수단으로 '객관적' 발견을 이용했다. 힘 있는 통치자들은 언제나 무엇이 '진리'로서 중요할지를 결정해 왔고 순전히 강압적 힘으로 실제하는 현실을 그 정해진 진리에 순응시켜 왔다. 그러나 모든 것을 고려할 때 결국 창세기에서 부여되고 그리스도 안에서 재확인된 인간의 진정한 과업의 일부는 우리가 하나님을, 서로를, 세상을 알아야 한다는 결론에 도달한다. 그것도 우리가 벽에 붙어 앉은 파리라도 되는 것처럼 그럴싸하고 딱딱한 '객관성'이 아닌, 진정으로 인간적인 지식을 가지고 알아야 한다는 것이 아니던가. 바울은 "창조주의 형상을 따라 지식 안에서 새롭게 되는 것"에 대하여 말한다(골 3:10). 이 지식은 언제나 **관계적**이지만, 그것은 단순히 **상대화되었다**는 뜻은 아니다.

이것은 우리가 '지식' 자체를 더 잘 이해하기 위해 노력해야 한다는 뜻이다. 오늘날 통속적 담론의 기저를 이루는 '앎'에 대한 일반적 설명들은 두 가지의 그럴듯한 대안들로 압축된다. 그것은 가정된 '객관성'과 상대화된 '주관성'이다. 모더니티에서는 전자(前者)가 우선한다. 그것은 객관적 과학적 앎이라고 기대되던 것 혹은 시험관 인식론(test-tube epistemology)이라고 불릴 법한 것이다. 여기서 한 발짝 멀어질 때마다 모호, 불분명, 주관성으로 한 발짝씩 다가가다가 형이상학이라는 바닥까지 도달한다. 나는 '앎'에 대한 성경의 설명이 지난 세대의 위대한 가톨릭 철학자인 버나드 로너건(Bernard Lonergan)¹⁶과 같은 철학자들을 긍정하고, **사랑**을 앎의 기본 방식으로 취할 것이라고 믿는다. 인간의 진정한 앎은 사랑이라는 주제의 변주곡들로 볼 수 있는데, 하나님의 사랑은 그중에서도 가장 고상하고 온전한 종류의 앎이다. 다른 형태의 앎은 모두 하나님의 사랑에서 도출된 것이다.

사랑의 핵심은 사랑할 때, 사랑하는 이의 다름을 긍정하고 기뻐한다는 것이다. 그렇게 하지 않는 것은 사랑하는 것이 전혀 아니고, 욕정에 이끌리는 것일 뿐이다. (포스트모던 세계의 어둡고 강력한 상징들 중 하나가 포르노그래피인 것에는 다른 이유가 없다.) 그러나 내가 진정으로 사랑할 때, 나는 동떨어진 관찰자가 아니고, 동시에 벽에 붙은 객관주의적 인식론의 대상인 파리도 아니다. 사랑의 대상이 물건이든, 음악이든, 사람이든, 혹은 궁극적으로 하나님이든, 나는 뜨겁고 정겹게 사랑하는 대상의 생명과 존재와 연결된다. 그러나 내가 그렇게 온전히 연결되고 상대를 알아 가는 과정에 있다 할지라도—다시 말해서, 완전히 나의 '주관성'이 개입되었다 할지라도—그것은 앎을 얻는 것이 없다는 뜻이 아니다. 같은 요점을 달리 표현하자면, 비록 정말로 나의 마음과 상상력이 도달할 수 없는 외부 영역에 존재하는 어떤 실재를 '알아 가고' 있다 할지라도, 이것은 내가 동떨어진 비관여적 관찰자라는 것을 뜻하는 것은 아니다. 물론 딱딱한 자연과학에 대한 '앎'의 **적절한** 형식에서는 인간이라는 요소가 최대한 축소된다. 그러나 그럼에도 실험을 계획하고 실행하는 것은 인간이며, 하이젠베르크(Heisenberg) 이래로 우리는 관찰의 행위조차 불가사의한 방식들을 통해 관찰 대상의 실재를 변화시킨다는 사실을 배워 왔다. 어쨌든 나는 우리가 포스트-포스트모던 세상을 위해 인간이 아는 것을 설명할 수 있고 설명해야만 한다고 믿는다. 그것은 사랑의 인식론(epistemology of love)이라고 부를 법한 것에 해당하는 설명이다.

이것은 성경적 담화에 새롭게 몰입할 때 이루어질 수 있고 또 이루어질 것이다. 그 성경적 담화는 하나님의 세상에서 진리를 말하는 인간들이 된다는 것이 무엇을 의미하는지에 대해 이야기한다. 그리고 부분적으로 이것은 진정으로 인간다운 것, 형상 담지자들이 되는 것이 무엇을 의미하는지에 대한 이야기이다. '왕 같은 제사장'(벧전 2:9)으로서 예수님에게 속하는 자들은 그분이 죽음으로써 해체를 포함한 모든 형태의 죽음에서 구속받았다. 따라서 우리는 한편으로 세상에 진리를 전함으로써 하나님의 실재를 알려야 하고, 또 다른 한편으로는 세상의 진정한 찬양을 창조주에게 돌려드려야 한다.

이야기를 살아 내기

나는 여기서—매우 간략하고 축소된 형태로!—성경의 거대 담화를 체화하고 반영하는 담화, 자아, 앎에 대해 설명했다. 달리 표현하면 우리의 과업은 그 이야기를 단순히 전파하는 것에 그치지 않고 살아야 한다는 것이다. 다시 말해, 창조, 언약, 심판, 자비, 성육신, 대속, 부활, 바람과 불 그리고 궁극적으로 재창조에서 자기를 내주는 하나님의 사랑의 본보기가 우리의 자기이해, 우리의 삶 그리고 우리 소명의 기반이 되어야만 한다. 이것을 할 때 우리가 희미하게 인지하는 실재(그렇지만 우리의 전근대적, 근대적, 혹은 포스트모던 존재론들의 손가락 사이로 빠져나가는 실제)가 성경의 언어로 가장 잘 기술된다는 것을 발견한다. 그 성경의 언어는 예수님과 성령 안에서 알려진 살아 계신 하나님에 의해 창조되었고 유지되었으며 구속되었고 새로워질 하늘과 땅의 언어이다. 그러니까 성경은 우리에게 포스트모더니티를 무시하고 모더니티가 여전히 중요한 척하라고 말하지 않는다. 천만의 말씀이다. 성경은 포스트모더니티가 모더니티에 대해 필요한 비평을 하게 하고 그것을 통과해 그 반대편으로 나오도록 이끌어 주는 이야기를 우리에게 들려준다. 그리고 이 모든 것은 마침내 어쩌면 가장 중요한 요점일 수 있는 내용으로 이끈다.

우리는 특별한 기회의 순간을 살고 있다. 오늘과 내일의 세상은 포스트모던 사회를 향한 진지하고 환희가 넘치는 기독교 사명에 대해 주목할 만한 도전을 제시한다. 어떤 사람들은 모든 것이 멋지고 단순했던 옛날을 그리워하는 것 같다. 그 시절에는 '성경의' 복음을 '죄에서 구원받고 천국에 가는' 것쯤으로 여겼다. 또한 복음은 스스로 서 보려고 도덕적인 노력을 추구하다 결국 실패한 펠라기우스주의자들에게 선포되었다.[17] 하지만 우리는 1950년대로 돌아갈 수 없다. (지금 교회가 마침내 영광스럽게 1950년대를 위해 준비되었다고 말한 사람이 있다. 참으로 적절한 고발이다. 우리는 2025년이나 2040년을 대비하고 우리의 젊은이들에게 최신의 문제들과 어떻게 씨름해야 할지를 가르쳐야지, 우리가 자라났던 세상을 향해 설교해서는 안 된다.) 그렇다고 해서, 포스트모더니티에 굴복할 수도 없고 굴복해서도 안 된다. 물론 어떤 사람들과 집단들은 참회의 시간을 가지면서 모더니스트의 허튼소리를 몰아내고 다시 생각해 보는 것이 좋을 수도 있다.

앞에서 말했듯이, 우리는 문화적으로 위기의 시대를 살고 있다. 현재 포스트모더니티의 늪을 빠져나와 저 앞으로 난 길로 향하는 아주 많은 사람들의 목소리가 들리는 것은 아니다. 어떤 사람들은 여전히 셔터를 굳게 내린 채 전근대적인 세상에 살고자 바동거린다. 많은 사람들은 모더니티에 있는 힘껏 매달린다. 많은 사람들이 포스트모더니티의 쓰레기 더미에서 주워 먹고 사는 것이 자신들이 할 수 있는 최선이라는 결론을 내리고 있다. 단순하게 성경과 기독교 복음이 다른 종교적 대안들을 능가할 수 있고, 문화적·사회적 스뫼르고스보르드에서 '종교'라는 표지가 붙은 접시에 더 효과적으로 올려놓을 수 있는 종교적 선택지를 제공하는 것은 아니다. 오히려 성경과 기독교 복음은 우리에게 가야 할 곳을 가리켜 보이고, 사실상 전체 문화의 첨단의 자리에 서서 이끌고 나가도록 우리를 촉구한다. 이야기와 음악과 미술과 철학과 교육과 시와 정치와 신학에서, 심지어는 학문적 성경 연구에서까지, 모더니티와 포스트모더니티 모두를 향하여 역사적으로 뿌리를 내린 기독교적 도전을 제시할 세계관을 명료하게 진술하면서, 기쁨과 유머와 온화함으로, 올바른 판단력과 진정한 지혜로 포스트모던 세계를 벗어나는 길을 이끌라고 한다.

3장

빌라도와 가이사와 성경의 진리

나는 어른이 되어서 대부분의 세월을 성경과 현재의 세상을 통합해 보려고 노력하며 지냈다. 대부분의 기독교 교회들이 '성경의 권위'라고 부르는 것이 진짜 세상에 실제로 영향을 미치는 방식들을 파악하려고 힘써 왔다. 세상으로부터 박리(剝離)된 기독교적 존재에 대한 단순히 사적인 현실 혹은 심지어 가상현실이 아닌, 진짜 세상에 대한 영향 말이다. 또 다른 한편으로는 우리 시대의 질문들을 어떻게 하면 성경 앞으로 불러 모을 수 있는지 그 방법들을 분별하려는 노력도 기울여 왔다. 비록 그런 노력이 완전한 해답들은 아닐지라도 제각각의 틀 안에서 정확하고 적어도 앞으로 나아가는 데 필요한 지혜라도 찾도록 도와줄 것이다.

이 도전에 대해 생각할 때마다, 나의 마음은 예수님이 요한복음에서 어느 개인과 나누신 가장 주목할 만한 대화들 중 하나에 사로잡힌다. 그것은 요한복음 18장과 19장에 소개된 대화로, 예수님이 본디오 빌라도와 나눈 운명적인 마지막 대화이다. 나는 이 대화가 우리의 가장 시급하고 골치 아픈 공적 논쟁들 중 몇 가지의 핵심 요소들을 품고 있다고 제안하고 싶다. 이 대화를 그 요소들에 비추어 고찰하고 그 요소들을 이 대화에 비추어 고찰함으로써, 요한복음을 더 잘 이해할 수 있다고 생각한다. 또한 성경적 근거가 공고한 기독교적 논평을 도구로 우리의 현재 문제들을 다루는 데에 도움을 받을 수 있다고 제안하고 싶다. 그러고 나서 내가 해 왔던 일종의 훈련을 반추하며 몇 가지 결론적인 깨달음을 제시하려 한다. 그렇게 하는 것은 편협한 자기 망상에 빠지기 위함이 아니다. 오히려 더 멀리 나아가려는 사람들은 실제적 실천으로 찾은 방법에 대한 소견에 더 큰 관심을 가질 수도 있고, 심지어 그것을 가치 있게 여길 수도 있기 때문이다.

먼저, 요한복음과 요한복음의 어떤 부분에 대한 담화를 서론 격으로 간략하게 다루겠다. 그러고 나서 오늘날의 세상에서 우리가 직면한 질문들에 대해서도 언급하려 한다.

요한복음 18-19장에 나타난 예수님과 빌라도: 서론

많은 사람들이 알고 있듯이, 요한복음은 마태, 마가, 누가와도 다르지만, 신약성경의 또 다른 위대한 신학자인 바울과도 어조와 분위기 면에서 다르다. 기질적으로 바울에게 끌리는 어떤 사람들은 요한을 싫어하고, 그 반대의 경우도 성립한다. 나는 바울과 공관복음들을 수십 년 동안 연구했는데, 요한에게 매료되었다. 나는 그것이 성숙의 표지이기를 바란다. 매료된 지 얼마 되지 않아 보니 최근의 연구를 충분히 소화하지는 못했는데, 이 글을 읽는 전문가라면 누구나 그 점을 쉽게 눈치 챌 것이다. 그럼에도 불구하고, 이번 장에서 특별히 중요하다고 강렬하게 느끼는 세 가지 내용이 있다. 그것은 관심을 받기에 충분한 가치가 있다.

첫째, 예수님과 빌라도의 긴 대화는 요한복음에서 소개되는 일대일 대화들의 기다란 연장선상에 놓여 있다. 예수님은 3장에서는 니고데모와, 4장에서는 사마리아 여인과 다른 많은 사람들과도 대화를 나누셨다. 빌라도와 대화를 나누기까지 이런 대화들이 쭉 이어져 온 것이다. 요한복음의 마지막 두 장에서는 세 편의 짧지만 폭발적인 대화들이 나온다. 마리아와 무덤에서, 도마와 다락방에서 그리고 마지막으로 베드로와 호숫가에서 나누는 대화이다. 이런 종류의 대화는 공관복음에서라면 결코 등장하지 않는다. 공관복음에서는 산상수훈처럼 훨씬 긴 담론들이 등장하거나, 예수님이 짤막하게 답변하거나 방금 일어난 일에 대해 논평을 한다. 나는 요한복음을 연구하고 설교하고 요한복음의 다른 대화들에 관심을 기울여 온 사람들이 본디오 빌라도와 예수님의 이 대화에 대해서는 늘 아주 진지하게 받아들이지는 않는다는 인상을 받았다. 결국 다른 대화에서는 예수님이 사람들을 믿음으로 이끌거나 더 큰 믿음을 불러일으킬 요량으로 대화를 나누시는 모습으로 제시될 수 있다. 그래서 그런 대화들은 개인적 전도나 목회 사역을 위한 본보기로 활용될 수 있다. 혹자는 이런 요소가 빌라도와의 대화에도 있다고 주장할 수도 있지만, 그 요소가 이 대화의 주된 골자는 아닌 것 같다. 그렇다기보다는, 이 대화에서 실제 펼쳐지고 있는 일은 하나님의 말씀과 세상의 말들을 한곳으로 모으는 것으로 보인다. 예수님과 이 다양한 개인들의 구체적인 대화들은 개인적인 만남에서 일어나지만 강력한 효과를 발휘한다. 그래서 설교와 가르침에 유용하긴 하지만, 훨씬 더 큰 무언가의 징조들이자 증상들이기도 하다. 더 큰 그 실재는 요한복음의 서두에서 깃발처럼 휘날리고 있다. 즉 그분은 세상에 계셨고, 세상은 그분에게 지음받았지만 그분을 알지 못했다. 그분은 자기 소유에게로 왔지만, 그분에게 소유된 자들은 그분을 영접하지 않았다. 그러나 그분을 영접하고 그분의 이름을 믿는 모든 사람에게 그분은 하나님의 자녀라고 불리는 권세를 주셨다. 이 요한복음의 대화들은 **대표성을 띠도록** 의도되었고, 함께 어우러져서 예수님이 던지는 도전의 진수를, 그리하여 성육신한 하나님의 말씀을 통해 하나님이 던지시는 도전의 진수를 이스라엘 백성과 더 넓은 세상에 제시한다. 그리고 마침내 본디오 빌라도와 예수님의 대화에서 절정에 다다른다. 예수님은 세상을 향한 창조주 하나님의 살아 있는 말씀을 대표하고 체화하는 대표성을 띤다. 그리고 본디오 빌라도는 분명히 당시에 이교도 세상의 정점이자 진수인 제국으로 당연히 널리 알려진 가이사의 왕국을 대표한다. 예수님과 본디오 빌라도 사이에 벌어지는 길고도 낯선 대화에 우리는 놀랄 필요가 없다. 그래서 어떤 의미에서 보자면, 모든 다른 대화들이 이 대화 안에서 초점이 잡힌다고 할 수 있다. 이 대화는 혼자 겉도는 예외적 대화라고 보기 어렵다. 오히려 그 안에서 세상을 향한 하나님 말씀의 기본적 도전을 있는 그대로 적나라하게 드러낸다. 비록 이것이 이번 장의 주제, 이 책의 주제는 아니지만, 우리는 그 다른 대화들을 단순히 옛 방식으로 목회적이고 선교적인 도전들로 받아들여서는 안 된다. 오히려 이 왕국에 대한 도전의 목회적이고 선교적인 전개(展開)로 보아야 한다. 마침내 계시되는 궁극적 대결로서 이 대화들을 다시 읽고 다시 설교해야 한다는 것이다.

그것은 사도 요한의 복음에 대한 그리고 그 안에 든 이 대화에 대한 두 번째 개론적 요지로 이어진다. 그리스도인들이 수 세기에 걸쳐 지금까지 던져 왔던 주요 질문들 중 하나는 예수님의 죽음이 갖는 의미에 대한 것이다. 우리는 모두 예수님이 우리 죄를 위하여 죽으셨음을 알지만, 그것의 정확한 의미에 대해서는 각자 다른 방식으로 말한다. 전통적으로 이 질문을 복음서들에 적용할 때면, 특정한 단서들을 찾는 탐색이 개시되고, 우리는 대표, 대속, 모범, 우주적 승리 등의 다양한 속죄 신학 모델들을 들여다보게 된다. 그런데 요한은 이것에 대하여 우리에게 큰 도움을 주는 것 같아 보이지 않는다. (사실 이런 식으로 접근해서는 마태, 마가, 누가에게서도 도움을 받을 수 없다.) 많은 설교자들이 의미를 발견했다고 주장하는 그 유명한 십자가상의 마지막 외침인 '테텔레스타이'(tetelestai), 즉 '완수되었다'(요 19:30)도, 마지막 계정까지 해결하거나 지불했다('해결되었다')는 요지를 전달하는 것이 주목적은 아니다. 이 진술의 첫 메아리는 더 오래전에 성경의 더 깊은 중심에서 울려 퍼졌다. 그 진술은 원래 창세기에서 듣게 되어 있는데, 여섯째 날이 끝날 때 하나님이 시작하셨던 모든 일을 '마쳤다'는 것이다. 예수님의 죽음에 대한 의미를 찾아 복음서들을 읽어 가면 네 편의 복음서들은 요한복음을 필두로, 모두 예수님이 처했던 심판들이나 심문들을 다양하게 설명함으로써 그 질문에 답하려 든다. 이 대화들은 단순히 '실제로 일어난 일'에 따라붙는 역사적 부속물이 되어 신학적 의미에 대한 질문을 완전히 다른 차원으로 떠넘기지 않는다. 그 대화들 자체가 그 의미에 대한 설명이다.

결국 요한에게 결정적으로 중요한 것은 예수님의 이야기를 들으면서 말씀이 육신이 되어 우리 가운데 장막을 치고 거한다(요 1:14)는 것의 의미를 발견하는 것이다. 요한은 빌라도와의 대화에 속죄 신학의 조각들을 추가하는 방식이 아니라 대화 자체의 주요 주제들을 부각함으로써 십자가상에서 예수님의 죽음이 어떤 의미가 있는지를 설명하고 있다. 우리 앞에서 전개되는 18장과 19장의 담론은 예수님에 대한 기소 내용, (그분이 나라를 다스리고 있다면) 그 나라의 속성, 진리의 문제, 그리고 권세에 대한 논쟁, 특히 제국적 권세에 대한 논쟁을 다룬다. 요한에게는 이 모든 것이 십자가의 의미를 제외한 그 어떤 것이 아니라, 십자가의 의미 바로 그 자체이다. 성경과 오늘날의 세상이 만나는 접점과 관련해 가장 심란한 현상들 중 하나는, 우리의 다양한 세계들을 한곳으로 모아 볼 때, 우리가 가장 소중히 여기는 교리들조차 다르게 보일 수 있다는 것이다. 때로는 상상했던 것보다 그것들이 더 많은 차원을 가질 수 있음을 발견한다. 사실 조직신학의 과제들 자체가 다르게 보일 수 있는데, 이것은 분명히 여기서 천착할 주제는 아니다. 그렇다고 해서 어느 옛 자유신학 이론이 열심히 주장하려고 한 것처럼, 성경과 세상을 하나로 묶을 때 혹은 기독교 신학을 더 새로운 성경 비평의 관점에서 접근할 때, 소중히 여겨 온 교리들을 포기해야 한다는 말을 하려는 것은 아니다. 오히려 소중한 교리들이 낯설 수도 있는 방식들로 세 가지 차원에서 새로운 빛과 새로운 그림자를 던지고 있다고 믿는다. 그런 까닭에, 요한복음 18장과 19장의 예수님과 빌라도에 관한 나의 두 번째 요지는, 이 대화가 단순히 정치와 철학에 관한 동떨어진 담론이 아니라는 것이다. 그것은 예수님이 곧 겪게 될 죽음의 의미라는 질문들로 그 주제들을 이끌어 간다.

이 요지는 예수님과 빌라도의 대화에 대한 나의 세 번째의 초기 관찰 결과로 우리를 곧장 인도한다. 그것은 요한복음의 앞부분에서 다양하고도 중요한 줄기들을 집어 들고는 쭉 끌어당기는데, 그 줄기들은 일반적인 현대 서구 독자들은 너무도 쉽게 무시하고 마는 것들이다. 사실, 요한복음의 후반부 내내, 예수님이 예루살렘에 도착할 때 무엇을 성취할지에 대한 중요한 단서들이 점점 분명하게 나타나고 있다. 그 크레셴도가 절정에 이르는 곳이 빌라도와의 대화라고 간주하지 않는다면 우리는 그 단서들도, 그 대화도 이해하지 못할 것이다. 추가적 논평 없이 여기서는 그 단서들을 그저 따라가기만 해 보자.

12장에서 예수님은 예루살렘에 도착하자마자, 몇몇 그리스인들로부터 만나자는 요청을 받는다(12:21). 직접적인 답을 주는 대신 예수님은 "인자가 영광을 받을 때가 왔다"라고 말씀한 뒤, 많은 열매를 맺기 위해 땅에 떨어져 죽는 한 알의 밀에 대한 말씀을 하신다. 예수님은 그 뒤에, 마음이 괴로운 상태에서 아버지가 아버지의 이름을 영화롭게 할 것을 기도하신다. 그러자 하늘에서부터 "내가 이미 영광스럽게 하였고 또다시 영광스럽게 하리라"라는 목소리가 들린다. 예수님은 그 목소리가 군중을 위한 것이라고 논평하셨다. 왜냐하면 "이제 이 세상에 대한 심판이 이르렀으니 이 세상의 임금이 쫓겨나리라. 내가 이 땅에서 들리면 모든 사람을 내게로 이끌"(12:31-32) 것이기 때문이다. 우리가 요점을 놓치지 않도록 요한은 예수님의 말씀에 대해 논평한다. 예수님이 자신이 당할 죽음의 종류를 암시하기 위하여 이 말씀을 했다는 것이다. 모든 사람을 자신에게로 이끌겠다(요 12:32)는 말씀이, 열한 절 앞의 그리스인들의 질문에 대한 장기적인 답변으로 보인다는 지적이 때때로 일어난다. 요한복음은 중심에 예수님의 죽음이 갖는 의미를 다루는데,

그것은 복음 안에서 상당히 새로운 생각이며, 많은 현대 독자들이 받아들일 준비가 별로 되어 있는 않은 생각이기도 하다. 그것은 세상을 심판하고 현재의 통치자를 몰아내 현재 남의 통치 아래 있는 자들을 창조주, 곧 이스라엘의 하나님의 품 안에 안기게 한다는 것이다. 이런 시각에서 바라보아야만, 우리는 요한복음 18장과 19장 내내 실제로 무슨 일이 일어나는지 이해할 수 있다. 또한 예수님이 전례 없는 방식으로 어떻게 대화를 장악하는지도 이해할 수 있다고 생각한다. 예수님은 더 넓은 세상의 백성들이 현재 찬탈자의 통치를 받고 있지만 예수님이 "높이 들리면" 그 통치는 깨어지고 예수님의 구원과 치유의 통치가 베풀어질 것이라고 말씀하는 것으로 보인다.

'고별 담화들'(Farewell Discourses, 요 13-17장)에 들어 있는 두 구절이 이것을 증거한다. 이 두 구절 역시 종종 무시되지만, 사실 이 두 구절은 더 심오한 의미로 인도하는 문의 열쇠—많은 열쇠들 중 하나—를 구성한다. 14장에서 예수님은 그분이 '가실 것'이 임박했음을 말씀하신다. 또한 그 장은 예수님이 "이 세상의 임금이 올 것"이라고 선언하시면서 끝을 맺는다(30-31절). 예수님은 "그는 내게 아무런 권세가 없다"라고 논평하시면서, "그러나 나는 아버지께서 명하신 대로 할 뿐이고, 그래서 세상은 내가 아버지를 사랑하는 것을 알게 될 것"이라고 덧붙이셨다. 여기서 '이 세상의 임금'은 이런저런 특정 인간 권력 구조에서 체화되는 어둠의 힘이라는 것이 분명해진다. 이 구조들 중 가장 큰 권력—한편으로는 유대교의 대제사장직, 다른 한편으로는 가이사의 대리직—이 작당하여 예수님에게 무엇인가를 할 터이다. 그러나 아버지의 뜻이 아니고서는 그들은 그것을 할 수 없다. 우리는 13장이 시작할 때부터 이미 이것이 '그 사탄', '참소자'의 일이며, 유다를 이용해 예수님을 당국에 '참소'하는 것임을 알고 있다. 그런데 요한은 사악한 인간 세력들과 그들을 통해 역사하는 어두운 비인간적 세력들을 예리하게 구분하는 것 같지는 않다. 이 구절은 그러고 나서 16장에서 나오는 특별하고도 밀도 높은 구절을 미리 가리킨다. 거기서 예수님은 성령의 미래 사역을 설명하신다. 즉 "그가 와서 죄에 대하여, 의에 대하여, 심판에 대하여 세상을 책망하시리라. 죄에 대하여라 함은 그들이 나를 믿지 아니함이요, 의에 대하여라 함은 내가 아버지께로 가니 너희가 다시 나를 보지 못함이요, 심판에 대하여라 함은 이 세상 임금이 심판을 받았음이라"(8-11절). 나중에 이 구절로 다시 돌아와 다룰 것이다. 왜냐하면 이것은 교회가 성령의 권능으로 어떻게 예수님의 업적을 이어 나갈 것인지를 이해하게 해 주는 중요한 구절이기 때문이다. 여기서 잠시 예수님이 '이 세상 임금'의 심판, 혹은 정죄를 사실상 과거의 사건으로 이야기하셨다는 점을 주목하게 된다. 그 일은 이미 일어났다. 그래서 16장의 끝부분인 33절에서 예수님은 이렇게 선언하실 수 있다. "세상에서는 너희가 환난을 당하나 담대하라. 내가 세상을 이기었노라!" 그 마지막 밤에 예수님이 제자들과 가진 들뜬 기쁨의 교제를 생각하면, 모든 것은 이미 성취된 것으로 보인다. 세상의 임금이 심판을 받았고 정죄되었으며, 예수님은 세상 자체를 이기셨다. 어떻게든 예수님을 곧 덮칠 운명은 이 의미를 품고 있음이 분명하다. 이것은 의도치 않은 부산물도 아니어서 어떤 일반적인 죄와 구원의 속죄 신학 이론 곁에 불편하게 앉아 있는 일종의 정치적 '엑스트라'가 아니다. 이것은 요한에게 예수님의 임박한 죽음이 지닌 핵심적 의미의 일부를 구성한다. 나는 이것이 빌라도와 예수님의 대화에서 비로소 활짝 만개하는 연속선상의 사고(思考)라고 믿는다.

그렇다면 이것은 **예수님의 죽음에 의미를 부여하는 일종의 대표적** 대화이다. 또한 **이 세상 임금에 대한 예수님의 승리**에 관해 앞서 나왔던 단서들을 더욱 온전한 모습으로 끌어내고 강조하는 대화이다. 이 승리를 통해 예수님은 정당성을 가진 임금으로서 왕좌에 오르고, 지금까지 다른 임금(즉 왕좌의 찬탈자)에게 지배당하며 살아 왔던 민족들을 자신에게로 이끄실 것이다. 나는 이제 현재의 주제와 겉보기에는 완전히 다른 주제에 대해 개론적 이야기를 몇 마디 하려 한다. 이 주제는 현대 세계에서 우리가 직면한 도전들 중 일부에 관한 것이다. 그런 뒤에는 최선을 다해서 이 두 가지를 한데 묶어 보겠다.

현대 세계: 서론

시시때때로 나는 학생들과 성직자들과 함께 오늘날의 세상에서 우리가 직면한 핵심 문제들을 놓고 브레인스토밍 회의를 즐긴다. 주제의 범위는 대중없다. 핵전쟁을 비롯한 전쟁, 지구온난화와 환경보호, 빈곤과 기아, 자연재해, 경제 위기와 전략(특히 우리 시대의 가장 주요한 도덕적 문제로서 내가 자주 강조하는 국제 채무), 확연하게 점점 고도로 종교화되어 가는 세상 속에서 세속화 이론의 실패 그리고 그 실패에 대해 모든 종교를 위험한 망상으로 취급하는 일부 사람들이 보이는 날카로운 반응 등등이다. 이러한 문제들 중 많은 것들이 비참한 난국에 빠진 중동에 혼재되어 있다는 사실은 상당히 확실하다. (어찌할 바를 모르는 서구 국가들이 빠져 있는 위기는 말할 것도 없고) 난민 위기는 현재 진행 중인 문제 중에서 끔찍한 결과를 초래했다. 그리고 현재 진행형인 뜨거운 문제들이 있다. 성 역할과 행동, 다원주의 사회 안에서 문화적·윤리적 다양성과 무엇을 수용할 수 있고 수용할 수 없는지의 문제, 의학 윤리(특히 인간 생명의 시작과 끝맺음)가 그 예이다. 범죄와 교정, 교육과 문해율(文解率), 정보기술이 인간 삶의 모든 측면에 미치는 영향, 언론의 역할과 규제 등등의 문제들이 있다. 그 모든 문제 중에서 그리고 그 뒤에서 엄청난 규모에도 불구하고 종종 시야에서 놓치고 마는 것이 있는데, 바로 세계 정치의 위기에 대한 인식이다. 여기에는 현재 미국 제국과 차기 초강대국이라고 할 수 있는 중국 그리고/또는 인도, 중요한 기관이지만 힘이 없는 국제연합 그리고—할 말은 해야 하므로—서구 민주주의 자체의 위기를 빼놓을 수 없다. 서구 민주주의의 위기는 "우리 모두는 이제 투표를 할 수 있지만 왜 투표를 했는지는 잊어버린다"라는 말로 요약할 수 있다. 대영제국의 분할 및 유럽연합 탈퇴를 포함하여 현재 영국에서 일어나고 있는 개헌에 대한 혼란은 정치적 권력이 무엇이고 그것이 무엇을 위한 것인지에 대한 우리 사회의 여러 가지 불확실성을 반영한다. 서구 민주주의가 완벽한 정치제도이고 다른 모든 사람들도 서구 민주주의를 채택한다면 유토피아가 마침내 도래할 것이라고 상상하는 사람들이 있다. 하지만 그런 상상은 우리가 이 민주주의를 200년 동안 운영해 왔지만 우리가 가진 많은 문제들이 그전과 다름없이 다루기 어렵다는 사실에서 주의를 딴 데로 돌려 보려는 회피 행위처럼 보이는 면이 없잖아 있다.

징조들이 좋지 않다. 내가 영광스럽게도 주교로 섬겼던 교구에는 아이들이 학교에 올 수 있도록 교사들이 적은 돈이나마 모아 신발을 사 주는 학교들이 아직도 있다. 은행권의 대규모 사기 사건이 터졌을 때 노동당 정부는 수십억 파운드의 돈을 긁어모아서 갑부들이 어마어마한 보너스를 가져갈 수 있도록 배려해 주었다. 2001년 9·11의 여파 속에서 당시 총리인 토니 블레어는 마침 우리 교구에 있는 선거구들 중 하나를 대표하는 하원의원이었다. 그는 중동과 아프리카의 악의 문제를 해결하겠노라고 장담했지만, 막상 자국의 의회에서 자신이 대표하는 선거구에서조차 악의 문제를 해결하지 못했다.

그 모든 문제들은 몇 권의 책을 쓰는 데 충분한 주제들이고, 그것들 중 많은 문제들에 대해 상세하게 밝힐 능력이 내게는 없다. 나는 그저 이 주제들 중 일부가 어우러진 세 가지 관심의 화약고들만을 강조하고 싶다. 그것들을 더 큰 문제의 삼각형 안에 배치함으로써 도대체 요한복음과 같은 책이 우리가 사는 세상에 무슨 말을 할 수 있는지 질문하도록 도움을 주려 한다.

첫째, 우리 사회에서 여전히 아리송한 종교의 위치를 생각해 보자. 그 이유가 잘못된 경우가 많아서 그렇지, 종교는 뉴스에 자주 등장한다. 2010년 교황 베네딕토 16세가 영국을 방문했을 때, 언론은 몇 가지 문제들에 관심을 집중했다. 그것들은 진지한 분석이 부족해 우리의 세속적 세상이 직감적 반응에 자주 의지하는 문제들이었다. 거기에는 물론 교회 안에 존재하는 성범죄의 폭로로 인한 위기도 포함되었다. 교회 내 성범죄를 중대 과실 및 스캔들로 부각시키고 재발 방지를 위한 더 나은 장치를 도입하는 문제를 강조하는 것은 그때나 지금이나 잘하는 일이다. 그러나 교황의 방문이 왜 그런 논란을 불러일으켰는가 하는 점은 문제의 핵심이 아니었다. (언론이 섹스에 집중한 것이 색욕과도 관련이 있고 자기들은 그렇게 살지 못하면서 정숙하게 살라고 설교한 교회의 누군가의 코를 납작하게 눌러 주고 싶은 욕망과도 관련이 있다는 인상을 지울 수가 없다.) 서구 사회는 교황이 종교 지도자인 동시에 국가수반이라는 사실을 다 함께 이해하지 못한다. (영국 여왕 역시 공식적으로 두 직책을 모두 맡고 있다. 확실히 이 평행선은 역사적 이유들을 살펴볼 때, 우연이 아니다.) 그리고 세속적 언론은 교회와 국가의 관계에 대한 상황을 이해하지 못하듯이 수백만 명의 사람들이 왜 여전히 기독교를 매우 진지하게 받아들이는지도 이해하지 못한다. 실제로, 점점 더 세속화되어 가는 사회에 대해 말하는 것이 한때 유행이었음에도, 천사들에 대한 소문은 사라지지 않았다. 비록 '영성'에 굶주리거나 이런저런 형태로 영성을 경험한 많은 사람들이 오늘날 영성의 문제는 교회가 상관할 바가 아니라고 가정하기는 하지만 말이다. 그리고 교회 내의 끊임없는 내분을 부각시키려는 논평자들의 시도들 역시 지금 벌어지고 있는 일의 핵심을 파고들지 못하는 것은 마찬가지이다. 약간의 표면적 소음에도 불구하고, 상당한 화해가 지난 몇 십 년간 거의 모든 기독교 교파들 사이에 이루어져 왔다. 로마가톨릭교회에 속하지 않은 많은 영국인들에게 교황은 위험한 대안적 종교의 지도자가 아닌 자매 교회의 지도자로서 영국을 방문한 것이다. 그 자매 교회와 우리는 여전히 심각한 차이가 있지만 또 한편으로는 우리가 생각했던 것보다는 더 많은 것을 공유하고 있음을 우리는 점점 더 깨달아 가고 있다. 당시에 교황의 방문은 넓게는 기독교의 진리, 구체적으로는 로마가톨릭이 주장하는 진리에 대하여 질문을 제기했을 뿐만 아니라, 오늘날 서구 세계에서 '종교'가 차지하는 위상에 대하여 물었다. 그리고 영국이 무신론의 세계 중심지인 동시에 매우 활발한 기독교의 세계 중심지가 되어 왔다는 점에 대해서도 언급했다. 이미 사실상 그렇다고 말할 것까지는 아니더라도 그런 지적을 할 수도 있다는 가능성에 대하여 질문들을 제기했다. 상황은 사람들이 흔히 가정하는 것보다 더 복잡하고 흥미진진하다.

우리의 선출직 정치인들의 정치적 철학으로 통하는 실용주의와 이상주의의 기묘하고도 위험한 결합을 나는 현대 세계의 두 번째 특징으로 강조하고 싶다. 토니 블레어의 자서전은 예측 가능한 논평들을 낳았다. 그 다양한 논평 중에 지적되었어야 하지만 지적되지 않은 점이 하나 있다고 믿는다. 그것은 자신의 기독교 신앙(나중에는 가톨릭 신앙)을 전혀 숨기지 않은 사람의 자서전치고 그의 책에서는 주교, 대주교, 추기경, 기타 종교 지도자들의 이름이나 그들과의 교제를 언급하는 내용을 색인은 물론이고 본문 중에서도 전혀 찾아볼 수가 없다는 점이다. 마치 그의 수석 공보 비서관인 앨러스테어 캠벨(Alastair Campbell)의 그 유명한 "다우닝 가는 하나님을 실천하지 않는다"(Downing Street doesn't do God)라는 말이 정말로 꼭대기까지 쭉 올라가기라도 했다는 듯이 말이다. 종교적 신앙과 공적인 삶 사이에 있어야 한다고 상정된 널따란 괴리는 200년 동안 탈-이신론적(post-Deist) 유럽 사회와 특히 미국 사회의 주요한 특질이 되어 왔다. 그 괴리는 블레어 자신의 빛나는 이상주의에서나 빛이 조금 바랬지만 여전히 이상주의적인 그의 후임자의 접근법에서나 조금도 좁혀지지 않았다. [내가 정치인에게서 들은 가장 훌륭한 연설들 중 하나는 고든 브라운(Gordon Brown)이 2008년 램버스 컨퍼런스 (Lambeth Conference)에서 행한 빈곤의 종식에 대한 연설인데, 슬프게도 그 결과로 일어난 일은 거의 없다.] 편집을 마감하고 인쇄소로 갈 무렵인 2015년 말, 사람들은 이상주의보다는 기회주의에 더 강한 인상을 받고 있고, 거대 담화가 지나간 뒤 남은 것이라고 온통 그것뿐이다.

물론 토니 블레어에게는 심각한 도미노식의 문제가 있었는데, 그것은 아직도 존재한다. 만일 그리스도인 정치인이 진지하게 기독교 정치신학을 생각하지 않는다면, 그의 개인적인 믿음은 바로 자신이 공격의 정면에 서서 악을 전복시키고 이 세상의 임금을 몰아낼 사람이라고 부추길 수도 있다. 세속주의는 스스로 메시아가 되라는 유혹을 막기는커녕 강화한다. 그리고 당연하게도 전투적 무신론자도 정확히 똑같은 방식으로 생각할 것이다. 단지 세속주의의 신조가 신성한 교리를 대체하고 그 자신이 세속적 메시아가 된다. 그러나 어떤 곳에서도 나는 민주주의가 마땅히 무엇이어야 하고 어떻게 작동해야 하는가라는 질문들에 진지하게 고민한 흔적을 발견할 수가 없다. 많은 정치 지도자들이 여전히 믿노라고 천명하는 기독교 신앙이 이 주제에 대해 특별히 무슨 할 말이 있다고 생각하는 흔적은 더더욱 찾아볼 수가 없다. 그 결과, 모든 부차적인 논쟁들이(영국에서는 상원에 주교들을 앉히는 것에 대한 질문들을 포함해) 잘못된 맥락 안에서 자리를 잡고 있다고 생각한다.

공적인 삶에서 종교를 지속적으로 분리해 오는 일이 분명 수월치 않았을 것이다. 최근 몇 차례에 걸쳐 거룻배의 삿대로조차 하나님을 건드리지 않을 것만 같은 잡지들이 무슬림의 머리쓰개 착용 금지라든지 기독교 십자가 착용 금지와 같은 문제들로 제기된 질문들을 다루기 위해 표지 기사의 지면을 할애했다. 우리 사회에서 많은 사람들이 까다로운 문제가 존재한다는 사실은 알지만 그 해법은 알지 못한다는 사실이 점점 더 분명해졌다. 어떤 사람들은 사람들을 겁주어 하나님을 등식에서 제외하도록 만들 요량으로 전체주의적 신정정치의 캐리커처를 그린다. 안타깝게도 많은 그리스도인들을 포함해, 많은 사람들이 기독교가 이런 주제들에 대하여 흥미롭게도 뭔가 다른 할 말을 갖고 있다는 생각을 하지 못한다.

그 캐리커처 작화가들 중에서 우리는 세 번째 화약고를 발견한다. 리처드 도킨스와 그와 유사한 저술가들의 지속적이고도 신랄한 반(反)유신론적 저항이 그것이다. 리처드 도킨스는 내일의 문제에 대해 어제의 분석과 어제의 해결책을 고집하는 사람의 전형을 보여 준다. (진정한 과학과 대조되는) 세속적 과학주의(secular scientism)의 대제사장들은 하나님을 지도에서 영원히 지워 버리려고 안간힘을 쓰고 있다. 마치 정치인들이 모든 문제를 한 세대 이전의 질문들과 의제들에 구겨 넣으려고 흔히 애쓰는 것처럼 말이다(많은 정치인들은 젊었을 때에는 열성적인 운동권이었다). 이 사람들은 모든 문제에는 기본적으로 못이 필요하다는 가정 아래 망치를 들고 나서는 사람의 고전적 사례이다.

우리가 지금 보고 있는 것은, 정치적으로나 세속적 과학주의로나 본질적으로 **포스트모던** 세계의 측면들에 대한 본질적인 **근대주의** 반응들이다. 마치 부시-블레어 연맹이 고전적인 포스트모던 문제(전 지구적 테러리즘의 부상)에 대해 내놓았던 고전적인 근대주의적 반응(많은 폭탄과 탱크)과 같다. 잠시 후 다룰 테지만, 우리들 문제의 일부는 지난 세대의 좌우 정치가 오늘날의 혼란스러운 사회에 맞지 않고 "우리 가서 폭탄을 투하하자"라는 식의 지정학이 오늘날의 위험한 세상에 맞지 않는 것처럼, "하나님을 제거하자"라는 식의 도킨스의 철학과 하나님을 위한 마지막 틈새(gap)²가 사라져 버렸을 것이라는 스티븐 호킹(Stephen Hawking)의 더 그럴싸한 제안은 단순히 질문에 부합하지 않는다는 것이다. 많은 사람들이 지적해 왔듯이, 스티븐 호킹은 진지한 그리스도인이나 유대교인이라면 제안하지 않을 18세기 틈새들의 하나님 신학을 여전히 전제로 삼고 있다. 그렇지만 그와 같은 문제들에 대한 공적 토론은 여전히 퇴행에 빠져들고 있다는 사실을 보여 준다고 나는 생각한다. 하나의 사회로서 우리가 문제들을 다룰 때, 우리는 18세기의 가면을 씌워 놓은 채 그런 문제들을 이해하려고 드는 것이다. 그것이 좌우 정치의 문제이든, 틈새들의 하나님을 논하는 과학과 종교의 대결이든, 혹은 함포 외교의 문제이든 상관없이 말이다. 지난 두 세기 동안의 모든 철학에도 불구하고 우리는 그 이전의 공적 사고방식을 여전히 벗어나지 못하고 있다. 그 모든 것의 와중에, 대부분이라고 말할 수는 없어도 다수의 서구 그리스도인들이 여전히 그들의 믿음이 그와 같은 정치에 대해, 그와 같은 세계관의 위기들에 대해, 혹은 그와 같은 전 지구적 행위에 대해 할 말이 전혀 없거나 거의 없다고 상정한다.

나는 잠시 후 요한복음과 신약성경의 나머지 부분이 다른 이야기를 우리에게 간절히 들려주고 싶어 한다는 점을 제안할 것이다. 그러나 그 전에 우선 이 세 가지 현대의 화약고들을 살펴보려 한다. 그런 후에 내가 앞에서 언급했던 엄청나게 많은 다른 문제들을 다른 어딘가에서 내가 글로 쓰고 말로 했던 세 가지의 더 큰 우려들이라는 지도 위에 적시하려 한다. 오늘날 우리의 공적인 삶을 결정하는 세 가지의 큰 문제들은 앞에서 내가 제안한 것처럼, 영지주의, 제국, 포스트모더니티이다.

이것들은 개별적으로도 해롭지만 결합되었을 때는 가히 치명적이다. [이 모든 것에 대해서는 다시 『창조, 능력, 진리』를 보라.] 영지주의는 공간, 시간, 물질의 세계가 시시하거나 유관성이 없다고 선언한다. 인간들(혹은 적어도 일부 인간들)은 내면에 신성한 불꽃을 가지고 있어서 그것을 분별하고 살아 내야 한다고 주장한다. 그렇게 하기 위해서는 예수님의 죽음과 부활이 아니라 깨달음이나 계몽이 필요하며, 그러한 계몽은 예수님으로부터 얻을 수 있을지도 모르지만 다른 곳의 다른 사람으로부터도 얻을 수 있다고 선언한다. 또한 이 계몽은 당신을 정치의 세계나 정의와 평화의 세계로 데려가는 것이 아니라, 개인 영성의 함양으로 인도해 갈 것이라고 주장한다. 많은 그리스도인들을 포함해 많은 사람들이 이와 비슷한 것을 열성적으로 받아들여 왔다. 서구 계몽주의가 어마어마한 축복들을 세상에 가져왔지만, 계몽주의가 영지주의의 여러 형태를 부추겨 온 것도 사실이다. 사람들은 보통 이런 영지주의의 정체를 인식하지 못하기 때문에 영지주의는 더더욱 강력하게 역사하고 있다.

제국들이 워낙 많은 사람들의 삶을 통제하는 까닭에 영지주의는 역사적으로 외향적 변화는 꿈도 꿀 수 없어 보이는 세상에서 번성한다. 똑같은 이유로, 제국들은 영지주의를 부추기기도 한다. 왜냐하면 "예수님이 주님이다"라고 선언하는 사람은, 가이사는 주님이 아니라는 결론에 도달하겠지만, "예수님은 내가 사악한 세상으로부터 해방되어야 할 불꽃임을 내게 보여 주었다"라고 선언하는 사람은 큰 문제를 일으킬 가능성이 낮기 때문이다. 오늘날의 전 지구적 제국인 미국은 앞선 제국과는 다른 종류의 영향력을 행사한다. 왜냐하면 미국의 철권이

(그리고 특히 미국의 금융기관들이) 세상에 힘을 발휘하는 통로는 정치 조직이 아니라―사실, 정치 조직을 통해서였다면 지역 단체들은 자신들의 실제 지도자들을 투표로 선택할 수 있었을 테지만, 현재는 그렇지 못하다―경제적 압력이기 때문이다. 또한 공교롭게도 서구가 냉전에서 '마지막 승자'가 되었기 때문이다. 그런데 많은 사람들이 지적해 왔듯이, 미국의 1달러 지폐마다 선언하는 '노부스 오르도 사이클로룸'(*novus ordo saeclorum*)이라는 문구³는 아우구스투스(Augustus)의 제국을 '시대의 새 질서'로서 환영했던 베르길리우스(Vergilius)⁴의 노래를 강력하게 환기시켰고 또 지금도 환기시킨다. 그래서 계몽주의의 이데올로기는 수월하게 획득한 서구의 우월성을, 그로부터 따라 나온 그 모든 사악한 결과들(과 분명히 있는 좋은 결과들)과 함께 강화한다. 여기서도 역시 오늘날 세상의 많은 그리스도인들은 그저 그 길로 따라가 버렸다.

포스트모더니티는 필연적으로 이 모든 것을 더더욱 혼란스럽게 만들어 놓았다. 진리 주장의 가면이 벗겨지면서 권력 주장이라는 민낯이 폭로되었다. 이것이 온갖 종류의 허튼소리와 중상모략을 위한 길을 열어 놓으면서, 문명화된 논쟁과 공적 담론이 전투태세로 돌입했다. 이편 저편 할 것 없이 수단과 방법을 가리지 않고 상대의 눈알을 파내려고 할퀴어 댄다. 포스트모더니티는 오만한 모더니티에게 그것의 모든 의가 언제나 더러운 누더기 더미에 불과했다는 것을 선포할 역할을 하나님으로부터 부여받았다고 나는 믿는다. 달리 말해서, [기독교에서 말하는] 인간의 타락, 전적 타락(total depravity)에 대응하는 세속주의적 등가물을 설교할 역할을 부여받은 것이다. 그런데 포스트모더니티에는 그 나쁜 소식에 뒤따르는 복음, 즉 좋은 소식이 없다. 그 큰 이야기들이 작은 파편들로 해체되고, 한때 강력했던 자아라는 개념이 찢겨서 서로 경쟁하는 충동들과 편견들로 나누어졌고, 진리 자체는 '이전보다 더 낯설어졌다.' 이것이 영지주의와 제국과 얼마나 잘 어울리는지 주목해 보라. 바로 이것이 사물들이 보이는 대로가 아니라는 영지주의의 주장이며, 댄 브라운을 백만장자 그 이상의 부호로 만들어 준 통찰이다. 그리고 바로 이것이 힘 있는 자들인 우리가 우리의 진리를 만들어 낸다는, 즉 진리는 우리가 결정하는 대로의 것이라는 제국주의의 주장이다. 본디오 빌라도가 예수님에게 "진리가 무엇이냐?"라고 질문했을 때, 그는 완전히 무기력한 위치에 있는 다른 누군가에게 증거할 진리 따위가 있을 수 있겠느냐는 냉소를 표현한 것이다. 빌라도의 세계에서 그리고 점점 더 우리의 세계에서도 유일한 진리란 총신(銃身)이나 도실(刀室, 칼집)에서 나오는 것이다.

이 모든 것이 우리를 요한복음의 18장과 19장으로 되돌아오게 한다. 요한은 이 놀라운 예수님과 빌라도의 대화를 통해서, 혼란에 빠져 혼란을 가중시키고 있을 뿐인 우리의 세상을 향해 무슨 말을 할 것인가?

예수님과 빌라도와 하나님 나라

이즈음에서 할 수 있는 말들이 많이 있겠지만, 나는 나라, 권력, 진리라는 세 가지 주제에만 집중하고자 한다. 첫머리에 등장하는 빌라도와 유대 지도자들의 설전은 일종의 섀도복싱처럼 보인다(18:28-32). 빌라도는 자신의 첩보망을 통해 유대 지도자들이 어떤 혐의를 들이댈지 확실히 알고 있었다. 하지만 그는 유대 지도자들이 사형 죄의 혐의에 대해 그들이 사법적으로 무기력하다는 사실을 억지로라도 인정하게 되는 꼴을 보고 싶었다. 뒤이어서 빌라도는 예수님에게 '유대인의 왕'이냐고 직접 묻는데(18:33-38), 이것이 기소의 본질이었음을 19:12에서 볼 수 있다. 거기서 유대 지도자들은 "무릇 자기를 왕이라 하는 자는 가이사를 반역하는 것이니이다"라고 선언하면서 빌라도에게 승리의 반격을 가한다. 예비적 설전을 벌인 뒤, 예수님은 자신의 '나라'에 대한 서술을 개시하는데, 그 서술의 핵심은 이렇다. "그렇다. 나는 왕이고 내게는 왕국이 있다. 그렇지만 아니다. 그것은 네가 상상하는 그런 종류의 왕국이 아니다"(18:36).

이 지점에서 반(半)영지주의적이거나 비밀 영지주의적인 본문 해석이 오랜 세월 동안 지배해 왔는데, 그것은 부분적으로 "나의 왕국은 이 세상의 것이 아니라"는 킹 제임스 버전의 번역 때문이다. 이것은 우리가 앞에서 주목한 바와 같이 오역이다. 헬라어 원문은 그 왕국이 '에크 투 코스무 투투'(ek tou kosmou toutou)가 아님을, 즉 이 세상**으로부터**가 아님을 말한다(18:36). 다시 말해서, 그 나라는 다른 어떤 곳으로부터 온다고 말하는데, 예수님은 일찍이 자기 자신에 대해(8:23) 이런 주장을 펼치셨다. 그러고 나서 더욱 놀랍게도, 자신의 추종자들에 대해서도 (17:14) 같은 주장을 펼치셨다. 한편으로는 예수님에 관한, 또 한편으로는 하나님의 나라에 관한 1세기 유대교의 언어에 대한 우리의 모든 지식을 인정하고 보면(물론 이 지점에서 몇 가지 주요한 미결 문제들이 있지만), 우리는 예수님이 말하고 있던 '나라'가 이 세상**으로부터** 난 것은 아니지만 단연코 이 세상을 **위한** 것이라고 말하지 않을 수 없다. 그것은 창조주**로부터** 생긴 나라였다. 그 창조주를 예수님은 '아버지'라고 불렀고 그 나라의 주권은 '이 세상 임금'과 그 어둠의 권세가 고용한 인간 대리인들이 휘두르는, 찬탈한 주권을 대체할 터였다.

이것은 현대의 혼란과 오해와 여러 세대에 걸친 네 편의 모든 복음서들에 대한 잘못된 해석에 대해 우리가 이해해야 할 가장 중요하고도 첫째가는 내용이다. '나라'의 언어를 내세의 복락에 대한 암호로 바꾸려는 고대와 근대의 모든 영지주의적 시도들과는 대조적으로, 복음서의 언어는 고집스럽게 세상을 긍정하고 세상을 되찾는 유대교적 의미를 온전히 유지하고 있다. 하나님 나라는 반드시 "하늘에서와 같이 땅에서도" 임해야 한다. 정확히 그런 이유로, 하나님 나라는 이 세상으**로부터** 오지 않는다. 고작 이 세상으로부터 나오는 것이 할 수 있는 일이라곤 세상 안으로부터 일어나는 일의 방식을 흉내 내는 것뿐이다. 예수님이 말씀하시는 핵심적인 예는, 그분이 왕이라고 전제하면서도 그분의 나라와 다른 모든 나라들의 차이점을 보여 준다. **예수님의 나라가 이 세상으로부터 온 것이라면, 예수님을 따르는 자들은 예수님을 넘기지 않으려고 싸울 것이라는 것이다**(요 18:36). 이것은 출발에서부터 거의 영지주의적 아이디어만큼이나 일반적인 나라에 대한 아이디어들과도 과격할 정도로 벗어나 있다. 그러나 방향이 매우 다른 쪽을 향한다. 오늘날의 세상에서 나라들은 폭력을 행사한다. 아무리 잘 포장해도, 통치권은 강요된다. 조만간 그것은 속박을 의미하게 되고, 또 조만간 속박은 폭력을 의미하게 된다. 그러나 예수님이 마가복음 10:43에서 요한과 야고보에게 말씀하듯이 "너희 중에는 그렇지 않을" 것이다.

이 점은 다음 장에서 묵직하면서도 요한다운 역설을 통해 철저히 강조된다. 거기서 군인들은 예수님에게 가시관을 씌우고, 자색 옷을 입히고, 왕이라고 칭함으로써 그분을 오히려 조롱한다. 예수님이 스스로를 하나님의 아들이라 칭했다(19:7)는 예수님의 죄명은 더 넓은 울림이 있겠지만, 로마 세계에서 그 울림은 [왕이라 자칭하는 것과] 같은 의미였다. 왜냐하면 '신의 아들'이라는 말은 일반적으로 가이사의 중요한 별칭으로 사용되었기 때문이다. 티베리우스(Tiberius)는 신격화된 아우구스투스의 양자였고, 마찬가지로 아우구스투스는 율리우스 카이사르의 양자였다. 그런데 가이사(카이사르)의 신적 통치는 폭력을 자신이 겪음으로써가 아니라 폭력과 위협을 남에게 사용함으로써 구현되었다.

빌라도는 이제 군중을 향한 역설적인 진술과 질문을 통해 예수님의 왕권을 강조한다(19:14-15). 그리고 나서는 마침내 십자가 위에 붙인 패에서 예수님의 왕권을 재차 강조함으로써 군중에게 되갚아 준다. 앞서서 가야바가 한 사람이 백성을 위해 죽을 것임을 예언했는데, 요한은 이것이 예수님의 다가오는 구속적 죽음을 자기도 모르게 예언한 것이라고 평했다(11:49-52). 요한은 좀처럼 그런 단서를 반복해서 남기지 않는다. 우리는 요한이 여기서 의도한 바를 명확히 간파할 수 있어야 한다. 빌라도가 '유대인의 왕'이라는 글귀를 굳이 적어서 예수님의 십자가 위에 붙일 때 그리고 그 글을 수정하기를 거부할 때, 요한은 예수님이 실로 '유대인의 왕'임을 강조하고 있는 것이다. 예수님은 옛 시대에 하나님의 백성처럼 기묘한 종의 소명에 순종했을 뿐 아니라 그것을 이해한 유일한 분으로, 자신의 소유된 그 백성에게 왔지만 배척당했다.

그리고 다윗과 솔로몬에 대한 믿음과 시들에 반영된 고대의 메시아 대망 사상은 '유대인의 왕'이 된다는 것의 핵심 개념을 잘 보여 준다. 유대인들의 궁극적인 왕은 세상의 궁극적인 왕이라는 것이다. 그 왕의 다스림은 이 바다에서 저 바다까지 그리고 그 강(the River)[5]에서 땅의 끝까지 이른다(시 72:8). 초기 기독교는 더 넓은 세상과의 관련성을 위하여 유대교적 메시아 신앙을 버릴 필요가 없었고, 많은 학자들도 그렇게 생각했었다. 초기 그리스도인들은 예수님을 유대인의 왕이라고 믿었기에 예수님을 이 세상의 정당한 주님으로 선포했다. 글귀의 수정을 거부함으로써(19:21-22), 빌라도는 대제사장들이 그들의 방식으로 행한 것을 자신의 방식으로 행했다. 그들이 그들의 지위로 행한 것을 **자신의 지위로** 행했다. 대제사장들은 방금 "가이사 외에는 우리에게 왕이 없나이다"(19:15)라고 말함으로써, 이스라엘을 이스라엘로 만든 모든 것으로부터 완전히 물러섰다. [그리고 이것은 로마 황제 베스파시아누스(Vespasianus)를 성경의 메시아 예언들의 성취라고 본 플라비우스 요세푸스(Flavius Josephus)의 제언보다 한 세대 앞선 것이다.] 이제 빌라도는 의미도 알지 못한 채, 예수님이 사실상 '유대인의 왕'이라고 선언한다. 그리고 그렇게 함으로써 가이사는 단지 아둔하고 위험한 패러디에 불과하다는 현실을 상기시키고 예수님을 진정한 왕으로 선포하고 있는 것이다. (우리는 이 순간 빌라도가 영국, 그것도 스코틀랜드인, 그것도 세인트앤드루스[6] 출신이라는 고대 전설에 고개를 끄덕이게 되는 것 같다.)

그러므로 예수님과 빌라도의 설전을 설명함으로써, 요한은 예수님이 십자가 처형을 통하여 유대인의 진정한 왕이자 온 세상의 정당한 주님으로서 왕좌에 오르셨음을 강조하려 했음이 분명하다. 우리는 여기서 요한복음과 다른 세 편의 복음서들이 각각의 방식으로 예수님의 죽음 이야기를 들려준다고 말할 수 있을지 모른다. 그 이야기는 어떻게 예수님의 죽음이 우리를 하늘에 갈 수 있게 하는지가 아니라, 어떻게 예수님이 죽음을 통해 이스라엘과 온 세상의 진정한 왕이 되셨는지에 대개 말하려는 의도를 지니고 있다[이 점에 대해서는 『하나님은 어떻게 왕이 되셨나』(How God Became King, 에클레시아북스 역간)를 보라]. 그래서 요한에게 이것은 예수님이 '영화'롭게 된 순간이기도 하다. 그렇다고 해서 부활과 그 후의 승천이 아직 일어나지 않은 미래의 일이라는 사실을 간과하려는 것은 전혀 아니다. 부활과 그 후의 승천이 오지 않을 것이라는 뜻도 아니다. 단지 "세상에 있는 자기 백성을 사랑했던 그분이 끝까지 그들을 사랑하신"(13:1) 바로 그 순간에, 예수님이 체화한 하나님의 주권적인 구원의 사랑이 온전하게 표현되었다는 뜻이다. 요한은 그래서 자신의 담화를 통해 대부분의 신학자들이 해내지 못한 것을 해내고 있다. 즉 그는 예수님이 하나님 나라를 체화하고 선포하는 것을 예수님의 구속적 죽음과 단단히 묶어 놓았다. 대부분의 신학자들은 나라와 십자가를 따로 떼어 놓는다. 요한에게 나라와 십자가는 단일한 완전체의 일부분을 구성한다.

일단 요한이 나라에 대하여 하고 있는 말을, 그 안에 함축된 모든 숨 막히는 혁명적 암시들과 함께 이해하게 되면, 우리는 19:10-11에 나오는 권세에 대한 이상한 말들을 숙려해 볼 수 있다. 빌라도는 예수님의 침묵을 질책하며 묻는다. "내가 너를 놓을 권한도 있고 십자가에 못 박을 권한도 있는 줄 알지 못하느냐?" 예수님의 대답은 고대 유대교의 유일신 신앙의 교과서에서 나온다. 즉 사악한 이교도 폭군의 권한을 포함한 모든 세상 권세는 궁극적으로 창조주 하나님으로부터 나온다는 것이다. "위에서 주지 아니하셨더라면 나를 해할 권한이 없었으리니"(요 19:11). 예수님이 이것을 말하게 하는 것은—우리가 이미 세상의 진정한 왕으로 인정하는 분인 예수님이!—그것도 가이사의 심복들 중 하나에게 그 말을 하게 하는 것 자체는 매우 놀라운 일이다. 하지만 그 말은 고대 유대교의 나머지의 큰 부분과 공명할 뿐만 아니라, 로마서 13장에서 바울과도 공명한다. 이를테면, 자신을 심판하는 호민관과 대화하는 폴리카르포스[Polykarpos, 『폴리카르포스의 순교』(*Martyrdom of Polycarp*) 10.2를 보라]와도 공명한다. 이것은 현대 사상은 파악할 의지도 없고, 그럴 능력도 없는 정치와 권력에 대한 요지이다.

이곳에서 우리는 기저의 이론을 재정리해 볼 필요가 있다. 특정 통치자가 사악하거나 부패했거나 괴악하거나 어떻든 간에 그 사실 자체는, 고대 유대인이나 초기 그리스도인들에게 유일하신 창조주 하나님이 그 권력과 아무 상관이 없다는 것을 의미하지 않았다. 하나님을 악의 기원으로 삼지 않고도, 대부분의 고대 유대인들과 대부분의 초기 그리스도인들은 하나님이 여전히 주권을 행사하고 계심을 믿었다. 이것이 아무리 훗날에 (비슷한 내용을 다루는 이사야 10장에서처럼) 주어진 권력을 남용한 사람들에게 내려지는 심판으로 끝을 맺는 허용적 주권의 가면을 쓰고 나타난다 할지라도 마찬가지였다. 하지만 전체적인 골자는 나라에 대해서 그런 것처럼, 너무도 분명하게 드러난다. 예수님의 말에는 빌라도가 실은 꽤 선한 총독이라든지, 그가 최선을 다하고 있다든지, 사실은 탓할 대상이 아니라는(요한복음 19:11에서 예수님은 [빌라도보다는] 넘겨준 자들의 '죄가 더 크다'고 말씀하기는 했다) 것을 암시하지는 않는다. 요점은 모든 권위가 하나님에게 속한다는 것이다. 혹은 달리 표현하자면, 심지어는 폭압적인 질서일지라도, 하나님의 관점에서는 질서가 혼돈보다는 궁극적으로 낫다는 것이다. 이것은 창조 신학의 일부이다. 하나님은 혼돈에서 질서를 끌어내신다. 그리고 이 지점에서 훨씬 구체적으로 유대교와 초기 기독교의 정치 신학이 가장 분명하게 창조적·언약적 유일신교로부터 유래된다. 세상을 만드신 하나님은 그 세상에 질서가 있기를 원하셨다. 그것은 하나님이 단번에 그리고 영원히 모든 것을 바로잡을 그날에 대비하여 사악함이 마음대로 날뛰지 못하도록 하기 위함이다. 하나님께 위임받은 사법 관리들의 권위는 인간의 권위에 대한 성경적 교리의 중심에 있다. 비록 그 관리들이 빌라도처럼 우유부단하고 이기적이며 냉소적인 사람들일지라도 말이다. (사도행전이 인간의 권위를 취급하는 방식과 비교해 보라.)

하지만 다시 한 번, 이 대화의 맥락은 요한이 예수님의 죽음 자체에 부여한 의미를 부분적으로 제공한다. 요한은 훌륭한 이야기꾼답게 더 이상 요점을 거듭 들먹이지 않는다. 그러나 예수님의 죽음에 대한 그의 설명에서 예수님은 매우 강력하게 이야기를 장악하고 계신다. 즉 예수님의 죽음은 예수님의 승리이자, 가이사의 권세와 매우 다른 어떤 권세가 체화된 것이며, 그 권세에 대한 주장이다. 가이사가 할 수 있는 것이라곤 당신을 죽이는 것뿐이다. 하나님은 예수님에게 그분의 생명을 내려놓고 다시 찾을 권세를 주셨다(요 10:18). '권세'를 뜻하는 단어인 '엑수시아'(exousia)는 여기서와 같이 그 구절에서도 똑같이 쓰인다. 우리가 19장까지 추적해 온 이야기에 비추어 볼 때, 부활절 메시지는 어떤 부분에서 "이것은 예수님의 엑수시아가 마침내 드러나는 순간이다"

가 되어야 한다. 이 지점에서 요한과 바울은 한목소리로 예수님이 "죽은 자들 가운데서 부활하사 능력으로 하나님의 아들로 선포"되었다는 취지의 말을 한다(롬 1:4). 이제야 독자는 엑수시아가 세상을 향해 진수(進水)되고, 그래서 가이사와 그의 부하들이 위임받은 제한적인 엑수시아를 향유하지만 예수님의 엑수시아가 그들의 엑수시아를 능가하고 굴복시킨다는 사실을 비로소 이해한다. 바로 이러한 지점에서 신선하고 기도가 어려 있는 통찰들과 지혜를 어떻게 공적인 삶의 영역에 스며들게 할 수 있을지 시험해 보는 것이 마땅하다고 미래의 그리스도인들에게 제안하는 바이다. 우리의 삐걱거리는 민주주의 안에서는 진정한 엑수시아를 어디서 발견할 수 있을지가 오리무중일 때가 빈번하기 때문이다.

이 나라 때문에 그리고 이 권세 때문에, 우리는 마침내 진리를 말할 수 있다. 고별 담화들에서 예수님은 '진리의 영'에 대해 말씀하셨다. 그 진리의 영은 아버지로부터 오고 제자들을 '모든 진리 속으로'(요 16:13) 이끌 터였다. 진리의 본질에 대한 논쟁들은 모더니티(기독교 모더니티라 할 법한 것을 포함해서다!)의 바스러지기 쉬운 확실성들을 지나서 포스트모더니티에서 다시 표면 위로 떠올라서는 이기적인 허구들로 폭로되어 왔다. 그럼에도 그것들은 진리라는 개념 자체의 기묘함에 대해 우리에게 경고해 주는 역할을 수행해 왔다. 단순한 대응성[7]은 중요하긴 하지만, 그것만으로는 분명 충분하지 않다. 마치 단순한 상관성이 언제나 상대주의로 추락할 위험을 안은 채, 더더욱 부적절한 것처럼 말이다. 어쨌든 예수님은 **일어나는** 무언가로 진리를 말씀하는 것 같다. 그 무언가는 어떤 특정 상황에서 존재하게 된다. 여기서 말하는 그 특정 상황이란 것은 진정한 인간들의 순종, 무엇보다도 예수님 자신의 순종의 삶과 말을 가리킨다.

사실 진리를 이해하려면, 한 편의 온전한 기독교 이야기를 마음에 담고 있어야 한다. 인간들이란 진리를 향해 손을 뻗고 그것을 자신들의 목적을 위해 사용하려 들게 마련이다. 이런 식으로 인간들은 바벨탑을 다시 쌓아올리기에 충분한 진리를 손에 넣을 수 있다. 그래서 오만한 진리 주장에 대한 포스트모더니티의 저항은 건축자들의 언어에 혼란을 일으키기 위해 강림하시는 하나님과 같은 기능을 한다. 우리는 지금 그와 같은 대혼란의 와중에 살고 있다. 그러나 예수님은 새로운 창조를 개시하기 위해 오셨고, 그것을 '다 이루셨다.' 그 외침(요 19:30)은 되돌아 보건대, 창세기 2:1-2의 승리에 찬 완수의 메아리이다. 요한은 20장에서 예수님의 부활이 '그 주의 첫날'[8]에 일어났다고 강조한다. 옛 창조에서 '진리'에 대한 문제는 다음의 두 가지인 것처럼 보인다. 첫째, 창조 세계 자체가 썩어 가고 있으며 제자리에 머물지 않으리라는 것이다. 둘째, 그 세상 속으로 그 세상에 대하여 진리를 말하려고 애쓰는 인간들이 그렇게 하면서 진리를 왜곡하고 있다는 것이다. 예수님 안에서 일어나고 예수님을 통해서 일어나는 것이 바로 말씀의 권능의 구속이다. 그래서 예수님 자신은 진리를 증거할 수 있고 또 증거하신다. 그래서 16장의 약속에 따라, 예수님을 따르는 자들 역시 같은 일을 할 것이다. 그렇게 함으로써 그들은 세상과 세상의 통치자들에게 책임을 물을 것이다.

사실, 이것은 요한복음 18장과 19장에서 제시하는 정말로 어려운 도전이다. 요한복음 16장에 따르면, 예수님과 빌라도의 대화는 **교회가 세상과 지금 반드시 나누어야 하는 대화**의 본보기가 될 것이다. 그래서 교회는 예수님의 나라를 구현하고, 예수님의 '엑수시아'가 효과를 발휘하게 될 것이다. 또한 사람들을 모든 진리 가운데로 인도할 뿐만 아니라, 아무리 불편한 상황이라 할 때에라도 그들이 진리를 말할 능력을 갖추게 할 것이다. 그 진리는 하나님의 창조 세계에 대한 진리이고, 그 창조 세계는 영지주의의 생각처럼 아무런 상관없고 버려지는 것이 아니라, 예수님 안에서 구제되고 새로워진다. 그리고 18:37에서 확연하게 드러나듯이, 예수님이 진리에 대해 증거한다는 주장은 예수님이 왕이라는 주장의 심장부에 놓여 있다. 사실, 진정한 왕권이 실제로 무엇인가를 예수님이 재정의하실 때 그것은 핵심 부분을 차지한다. "그래서 네가 왕이냐?"라는 빌라도의 질문에 대한 예수님의 대답을 축약하자면 이렇다. "나는 진리를 말하러 왔다." 이것은 예수님의 왕권의 중심이자 예수님이 지니신 새로운 종류의 권세의 토대이다.

적어도 간결한 형식으로나마, 요한이 우리에게 요한복음 18장과 19장에서 준 개념적 도구들 덕분에, 우리 세대가 신영지주의(neo-Gnosticism), 신제국주의(neo-imperialism), 포스트모더니티가 가하는 복합적인 도전을 새로운 방식으로 다룰 수 있게 되었다는 점이 이제 분명해졌기를 바란다. 우시 시대에 예수님을 따르는 자들이 그리고 사실상 그 누구일지라도, 심지어 불가지론자일지라도, 새롭게 모든 것을 숙고해 볼 준비가 된 사람들이라면 누구나 이 성경적 관점에 비추어 오늘과 내일의 핵심 문제들에 접근해 보려 할지도 모른다고 생각하고 싶다. 나는 근래와 현재의 교황들이 내가 지금까지 말한 것들 중 대부분에 동의할 것이라고 미루어 짐작한다. 그들이 기여한 바를 이런 틀에 비추어 평가하는 편이, 언론의 기대들과 한계들로 이루어진 프로크루스테스의 침대에 그들을 끼워 맞추려고 애쓰는 것보다는 낫지 않을까 생각한다.

과거와 현재의 우리의 정치인들은 내가 지금까지 말한 것들 중 많은 부분에 대해 어리둥절해할 것이다. 왜냐하면 내가 한 말이 그들의 메시아적 이상주의나 어깨나 으쓱하는 무심한 실용주의와 들어맞지 않기 때문이다. 특히 예수님이 폭력의 거부라는 측면에서 자신의 나라를 정의했다는 사실 앞에서 우리는 슬픔과 수치를 느끼며 2003년의 사건들과 새빨간 거짓말들을 회고하게 된다. 아주 많은 무슬림들은 예수님의 이름을 내세우는 자들이 무슬림들에 대한 폭력에 헌신하고 있다는 주장을 예전에는 믿지 않았다. 그러나 이제는 수백만 명의 무슬림들이 그것을 확고하게 믿게 되었다. 어떻게든 우리는 그 메시지를 바로잡아야 한다. 그리고 근래의 회의주의가 주창하는 자칭 과학적이라는 무신론에 대해서는 진실한 담화로 맞설 필요가 있다. 하나님의 창조 세계의 현 상태에 관해 그리고 예수님 안에서 예수님을 통한 하나님의 새로운 창조 세계가 출범된다는 것이 어떤 것인지를 그런 이야기에 담아야 한다. 그것은 새롭게 잉태된 기독교적 미학의 평면도이기도 한데, 이것은 다른 기회에 다룰 주제이다. 이 장에서 내가 주장하는 것은 예수님과 빌라도의 주목할 만한 대화에서 우리가 나라, 권력, 진리에 대한 진정으로 기독교적이고 성경적인 관점의 개요와 윤곽을 일견할 수 있다는 것이다. 그리고 이 일견은 내일의 세상에서 우리가 직면할 일부 핵심 문제들과 도전들에 대해 신선한 관점을 제공하기에 충분하다는 것이었다.

물론 어떤 관점이든 만족하며 머무를 쉼터는 되지 못한다. 비전은 반드시 담화로, 담화는 행동으로 구현되어야 한다. 베드로가 다른 사람의 소명에 대해 물었을 때 예수님은 "그것이 네게 무슨 상관이냐?"라는 수사적 질문을 던지시고, 베드로에게 이렇게 말씀하셨다. "너는 나를 따르라!"(요 21:22)

4장

하나님과 세상 권력과 테러[1]

"하나님은 어디에 있단 말인가?"라는 부르짖음이 지난 세기에 걸쳐 메아리쳤다. 제1차 세계대전의 참호들에서 제2차 세계대전의 융단폭격의 현장들까지 그리고 소련의 굴라크(Gulag)와 독일의 아우슈비츠를 거쳐, 캄보디아의 킬링필드와 르완다의 대학살과 수백만의 재앙들의 현장에서 이 외침은 울려 퍼졌다. 마치 그럴 필요라도 있었다는 듯이, 이 모든 것을 통해 두 세기 전 자랑스럽게 떠벌렸던 유럽의 계몽주의가 자유·평등·박애를 만들어 내기에는 여전히 갈 길이 멀다는 사실이 입증되었다. 21세기로 접어든 지 몇 년이 지났을 뿐인 지금, 우리는 이미 비슷한 기록을 축적해 왔고, 비슷한 의문을 품어 왔다. 2001년 9월 11일에 하나님은 어디에 있었을까? 베슬란 학교 인질 사건 당시 하나님은 어디에 있었는가? [영국의 방송인 존 험프리즈(John Humphrys)는 자신이 제기한 이 질문 때문에 하나님을 믿지 못하게 되었다.] 레바논에서, 가자 지구에서 하나님은 어디 있는가? 시리아와 그 이웃 국가들에서, 삶을 찾아 정든 집과 고국을 떠나 도망치는 수많은 난민들 가운데에서 하나님은 어디에 있는가?

전 국가적으로 전례 없이 종교적 문제들이 줄 지어 등장하는 영국에서 우리는 동일한 질문들을 마주하고 있다. 무슬림 여자들이 히잡을 제대로 착용해야 하는가 아니면 서구의 복식 스타일을 따라야 하는가? 그리스도인들이, 아니 그 누구라도 십자가를 공공연하게 착용해야 하는가? '신앙 학교'[2]와 같은 것이 있어야 하는가? 그리고 있어야 한다면, 그 규제는 어떻게 할 것인가? 이런 문제들이 21세기에 이르러 언론의 헤드라인을 장식할 것이라고 1980년대나 1990년대에 예상한 사람이 있었다면, 그는 웃음거리가 되었을 것이다. 하지만 갑자기 이 모든 것이 공공 의제(public agenda)로 화려하게 복귀했다. 1960년대와 1970년대의 세속주의자들은 종교가 죽음의 문턱에서 단말마(斷末魔)를 겪고 있고, 20세기가 저물 즈음이면 송두리째 사라져 버릴 것이라고 상상했다. 그런데 지금의 상황은 마치 예상과 달라진 현실에 실망과 분노를 금치 못한 세속주의자들이 종교라는 아이디어와 하나님에 대한 소문(rumour of God)과 전투를 벌이기 위해 있는 힘, 없는 힘을 모두 끌어모으고 있는 것처럼 보인다.

나는 최근에 이런 현상에 대해 나름의 분석을 내놓은 언론계 중진과 이야기를 나누었다. 그는 다문화주의가 도를 넘으면서 사회 문화적인 혼돈을 불러올 수 있다고 많은 사람들이 우려하고 있다고 생각했다. 하지만 이런 말을 해서는 안 되기 때문에—그런 말은 '정치적 올바름'을 견지한 태도가 아니다—사람들은 '종교'가 마치 진짜 원인이라도 되는 것처럼 종교 때리기에 열을 올리고 있다.

사람들은 분명히 꽤 오랫동안 이런 짓을 해 왔는데, 때로는 좋은 이유로 또 때로는 좋지 않은 이유로 그렇게 해 왔다. 결국 세계의 수많은 분쟁 지역은 종교적 차원과 떼려야 뗄 수 없는 관련성을 지니고 있다. 이것은 북아일랜드이든 발칸반도이든, 수단의 다르푸르이든 인도 북서부 전선이든 할 것 없고, 중동은 더 말할 나위가 없다. 이 논쟁은 전혀 진전 없이 뱅글뱅글 제자리 돌기만 하고 있다. 그것은 소련의 굴라크와 독일의 홀로코스트 같은 지난 세기의 가장 참혹한 비극들 중 일부가 전투적 무신론(militant atheism)을 위해 사람을 죽이는 프랑스 혁명 자체의 야비한 전통 안에 서 있었기 때문이다. 그렇다. 달리 말하자면, 종교들은 위험한 이데올로기들이 될 수 있다. 그러나 비종교들도 그렇기는 마찬가지이다. 우리의 정치인들과 언론은 인간의 삶 전체에 종교적 차원이 있음을 인정하기를 단호하게 거부해 왔다. 그뿐만 아니라 이것이 어떻게 작동하는지를 연구하고, 해로운 종교와 건전한 종교를 구분하고, 신앙과 공적인 삶의 창조적 융합을 위해 노력할 수 있음을 인정하는 데는 더더욱 인색했다. 다양한 관점을 가진 사람들이 함께 살고 일하는 새로운 방식들을 자유롭게 모색하는 개방적이고 너그러운 세속적 세상과, 공적인 광장에서 하나님에 대한 소문을 남김없이 추방하려고 전력을 다하는 세속**주의**적 세상 사이에는 천양지차가 있다. 그러고 보니, 이것은 이름값을 하는 대학교라면 배우고 또 배워야 하는 교훈이기도 하다. 비록 현 시점에서 많은 대학교 캠퍼스들은 연사들이 어떤 사람들의 심기를 건드릴 만한 것들을 말하지 못하게 막느라고 최선을 다하고 있는 것처럼 보이지만 말이다. 우리는 이것을 우리의 더 광범위한 공적인 삶에서 시급하게 다룰 필요가 있다. 대학교들과 기타 유사한 장소들은 이것을 실천할 수 있는 적합한 곳이다.

어찌되었든, 주목할 만하고 어떤 면에서는 전례 없는 이 모든 질문들이 만들어 내는 맥락이 있다. 소위 '테러와의 전쟁'(War on Terror)과 관련된 어딘가에서 하나님을 발견할 수 있을지에 대한 문제들이 있다. 이런 맥락은 그 문제를 구성하는 다양한 실타래를 푸는 일을 더욱 시급하면서도 동시에 더 어렵게 만든다. 나는 이 실타래에서 몇 가닥들을 펼쳐 내어 그것들이 어쩌다가 엉키게 되었는지에 대한 의견을 제시하려 한다. 그리고 나서 이번 장의 두 번째와 세 번째 부분에서 몇 가지 긍정적인 제안을 내놓고자 한다. 이 문제의 뭉치에는 수십 가닥이 붙어 있는데, 나는 여기서 그중에 다섯 가닥만 간략하게 부각시키려고 한다.

우선, 서구 세계와 문화 전체에서 우리가 어디에 있는지에 대한 이해의 문제가 있다. '모더니티'와 '포스트모더니티'라는 편리한 개괄적 명칭은 연대적으로 시기를 알 수 있는 문화 역사상의 기간이라기보다는, 서로 다른 두 가지 분위기들과 지배적 담화들을 가리킨다. 문화뿐 아니라 정치에서 일종의 지도 그리기(mapping) 활동을 가리킨다. 200년 전 서구 세계는 우리 스스로를 계몽된 자들이라고 인식했다. 우리의 과학, 기술, 철학, 민주주의에 감화된 우리는 우리의 제국주의적 야망이 이끄는 곳이라면 어디에서든지 우리의 자유, 정의, 평화를 퍼뜨릴 수 있다고 믿었다. 그런 가능성을 넘어, 그렇게 해야 한다는 의무감까지 느꼈다. 물론 그 과정에서 우리는 곧잘 군사력을 등에 업고 금전적 대가를 쥐어짜 냈다.

로마 역사가로서 나는 이 지점에서 기시감을 느낀다. 이것은 로마인들이 영국에서부터 흑해와 그 너머까지 뻗어 나갈 때 펼쳤던 논리와 정확히 일치한다. 모든 제국들은 자신이 정의, 자유, 평화를 가졌고, 그것들을 다른 모든 이들과 공유할 의무가 있다고 주장한다. 그리고 우리가 당면한 문제는 부분적으로 철학과 문화에서 포스트모던 방식의 방향 전환이 이 대단한 제국주의적 꿈을 비웃기만 할 뿐 완전히 떨쳐 내지는 못했다는 것이다. 사실, 제국들의 특징은 해체의 무기를 휘두르며 도전들을 막아 내는 것이다. 이것은 마치 다우닝 가[3]가 이런저런 방식으로 문서들을 조작하고 허튼소리를 내뱉는 것을 허용해, 테러와의 전쟁과 이라크 전쟁이 도덕적으로 정당하다고 우리를 설득했던 것과 같다. 그래서 모더니티를 통해서든 포스트모더니티를 통해서든 할 것 없이 우리는 세상을 다루기 위한 도덕적 방향성을 상실해 버렸다. 일은 자꾸만 꼬여 가는데 우리가 그 해결책은 물론이고 이유조차 알지 못하며 허우적거리고 있는 것은 놀랄 일이 아니다. 특히 현재의 테러리즘은 뼛속까지 포스트모던 현상이지만, 우리는 그것과 싸우기 위해 일반적인 군사력이라는 철저히 근대주의의 무기들을 이용하고 있다. 왜 이렇게 큰 진전이 없는지 전혀 놀라운 일이 아니다.

더욱이 『악의 문제와 하나님의 정의』(*Evil and the Justice of God*, IVP 역간)의 첫 장에서 내가 논했듯이, 서구 세계의 지도자들은 악 자체의 문제를 분석할 때 믿을 수 없을 정도로 순진하고 피상적인 방식을 채택해 왔다. 그들은 마치 이런 가정이라도 한 것처럼 행동한다. 첫째, 세상의 문제들이 기본적으로 해결되었다는 것이다. 둘째, 우리 모두에게 필요한 것은 약간 더 많은 자유무역과 의회 민주주의라는 것이다. 셋째, 그렇게만 된다면 나머지 악의 아성들은 시들어 버린다는 것이다. 그래서 2011년 9월 11일의 공격들에 대한 반응이 경악스러울 만치 미숙했던 것이다. "이런, 결국 저 밖에 지독한 악이 일부 존재하는 것 같군! 세상에 우린 뭘 해야 하는 거지? 그래 알았다. 가서 폭탄을 떨어뜨려 주자. 그러면 완전히 해결될 거야!" 글쎄, 미국인들은 2006년에야 마침내 [조지 W. 부시(George W. Bush)에 대한 강한 반발이 표출된 상원 선거를 통해] 우리들 중 많은 사람들이 2002년에 하던 말을 했다. "그것은 그때나 지금이나 문제 해결책이 아니야." 악은 더 급진적이고 강력하다. 더욱이 선(good)과 악(evil)을 구분 짓는 선(line)은 '우리'와 '그들' 사이에 그어져 있지 않고, 각 인간과 각 인간 사회를 통과하며 들쭉날쭉 달려간다. 대서양 양편의 교회들을 포함해 우리는 세상에서 무엇이 잘못되었는지 그리고 그것에 대해 무엇을 할 수 있을지에 대한 그럴싸하고 부적절한 분석과 자주 결탁해 왔다. 이것이 우리가 당면한 문제의 첫 번째 가닥이다.

두 번째 가닥은 첫 번째 가닥과 밀접하게 연관되어 있다. 근대의 세속적 민주주의를 우상화하면서 우리는 지도자들이 선거를 통해 권력을 얻는다는 것을 중요하게 생각했다. 그리고 그들을 비판하는 유일한 방법은 다음 선거에서 표를 통해 심판하는 것이라고 상상해 왔다. 그런데 초기 그리스도인들과 그들의 동시대 유대인들은 이와는 다르게 보았다. 그들은 어떻게 권력자들이 권력을 잡는가에는 특별한 관심을 기울이지 않았다. 그들이 매우 관심을 기울인 사안은 권력자들이 권력을 어떻게 행사하는가 하는 문제였다. 그래서 그들은 통치자들과 권세들에게 책임을 묻고 그들이 권력을 하나님께 위탁받았음을 상기시키면서, 권력을 향해 진리를 말해야 한다고 믿었다. 그 하나님은 세상을 창조하신 분이고 그들은 그분 앞에 서서 스스로를 해명해야만 한다는 것이다.

우리가 당면한 시급한 정치적 문제는 통치 및 치안의 전 지구적 구조들과 관련이 있다. 국제연합은 삐걱대며 제구실을 못하고 있다. 이런 현상의 부분적인 이유는 국제연합이 자신들에게 책임을 물을 만큼 강력해지는 것을 우려하는 일부 회원국들 때문이다. 그래도 테러와의 전쟁을 비롯해 이라크와 아프가니스탄에서 벌어진 교전들은 (영국으로부터 약간의 도움을 얻은) 미국이 믿음직한 세계 경찰력을 구성하지도 않고 구성할 수도 없다는 합리적 의심을 여지없이 보여 주었다. 무엇보다도 왜 우리는 북한이나 짐바브웨의 위험하고 폭력적인 지도자들은 내버려 두고 있을까? 우리가 '무슬림'인 중동을 공격하는 서구 '그리스도인'으로 묘사되는 한, 무엇을 하든 역효과만 내게 되어 있다. 이것을 깨닫지 않는 것—그리고 테러와의 전쟁을 설계한 사람들은 그 사실을 애써 무시하고 있다—은 비난받아 마땅한 아집에 찬 무지이다. 그래서 이 두 번째 가닥은 건강한 민주주의 자체가 어떤 모습일지에 대한 혼란을 뜻한다.

셋째, 현대 이슬람의 부상(浮上)이 있다. 이슬람은 세계 문명에서 막강한 세력을 형성해 왔다. 여기에는 세계의 가장 위대한 철학적·문화적 텍스트들의 일부를 보존하는 것이 포함된다. 우리가 잊지 말아야 할 사실이 있다. 그것은 여러 세기에 걸쳐 여러 국가의 무슬림들이 유대교인들과 그리스도인들과 더불어 평화롭게 사회적 조화를 이루며, 심지어 상호 존중과 배려 가운데 살아왔다는 사실이다. 오늘날 영국에 사는 무슬림들의 대다수가 그런 삶을 희구한다. 그것은 자신들의 종교가 그러한 삶을 가르친다고 믿기 때문이다. 슬프게도 전 세계를 통틀어 얼마 되지 않는 소수의 무슬림들이 중동에서 일어나는 사건들에 격렬한 반응을 보인다. 거기에는 대부분의 서구 논객들이 인정하는 것보다 더 복합적인 이유들이 있다. 사우디의 통치자들과 미국의 동맹에 대해서도 그렇고 이스라엘과 팔레스타인의 상황에 대해서도 그렇다. 극소수가 벌이는 테러리스트 활동들에 대응해야 할 필요성이 점점 커지고 있다. 그런데 서구 열강들은 미숙하고 역효과를 내는 방식들로 반응을 보임으로써 그들의 손바닥에서 놀아나고 있다. 서구에서 폭탄 하나를 터트릴 때마다 알카에다나 이라크 레반트 이슬람 국가(ISIL)[4]에 대한 지원자가 늘어난다는 사실이 이를 증명하고 있다. 한편, 많은 사람들은 공동체들 사이에 다리를 놓으려고 노력해 왔을 뿐만 아니라, 무슬림 주류가 무엇을 믿고 왜 믿는지를 재발견하려는 노력을 기울여 왔다. 그러나 그런 노력은 지금까지 너무 적었고 또 너무 늦었다. 일부 사람들처럼 이슬람이 사악하고 폭력적인 종교라고 선언함으로써 갑작스럽고 과격한 사건들에 반응하는 것은 사태를 악화시킬 뿐이다. 물론, 그렇다고 해서 이슬람과 기독교가 기본적으로 같다는 말은 아니다. 둘은 엄연히 다르다. 그러나 둘의 차이점들을 스케치하는 것은, 심지어는 부각시키는 것조차도, 우리가 주먹다짐을 해야만 한다고 말하는 것과는 다르다. 오히려 그것은 그러한 차이점들에도 불구하고 동일한 공동체들 안에서 더불어 사는 방식들을 찾아내야만 한다고 말하는 것과 동일하다.

    넷째, 폭력 자체의 문제와 전쟁 자체의 문제가 있다. 서구 문화는 평화주의의 숭고한 도덕적 기풍과 자기의(自己義)적인 분노 사이를 오락가락해 왔다. 후자는 이 원수들은 사악하므로 반드시 폭격해야만 한다고 판단한다. 우리는 예로부터 '정당한 전쟁' 이론(just war theory)[5]을 수시로 들먹거렸지만, 보통 그것은 다른 근거들에 의거해 내려진 결정들을 지지하는 수단이 되어 왔다. 그 다른 근거들로 내세우는 것들은 종종 노골적일 만치 실용적이다. 우리의 공적 담론에서 우리의 지도자들이 어떤 힘이 필요하고, 그것이 언제 필요한지 그리고 그 힘을 어떻게 조직화하고 적용하며 규제해야 할지에 대해 어떤 깊이로든 숙고해 보았다는 많은 증거를 나는 듣지 못했다. 2003년 이라크 폭격이 과연 합법적이었는가 하는 문제는 당시에 악명 높았고, 10여 년이 흐른 지금에도 여전히 의문에 싸여 있다. 그런 종류의 논의가 적어도 시작이라도 될 때까지는, 테러에 대한 전쟁은 차치하고도, 전쟁에 대한 모든 질문들이 허허로운 공간에서 이리저리 튕겨 나갈 따름이다. 이성적인 민심이 마땅히 자리 잡고 있어야 할 그 공간에는 정치적 올바름과 정치적 편의주의라는 고루한 대안들이 존재할 뿐이다.

이 네 번째 문제의 하위 집합으로서 내가 상기시키고 싶은 사실이 있다. 그것은 '테러와의 전쟁'이라는 개념 자체가 엉뚱하다는 것이다. 그 말은 실은 조지 부시와 그의 동료들의 작품이 아니다. 빌 클린턴을 비롯한 전직 대통령들도 유사한 언어를 사용했고, 서구 열강들은 2001년 9월 11일보다 훨씬 앞서서 이미 테러리스트들과 그들에게 피난처를 제공했던 자들을 대상으로 군사적 행동을 취했다. 그러나 그 개념 자체의 엉뚱함과, 테러리즘을 잠재우기는커녕 부추길 수밖에 없는 조치들의 불합리함은 우리가 얼마나 도덕적 혼란에 빠져 있는지를 여실히 보여 준다. 우리는 차분한 숙려 대신 19세기에 썼던 방법들에 의존했다. "무엇을 해야 할지 모르겠다면, 군함들을 보내고, 오랑캐에게 잊을 수 없는 교훈을 가르치라!" 사실, 테러와 싸우는 유일한 진짜 방법은 상호 이해와 상호 존중을 위해 힘쓰는 것이다. 마음과 생각을 얻는 일에 대해 많은 말을 할 수 있지만 그것을 행동으로 옮긴 예는 드물다. 말벌 집에서 말벌이 한 마리 나와 당신을 쏘았다고 해서 말벌 집에 돌멩이들을 던지는 것은, 문제 해결은 둘째치고, 문제를 다루는 최상의 방책이 아니다. 2013년에 오바마 대통령은 이렇게 말했다. "우리는 우리의 노력을 경계 없는 '테러와의 전 지구적 전쟁'으로 정의해서는 안 됩니다. 오히려 미국을 위협하는 폭력적인 극단주의자들의 구체적인 네트워크들을 해체하기 위한 끈질기고 집중된 일련의 노력으로 정의해야만 합니다." 그의 진술은 약간의 이해의 진전을 나타낼지는 모르지만, 이런 언어의 변화가 현장에서 큰 차이로 이어지지는 못하고 있다.

특히 서구의 많은 사람들이 여전히 폭력이 구원의 도구일 수 있다고 가정하는 것처럼 보여 안타깝다. '슈퍼맨' 신화, 혹은 '캡틴 아메리카' 콤플렉스는 여러 세대에 걸친 미국 지도자들의 생각 속에 암묵적 담화의 기저를 이루고 있는 것 같다. 이것은 영웅이 폭력을 사용해 도시, 국가, 세계를 본연의 상태로 회복시켜야만 한다는 믿음을 형성해 왔다. [그랜드래피즈에 소재한 출판사 어드만스(Eerdmans)에서 2002년 출간한 로버트 주잇(Robert Jewett)과 존 셸턴 로렌스(John Shelton Lawrence)의 저서들인 『캡틴 아메리카 그리고 악과의 성전: 열광적 민족주의의 딜레마』(*Captain America and the Crusade Against Evil: The Dilemma of Zealous Nationalism*)와 『미국의 초영웅 신화』(*The Myth of the American Superhero*)를 보라.] 이 문제를 방치하면, 평화는 한낱 낭만적인 꿈으로만 남을 것이고, 한편 세상―다음 세대들이 가족을 이루며 살아가기를 희망할 세상―은 더더욱 위험한 곳이 되어 버릴 것이다.

다섯째이자 가장 중요한 문제는 우리 모두가 공적으로 하나님에 대해 말하는 법을 잊어버렸다는 것이다. 지난 두 세기에 걸쳐 그와 같은 말하기를 범주 착오로 간주하는 경향이 점점 더 커져 왔다. 하나님과 공적인 삶은 계속 분리되어 왔다. 그 주범들은 신앙과 정치를 섞으면 신앙이 타락한다고 상정한 독실한 그리스도인들과 그 둘을 섞으면 정치가 타락한다고 상정한 독실한 세속주의자들이다. 이와 같은 이원론을 오래 유지해서는 안 된다. 특히 위기의 때에는 더더욱 그렇다. 그러나 충분한 숙고를 하지 않는다면, 이 둘은 성급하게 하나로 뭉치면서 불건전한 결합체들을 만들어 낼 것이다. 냉전 중에 많은 미국인들은 하나님이 자기들의 나라를 무신론적 공산주의에 대항할 요새로 들어 쓸 것이라고 믿었다. '테러와의 전쟁' 이면에는 그 뒤틀리고 위험한 생각의 직계 자손이 도사리고 있다. 그 생각은 공산주의가 떠난 자리를 이슬람이 채우고 있는 와중에 퍼져 나갔다. 공교롭게도 일부 이슬람 국가들이 산유국이다 보니 또한 공교롭게도 일부 이슬람 극단주의자들이 비행기를 몰고 빌딩들에 충돌하다 보니 더더욱 그 생각이 열성적으로 받아들여지고 있다. 이것은 다시 (다른 많은 곳에서는 강력하지 않지만) 꽤 다양한 이유들로 미국에서는 강력한 힘을 얻어 왔다. 그 생각은 현재의 이스라엘 국가는 구약성경의 예언을 성취한 결과이기 때문에 이스라엘이 옳든 그르든 그들을 지지해야만 한다는 믿음에 추동력을 더해 왔다. 이 신조는 정치적인 측면에서 위험할 뿐만 아니라 성경 해석의 측면에서도 부당하다.

역설적이게도, 영국에서 하나님을 정치로 다시 불러들인 자들이 스펙트럼의 왼쪽에 서 있는 경향이 있다면, 미국에서 하나님을 정치로 복귀시킨 자들은 신기독교 우파(new Christian right)인 경향이 있다. 영국에서 성직자들은 턴브리지 웰스(Tunbridge Wells)에 사는 은퇴한 대령들로부터 정치에 간섭하지 말라는 심통 섞인 편지들을 받는다. 반면, 미국에서는 반(半)마르크스주의자인 반(反)세계화 시위자들로부터 유사한 메시지들이 나온다. 너무도 빈번하게 우리는 다른 곳에서 생성된 사회적·문화적·정치적 의제들의 표면에 기독교가 덧칠된 것을 보게 된다. 이 덫을 완전하게 피하기란 쉽지 않지만, 우리 모두가 그것을 시도해 보도록 부름받았다. [이 모든 것과 관련하여, 제임스 데이비슨 헌터(James Davison Hunter)의 『기독교는 어떻게 세상을 변화시키는가: 포스트모더니즘 시대 정치신학의 한계와 가능성』(To Change the World: The Irony, Tragedy and Possibility of Christianity in the Late Modern World, 새물결플러스 역간)을 보라.]

그렇다면 이 모든 것 가운데 하나님은 어디 계신가? 그 질문에 대한 의견은 크게 두 가지 관점으로 나뉘는데, 둘 다 비슷한 정도로 부당하다.

한편에서는, 일부 사람들이 하나님이 정치와는 거의 상관이 없거나 전혀 상관이 없다고 주장한다. 왜냐하면 하나님은 이 땅의 정치적 문제들보다는 비육신적 영원을 위해 영혼들을 구원하는 일에 훨씬 더 많은 관심을 갖고 계시기 때문이라는 것이다. 사람들은 흔히 예수님이 자신의 나라가 "이 세상에 속하지 않았다"라고 말씀하셨다는 사실을 내게 상기시키려 든다. 사실, 앞 장에서 보았듯이, 예수님이 말씀하신

것의 의미는 자신의 나라가 이 세상**으로부터** 오지 않는다는 것이었다. 예수님이 가져오는 왕권이 지금의 이 세상에서 유래하는 것은 아니지만, 하나님이 이 세상을 **위하여** 의도하신 것임은 분명하다. 그렇지 않다면 왜 우리가 주기도문에서 "하늘에서와 같이 땅에서도" 하나님 나라가 임할 것을 기도하겠는가? '이 세상에 속하지 않음'의 관점으로 대변되는 형태의 보수적 기독교는, 올바른 지식에 근거하지 않은 열심을 하나님에 대해 품고, 하나님의 정의를 모른 채 단순히 자기의의 확립을 추구하고 있다(롬 10:3). 내 의견에도 그렇고 바울의 말을 보아도 그렇다. 이 시각에 따르면, 하나님과 세상은 서먹하리만큼 멀리 떨어져 있다. 그런 식으로 보자면, 진정한 기독교는 어떤 영원한 미래를 위해서 지금 이 순간과 내세에 받을 구원을 위해 현재의 세상에서 떨어져 나와 개인적이고 사적인 영성 안으로 도피하는 것일 뿐이다.

다른 한편에서는, 많은 이들이 '테러와의 전쟁'을 포함해 전쟁을 하러 가면서 하나님이 자기들 편이라고 우긴다. 미국에서는 이 말이 몇 년 전보다는 그다지 자주 입에 오르내리지 않고 있다. 물론 영국에서는 정치 지도자들의 입에 오르내린 적이 없다. 그러나 이 말은 많은 전쟁들과 많은 곳들을 관통하는 공통의 줄기이다. 이 말에 대항하여 우리는 다른 유명한 성경 구절을 인용하는데, 그것은 인간의 분노가 하나님의 의를 가져오지 못한다는 구절이다(약 1:20).

그렇다면 우리의 세상 속에서, 우리의 전쟁터에서, 우리의 흐느낌 중에서 하나님은 어디에 계시는가?

하나님에 관해 말하기, 세상에 관해 말하기

"어떻게 테러와의 전쟁과 하나님을 동시에 논할 수 있을 것인가?"라는 질문은 분명 "어떻게 하나님에 대해 말할 것인가?"와 같은 하위 질문을 구성한다. 좀더 구체적으로는 "세상 전체와 관련해서 어떻게 하나님에 대해 말할 것인가?"라는 질문을 하게 한다.

다른 분야에서 똑똑하고 박식한 우리 문화권의 많은 사람들이 유독 이 질문들에 대해서는 가능한 답이 두 가지뿐이라고 추정한다. (분명히 다른 대안들도 있다. 무신론은 다루어야 할 질문이 있다는 사실 자체를 부인하고, 불가지론은 그것에 대해 무엇이든 할 말이 많을 수 없다고 여기며, 범신론은 하나님과 세상이 그럭저럭 동일한 것이라고 제언한다.) 우리 문화에서 대부분의 사람들은 여전히 '하나님'이라는 단어가 대략 한 가지의 의미만을 가진다고 여긴다. 즉 우리의 시공간을 형성하는 우주로부터 어느 정도 떨어져 있는 존재를 가리킨다는 것이다. 우리가 생각하는 하나님이 존재할 가능성은 두 가지뿐이다. 하나는 이 하나님이 거리를 유지하면서 세상일에 '개입'하지 않는다는 것이고, 또 하나는 이 하나님이 시시때때로 바깥으로부터 세상으로 손을 뻗어서 '개입'이라고 불리는 일들을 한다는 것이다.

많은 그리스도인들은 자신들이 두 번째 관점을 견지한다고 믿는다. 두 번째 관점이 아니라면, 하나님은 우리에게 부재중인 상황이 된다. 그런 상황에서는 하나님이 우리의 삶에 구원과 치유, 변화와 도전으로 '개입'해 왔다는 강한 느낌은 말할 것도 없고, 부활과 같은 것들을 설명할 도리가 없게 된다. 그러나 오늘날 많은 사람들이, 심지어 많은 그리스도인들까지도 이 '개입' 모델에 대해 매우 불편하게 느끼고 있다. 만일 하나님이 '개입'해 누군가의 암을 고친다면, 혹은 예수님을 죽은 자 가운데서 일으켰다면, 왜 하나님은 홀로코스트, 또는 그 교통사고를 막기 위해 '개입'하지 않으셨던 것일까? 사람들은 때때로 마치 하나님이 개인적으로 개입해 히틀러가 제2차 세계대전에서 승리하는 것을 막았다는 말도 하고 글도 쓴다. 하지만 집이 파괴된 뒤 지중해 어딘가에서 가족이 구조선에 매달려야 했던 어느 시리아 난민에게 하나님의 개입에 대해 어떻게 설명해야 할까?

세상과 하나님의 관계에 대해 어떻게 말할 것인가라는 이 수수께끼와, 흔히 주어지는 이 대안적 대답들은 하나님과 테러와의 전쟁에 대한 논쟁에서 펼쳐진다. 또 다른 대답으로는 하나님은 결코 세상에 개입하지 않고 우리가 일을 엉망으로 만드는 꼴을 무기력하게 지켜보기만 한다는 주장이 있다. 그리고 하나님은 때때로 세상일에 개입한다는 대답도 있다. 두 번째 경우라면 우리는 왜 하나님이 더 자주 개입하시지 않는지 알고 싶다. 하나님이 거리를 유지하신다면 그분의 이름을 부르려는 시도들은 이슬람교도의 테러의 편에서 하든지 미국의 반테러의 편에서 하게 된다. 그것은 단순히 범주 오류에 지나지 않게 된다. 하지만 하나님이 정말로 시시때때로 개입하신다면 문제는 더욱 복잡해진다. 그 결론은 이런 질문을 던지게 한다. 하나님은 어느 한쪽 편을 들고 계시는가? 그분은 테러리스트들의 편인가 아니면 테러 희생자들의 편인가? 공격자들의 편인가 아니면 수천 명에 달하는 서구 공격의 무고한 희생자들의 편인가? 아니면 하나님은 뭔가 다른 방식으로 '개입'하여 양측을 꾸짖고 광기를 잠재워야 하는가? 그런 경우라면 과연 어떤 방식으로 그들을 다루실 것인가?

　최고의 기독교 전통은 이것 아니면 저것이라는 이 모델을 거부하고 유의미하게 다른 무언가를 제안해 왔다. 처음부터 그리스도인들은 우리가 하나님의 내적 존재에 대해서는 많이 알지 못하지만, 나사렛 예수를 바라볼 때 하나님이 누구인지, 이 세상에서 어떤 일에 매진하는지를 발견한다고 말해 왔다. 물론, 그것은 문제를 복잡하게 만들 수 있는 것처럼 보인다. 만일 당신이 예수님을 내가 방금 말한 이것 아니면 저것의 그릇되게 양극화된 모델에 끼워 넣는다면, 당신은 예수님이 그저 좋은 사람이었다거나 외계로부터 온 일종의 침입자였다고 말하게 되는 셈이다. 그런데 초기 그리스도인들의 글들은 다른 접근법을 제안한다. 그들은 예수님을 온전한 인간이자 온전한 신이라고 주장했다. 예수님에 대한 모든 것(역사적으로 규명하는 것의 한계를 인정하고 우리가 아는 한도에서 그분의 말과 행동과 스스로에 대한 인식을 조사한 자료)은 예수님이 스스로를 느닷없는 고립된 개체로서가 아니라, 한 편의 길고 굴곡진 이야기를 완성하고 성취한 사람으로서 간주하고 있음을 암시한다. 그 이야기는 어떻게 창조주 하나님이 그분의 상처 입은 창조 세계를 치유하고 반역한 자신의 백성들을 건져 내기로 결정했는지에 대한 이야기이다. 그 치유와 구원은 단순히 그분이 외부로부터 창조 세계와 백성들에게 작용함으로써 일어나는 것이 아니고, 세상이 그분의 도움 없이 자력으로 문제를 해결하기를 바람으로써 일어나는 것도 아니다. 마침내 세상을 바로잡기 위해 **세상 안으로부터** 작용함으로써 이루어진다. 이스라엘의 이야기는 이런 종류의 이야기로 스스로를 제시하며 구약성경에서 비극적으로 생생하고 빈번히 펼쳐진다. 그것을 숙고하다 보면,

그 이유가 눈에 들어오기 시작한다.

애초에 세상을 만든 책임자로서 정말로 선한 하나님이 존재한다면, 만일 하나님이 타락으로 혼돈의 조짐을 보이는 세상을 건져 내기 위하여 세상 자체의 선함, 질서, 구조를 부인하는 방식으로 일하신다면, 그것은 하나님의 성품을 부인하는 꼴이 되고 말 것이다. 오히려 원래 창조 세계 자체의 선한 특질들 중 하나—인간들이 하나님의 형상대로 지음받았고, 세상 안에서 그분을 반영하도록 부름받았다는 사실—에 기대어, 하나님은 인간 중에서 한 가족을 부르셨다. 비록 그들 자체가 문제의 일부이기는 했지만, 결국에는 그들을 통하여 하나님의 세상을 회복하고 치유하는 방식으로 행동하려 계획하신 것이다. 나사렛 예수는 바로 이 가족, 즉 아브라함과 이삭과 야곱의 자손들의 이야기를 자신이 완성해 낼 것이라고 믿었다. 이 이야기가 있어야 우리는 예수님에 관한 기독교의 주장들이 정말로 무엇을 의미하는지를 이해할 수 있다. 특히 이 세상의 어려움들에 대해 어떤 의미가 있는지를 이해할 수 있다.

동시에 예수님은 이 이야기를 믿으셨던 것 같다(그리고 예수님의 최초의 추종자들도 이것을 열성적으로 탐구했다). 그 이유는 이스라엘의 이야기가 그리고 그 이야기가 하나님이 예정하신 정점에 도달하는 것이 하나님이 의도한 세상을 바로 세우는 방법이었기 때문이다. 그것은 마치 작곡가가 바이올린 협주곡을 작곡하면서 자신 그리고 오직 자신만이 솔로 부분을 연주할 수 있으리라는 것과, 그 곡이 자신의 음악적 지혜의 깊이를 정확히 표현할 것임을 아는 것과 같다. 예수님에 대한 이 이중의 의미—이스라엘의 이야기에서 정점이 되시는 예수님과 **그러므로 또한** 하나님의 이야기에서 정점이 되시는 예수님—는 예수님 자신이 믿었던 것과 그분의 첫 추종자들이 말로 표현하고자 무던히도 애썼던 주장의 핵심으로 직행한다. 이리하여 우리는, 외부로부터의 개입이라든지 외부로부터의 불개입이라는 언어에 기대지 않고, 예수님이 온전히 인간이자 온전히 신이었다고 말할 수 있게 된다.

그런데 이를테면 예수님은 고작 인간의 형태를 한 하나님이 어떤 모습일지를 보여 주기 위해 이 땅에 오신 것이 아니었다. 세상의 문제와 인간들의 문제는 정보의 부족 현상으로 일축될 수 없다. 예수님은 할 일을 가지고 오셨다. 그 일은 이스라엘이 부름받은 일을 완수하는 것이었다. 아브라함이 부름받은 이래로, 이 일은 인류를 바로 세우고, 그렇게 함으로써 온 창조 세계를 바로잡는 일이었다. (이것은 논란의 소지가 있는 성경 해석법이지만, 나는 다른 곳에서 상세하게 이에 대한 찬성론을 펼친 바 있다.) 사도 바울이 말한 것처럼 하나님은 메시아 안에서 세상을 자신과 화해시키셨다(고후 5:19). 복음서 저자들은 이 과업은 단순히 온 세상에 하나님이 진정 누구인지를 드러냄으로써만 이루어지는 것이 아니며, 인간들이 정말로 마땅히 어떻게 살아야 하는가의 모범을 제시함으로써 이루어지는 것도 아니라고 말한다. 이 과업은 지금의 이 세상 안에서 예수님을 통해 창조주 하나님의 주권적 통치와 치유의 통치를 도래시킴으로써 이루어질 터였다. 예수님은 "만일 하나님이 이 쇼의 진행자라면 어떨까?"라는 질문을 다루시면서 "바로 이런 모습이다. 잘 보아라"라고 답변하고 계신다. 그러고 나서는 "듣기만 하라"고 말씀하셨다. 자신이 행한 일을 통하여 그리고 자신이 하고 있는 일을 설명하기 위하여 들려준 이야기들을 통하여, 예수님은 자신과 자신의 동시대인들이 '하나님 나라'라고 칭하는 것을 선포하고 개시하셨다. 그것은 창조주 하나님이, 하늘에서와 같이 땅에서도 그 쇼 전체를 진행하리라는 오랜 소망이기도 했다.

그러나 문제는 그때나 지금이나 다른 사람들이 쇼의 진행자라는 것이다. 다른 왕국들, 다른 권력 구조들이 세상의 지혜로운 창조자의 통치를 찬탈해 왔다. 그리고 그것들이 풀려나게 한 악의 세력들은 극도로 강력하고 파괴적이다. 그러므로 하나님 나라를 여는 예수님의 과업을 통해 필연적으로 예수님은 직접적인 교전의 자리에서 다른 세력들과 만나시고, 거기서 예수님을 덮치는 그들의 충만하고 어두운 분노의 힘을 소진시켜 통로를 만들어 내신다. 결과적으로 그들의 힘에도 불구하고 창조주의 새로운 창조라는 프로젝트가 마침내 출범하도록 하는 것이 그분의 과업이었다. 그것은 많은 신약성경의 저자들이 일깨우는 바와 같이, 적어도 하나의 실마리가 되어 예수님의 십자가상의 죽음의 의미를 밝히는 데 일조한다. 물론 그럼에도 공간과 시간과 물질 중에 하나님 나라의 표적을 심는 그 사건은 무궁히 계속된다. 그러나 이 점은 분명히 하자. 복음서들이 그 이야기에 대해 말하는 것처럼, 예수님의 죽음에서 몇 가지 가닥들이 정점에 다다른다. 각각 어떤 정치적 과정, 어떤 종교적 충돌, 어떤 영적 전쟁으로 이루어진 그 가닥들은 모두 끔찍한 어느 하루, 끔찍한 어느 죽음을 향해 치닫는다. 그리고 예수님 자신과 그분의 첫 추종자들은 그런 관점에서 이 세상의 모든 것이 다르게 보이고, **실제로** 다르며, 반드시 다르게 접근해야 한다고 주장한다. 예수님의 죽음으로, 세상의 권력 구조들은 책임을 추궁당했다. 예수님의 부활로, 새 삶과 새 권력이 세상 위로 풀려났다. 그러므로 우리의 질문은 이것이다. "이것이 마땅히 어떻게 펼쳐져야 하는가?" "그 결과로서 우리는 무엇을 하고 있어야 하는가?"

나는 '하나님과 세상'이라는 질문의 한가운데 있는 예수님의 존재가 그 질문의 형태를 약간 바꾸어 놓는다는 사실이 분명히 보이길 바란다. 그것은 하나님이 자신이 부재하는 세상으로부터 거리를 유지하는 분**인지 아니면** 외부로부터 시시때때로 '개입'하기로 결심하는 분인지의 문제가 아니다. 그것은 오히려 완전히 세상 바깥에 계시며 세상을 초월해 존재하시는 하나님—하나님은 철저히 다른 종류의 존재이다—이면서 **동시에** 세상 안에서 인격적으로 임재하고 활동하시는 하나님에 관한 것이다. 그리고 이를테면 그 활동은 얼마나 자신이 신적인 존재인지를 증명하기 위하여 불가능한 일들을 하고 이곳저곳을 활보하는 예수님에 관한 것이 아니다. 오히려 예수님의 권능 있는 활동들은 전부 옛 창조의 세상 속으로 뚫고 들어가는 새로운 창조이다. 창조주의 원래 의도가 성취되는 이 새로운 창조는 하나님이 기어이 모든 것을 새롭게 하고, 모든 것을 바로잡고, 모든 눈에서 모든 눈물을 닦아 낼 그 날을 가리키는 표적들을 통해 이루어진다. 그 가운데 우리가 도전해야 할 난제는 하나님과 세상이라는 우리의 그림 한복판에 예수님이라는 사실을 위치시키고는 핵심 질문들, 그 어려운 질문들을 그 빛에 비추어 새롭게 던져 보는 것이다.

그렇게 할 때 우리는 무엇인가 특별한 것을 발견하게 된다. 예수님 안에서 세계사의 한복판으로 나아오는 하나님은 마법의 지팡이를 흔들어서 자동적으로 모든 것을 즉시에 고치러 오시지 않는다. 역사의 한복판으로 등장하는 하나님은 역사의 고통과 수치, 역사의 죄책과 반역을 스스로 뒤집어써서 세상의 악의 무게를 짊어짐으로써 세상을 치유하기 위해 오신다. 이것은 그 그림 안에서 지엽적인 부분이 아니다. 그것은 전체에 의미와 모양을 부여하는 핵심적인 부분이다. 그것이 의미하는 바는 우리가 이 세상에서—세상 전체, 혹은 그 지진해일 속에서, 아니면 홀로코스트 가운데, 또는 테러와의 전쟁 중에—'하나님은 어디에 계신가'라는 질문을 던질 때마다, 가장 먼저 하나님을 찾을 곳은 밤이 가장 어둡고 고통이 가장 극심한 곳, 즉 광영이 빛나고 나팔이 울리는 곳이 아니라 아기의 울음소리와 고문의 비명 소리가 들리는 곳이라는 것이다. 그리고 이 지점부터 앞으로 쭉 그것이 우리의 반추들을 채색하게 될 것이다.

그러나 우리가 이 장의 세 번째이자 마지막인 부분으로 넘어가기 전에, 나는 아주 초기의 기독교가 **소명**을 어떻게 이해했는지 곱씹어 보고자 한다. 예수님의 첫 추종자들은 예수님이 원칙적으로 성취한 것이 효력을 발휘하도록 하기 위하여 자신들이 부름받았다고 믿었다. 말하자면, 그들은 나가서 예수님이 집필한 희곡에 따라 연극을 하고 예수님이 작곡한 노래를 부르고자 했다. 예수님은 창조 세계를 파괴하고 왜곡시키고 있던 세력들에 대한 창조주 하나님의 승리를 이루고, 새 창조라는 하나님의 프로젝트를 출범시켜 놓으신 터였다. 이제 그들은 반(反)창조 세력들이 여전히 군림하고 있는 세상 속으로 나아가, 예수님의 영의 권능으로 새로운 창조가 일어나도록 만들어야 했다. 그러므로 하나님과 세상에 대한 모든 기독교적 사고는 반드시 세상의 고통을 짊어지고 세상을 다시 새롭게 만드시는 예수님뿐만 아니라 예수님의 추종자들을 통해 그리고 그들 너머로 이 세상에서 활동하는 하나님의 영의 약속을 포함해야만 한다. 달리 말해서, 하나님과 세상이라는 질문은 삼위일체의 측면에서 고쳐 표현될 필요가 있다. 사실, 이것을 깨닫는 것은 삼위일체가 아무도 이해하지 못하는 건조하고 먼지 낀 신조가 아니라, 오늘날 우리가 그토록 절실히 필요로 하는 하나님과 세상에 대한 신선한 생각의 핵심이라는 것을 깨닫는 것이다. 이 모든 것을 염두에 두고, 나는 하나님과 테러와의 전쟁이라는 질문으로 돌아가고자 한다. 우리가 이 질문을 하나님과 세상에 대한 삼위일체적 이해의 조명 아래에서 재고해 본다면 어떤 일이 일어날까?

하나님과 권세들과 전쟁

우선, 최대한 간략하게 기독교와 유대교가 대체로 (항상은 아니지만 보통) 정치적 권력에 대해 어떻게 생각하고 무엇을 가르쳐 왔는지를 그려 보겠다. 기독교 정치 신학의 이 대략적 스케치를 위해 네 번의 붓질을 하게 될 것이다.

첫째, 창조주 하나님은 세상에 혼돈이 아닌 질서가 있기를 원하신다. 문제의 질서는 인간의 질서여야 한다. 다시 말하자면, 하나님은 인간의 정부 구조들이 있기를 의도하신다. 하나님은 무정부 상태를 원하지 않으신다. 하나님은 식물과 각종 농산물의 세계가 인간의 관리를 받으며 작동하도록 계획하셨다. 또 그만큼 인간 사회들이 청지기로 활동하는 인간의 관리 아래에서 지혜롭게 질서가 잡힌 삶을 살아가기를 원하신다. 이것은 이양된 권한의 양상이라고 말할 법한 것으로서, 그 오래전 하나님의 '형상 담지자들'이 되라는 인간의 소명으로까지 거슬러 올라간다. 그것은 예수 그리스도 안에서 예수 그리스도를 통한 하나님의 행동 양상에도 맞는 것이다. 그것이 바울이 골로새서 1:15-17 에서 말하는 것이다.

인간들의 지배에 대한 대안으로는 무정부 상태나 직접적인 신정(unmediated theocracy)이 있다. 이 불쾌한 이분법 때문에 우리는 현재 우리가 좌파와 우파의 정치적 성향이라고 생각하는 것에 집착하게 되었다. 이것들이 내가 앞에서 말했던 그릇된 신학적 대립 안에서 어떻게 성장해 왔는지를 이해할 수만 있다면, 우리는 현재 서구의 정치적 삶에 대한 우리의 무익한 논쟁 너머로 성장할 수 있을지도 모른다. 그러나 그것은 별개의 이야기이다.

그런데 둘째로, 만일 하나님이 권력 구조들이 존재하기를 계획하신다면, 만일 하나님이 인간들이 자기들의 세상을 운영하고 그 세상에 지혜로운 질서를 가져올 방법들을 찾기를 원하신다면, 그렇다면 반역에 빠진 세상에서, 이 권력으로의 부름은 너무도 쉽게 권력 남용의 유혹으로 전환되고 만다. 당신이 누군가를 창조 세계의 청지기(국회의원, 군주, 시의원, 자선 단체장, 혹은 심지어는 주교!)로 삼는 순간, 당신은 그 사람에게 그 권력을 자신의 이익을 위해 사용하려는 유혹을 뿌리치고 나아가라고 도전하는 셈이다. 다시 말해서, 그들이 해결책의 일부가 되지 않고 문제의 일부가 되어 버리려는 유혹을 벗어나 항해해 가라고 도전하는 셈이다. 하나님은 반역한 세상에 질서가 있고 그 세상이 권세들과 정부들의 다스림을 받기를 원하신다. 그렇게 하지 않으면 불한당들과 교만한 자들이 언제나 약한 자들과 무력한 자들을 먹이로 삼을 것이기 때문이다. 그렇지만 모든 권세들과 정부들은 그 자체가 불한당들과 교만한 자들이 되고자 하는 유혹에 직면한다. 신약성경의 저자들은 당시의 다른 유대인들처럼, 당대의 로마 제국에서 이것의 극단적 모습을 목격했다. 보는 눈이 있는 사람이라면 그 이래로 오늘날까지 후속적으로 등장한 제국들에서도 그 극단적 모습이나 훨씬 더 심한 모습을 볼 수 있다.

셋째, 그러므로 권력을 향해 진리를 말하는 것은 하나님의 사람들에게서, 즉 우리가 예수님 안에서 보고 성령을 통해 아는 창조주 하나님을 예배하는 자들에게서 양도할 수 없는 과업의 일부분이다. 이 부름은 정부들, 시의원들 그리고 교회 지도자들을 비롯한 모든 영역의 권력자들에게 그들이 이타적 청지기직에 부름을 받았다는 사실을 상기시키는 것을 의미한다. 그것은 이 신뢰가 악용되는 곳에서, 어떤 식으로든 두려움 없이(그러나 겸손하게, 오만은 모든 것을 그르칠 것이므로) 지적하는 것을 의미한다. 다시 한 번 말하지만, 하나님은 통치자들이 통치자로서 어떻게 행동하느냐에 관심을 갖고 계시지, 통치자들이 어떻게 통치자가 되었는지에는 그다지 큰 관심이 없으시다. 그래서 교회에게는 그들에게 본연의 소명을 일깨우고 책임을 물을 지극히 중요한 과업이 있는 것이다. (오늘날 서구 세계의 문제들 중 하나는, 전반적으로 언론과 언론인들이 이것을 그들의 과업이라고 생각한다는 것이다. 그래서 자기들이 탈취해 버린 이 영역에서 어떻게든 교회를 밀쳐 내려고 애를 쓴다. 하지만 비평받을 필요로 말하자면 그들 역시 그 누구에도 빠지지 않는다.)

그럼에도 넷째 그리고 특히 예수님을 따르는 자들의 과업은 어떤 영역에서든 권력의 자리에 부름받은 사람들에게 세상을 만든 하나님이 마지막 날에 세상을 바로잡을 것이라는 사실을 상기시키는 것이다. 이것은 단순히 권세들에게 그들이 언제나 어떤 의무들을 지고 있었는지를 상기시키는 것의 문제가 아니다. 그것은 의와 자비의 행위로 부름 받았다는 소명의 문제이다. 그들의 의와 자비의 행위들은 현재의 시간 속에서, 하나님이 모든 것을 최종적으로 바로잡고 하나님이 모든 눈에서 모든 눈물을 닦아 낼 것을 예표(豫表)할 것이다. 이 부름—많은 권세들과 통치자들이 희미하게나마 인식하지만 안타깝게도 많은 사람들이 일견 후에 더 유혹적인 대안들을 향해 돌아서고 마는 이 부름—은 사람들이 인식하든 인식하지 못하든, 예수 그리스도의 주되심(lordship) 아래에서 살아가라는 부름이다. 자신의 죽음과 부활 안에서, 예수님은 그들에 대한 주권을 주장해 오셨다. 예수님의 추종자들은 그러므로 반드시 예수님이 악에 대해, 증오에 대해, 폭력과 죽음 자체에 대해 쟁취한 승리를 구현하라고 부름받았음을 주장해야 한다. 그리고 그렇게 함으로써 현재의 시간 속에서, 언제나 부분적이고 단속적(斷續的)이지만 그럼에도 진실하게 하나님의 사랑이 넘치는 회복시키는 정의의 최종적 승리를 **예표하라**는 부름을 공표해야 한다.

그래서 지역적으로, 국가적으로, 전 지구적으로 권력의 자리로 부름을 받은 자들이 현재의 시간 속에서 행하는 의와 자비의 행위는 예수님이 죽음과 부활 안에서 거둔 역사적 승리와 모든 악, 모든 폭력, 모든 오만한 권력 남용에 대해 하나님이 미래에 거둘 최종적 승리의 틀 안에서 바라보아야 한다. 세상의 통치자들과 권세들이 진정으로 예수님의 승리를 구현하고, 하나님의 최종 승리를 예표하려는 그 목표를 향해 고군분투하는 곳에서 기독교 교회는 하나님의 영이 역사하고 있음을 선포해야 한다. 고대 유대인들이 이교도 왕이었던 고레스[6]에게 그랬던 것처럼 말이다. 통치자들이 그것을 알든 알지 못하든 개의치

말아야 한다. 그래서 당연하게도 예수님의 추종자들이 이 부름을 명료하게 표현하는 방식은 통치자들이 그것을 받아들이는 정도에 따라 달라질 것이다. 예수님에게 조금도 시간을 내주려 하지 않는 사람에게 "예수님이 당신에게 이것을 하라고 말씀합니다"라고 말해 봐야 아무 소용없다. 그러나 만일 교회가 예수님이 할 법한 말이라고 믿는 말을 더 넓은 세상의 언어와 더 넓은 세상의 논리 정연한 주장들로 표현해 낼 수 있다면, 그와 같은 **순종**이 가능할 수도 있다. 우리는 그리하여 "세상의 권력 정치 가운데에 하나님이 어디 계신가?"라는 질문에 대한 예비적 답에 이제 도달하였다. 하나님은 우리 가운데 임재하여 계시면서, 통치자들과 권세들을 책임을 묻는 자리로 부르신다. 그리고 그들을 통해 하나님의 의와 자비가 온 땅에 드러날 그날, 물이 바다를 덮음과 같이 하나님의 영광이 땅을 충만하게 덮을 그날을 예비하신다. 이 틀 안에서, 우리는 하나님과 테러와의 전쟁에 대하여 무슨 말을 할 수 있고 해야만 할까?

적어도 이 점은 분명히 해야 한다. 우리는 부재중인 하나님이 기껏해야 저 멀리서 바라보고 있다거나, 존재하시는 하나님이 단순히 이편 아니면 저편에서 싸우고 있다고 말하고 있는 것이 아니다. 기독교적으로 생각하려 한다면—그리고 나는 많은 독자들에게 그것이 열린 질문일 수 있음을 인정하지만, 적어도 그리스도인이라면 마땅히 어떻게 생각해야 하는지를 아는 것은 중요하다—우리는 반드시 예수 그리스도의 본을 따라서 생각해야 한다. 그리고 그것이 의미하는 바는 테러와의 전쟁에서 하나님을 가장 먼저 찾을 곳은 자욱한 연기가 피어오르는 쌍둥이 빌딩의 잔해, 그 끔찍한 날 과부들과 아이들이 흘린 눈물 그리고 바그다드와 바스라의 폐허 속이다. 거기서 수만 명의 집과 인생이 산산이 부서졌다. 아무런 잘못도 없는 그들에게 잘못이 하나 있었다면 그것은 그 성난 초강대국이 작은 개에 짜증이 난 사나운 코끼리처럼 미쳐 날뛰면서 발 닿는 곳의 모든 것을 죽여서라도 그 개를 죽이겠다는 일념으로 살아 움직이는 모든 것을 짓밟을 때, 하필 그때에 하필 그곳에 있었던 것뿐이라는 것이다. 그리고 홈스와 키르쿠크에서 이라크 레반트 이슬람 국가(ISIL)의 사나운 유린이 그 뒤를 따랐다. 전쟁의 시기에 세상 가운데 함께하시는 하나님의 존재에 대해서는 바울이 로마서 8장에서 말한 것으로 반드시 보정되어야 한다. 고통 중에 있는 세상에서 하나님의 사람들이 신음할 때 그들 안에서 성령께서 탄식한다는 것이다. 예수 그리스도의 십자가는 세상을 만든 하나님이 여전히 세상을 사랑하시고, 그 사랑 안에서 탄식하고 슬퍼하신다는 징표이며 확증이다.

> 그리고 인간의 마음이 바스러지는
> 슬픔의 쇠막대 아래에서야
> 그제야 하나님 마음속 저 깊은 곳의
> 똑같은 아픔이 보이네[7]
> — 티머시 리스(Timothy Rees, 1874-1939)의 "하나님은 사랑이시네,
>   하늘이여 찬양하라"(God is love, let heaven adore him)에서

만일 나의 분석이 옳은 것이라면, 우리는 또한 권력을 남용하는 자들에게 해명을 요구하는 일에서도, 통치자들과 권세들에게 예수님의 성

취를 구현하고 하나님의 궁극적 통치를 예표하는 정의와 자비의 과업이 그들에게 맡겨졌음을 상기시키는 일에서도, 하나님을 발견할 수 있어야 한다.

그런데 특히 미국의 현재 힘과 위치라는 지극히 모호한 질문을 반드시 대면해야 한다. 내가 전에도 말했는데 앞으로도 다시 말할 것이 있다. 그것은 내 손으로 투표하여 뽑은 선출직 지도자들의 어떤 정책들을 비판한다고 해서 나를 반영주의자라고 할 수 없듯이, 내가 어떤 미국 지도자들의 일부 정책들을 비판한다고 나를 반미주의자라고 할 수 없다는 것이다. 달리 말하는 것은 진짜 질문들을 회피하려는 값싼 방법에 지나지 않는다. 창조주 하나님은 인간 사회들의 흥망성쇠(興亡盛衰)와 인간 제국들의 영고성쇠(榮枯盛衰)를 허락하신다고 나는 믿는다. 물론 실상은 이것보다 말할 수 없이 더 복잡하겠지만, 현재의 유일한 초강대국으로서 미국이 흥하고 쇠퇴하는 과정에서 우리는 온 세상에 정의와 자비, 진정한 자유와 번영을 가져올 어떤 대단한 가능성들을 볼 수도 있다. 제국들에게는 항상 그런 가능성이 따라다닌다. 그러나 애석하게도, 제국에게는 똑같은 이유로 특권과 부를 위해 권력을 사용하고자 하는 유혹도 따라다닌다. 거시경제학이나 정치학 이론의 박사 학위가 있어야만 오늘날의 전 지구적 제국—우리 영국인들이 상당히 공유하고 있음을 부인할 수 없는 제국—의 발흥에서도 이것이 분명한 사실이라는 것을 알 수 있는 것은 아니다. 이제 우리가 직면한 도전과 "테러와의 전쟁에서 하나님은 어디에 계신가?"라는 질문에 대한 핵심적인 대답들 중 하나는 이것이다. 첫째, 세계가 무정부 상태로 빠져들어야 한다는 암시 없이 미국 제국을 비판해야 한다. 둘째, 어마어마한 권력의 남용에 결탁하는 일 없이 그 제국에게 새로운 방향감각을 제공하는 것이다.

우선, 우리는 반드시 국제연합과 국제사법재판소가 본연의 기능을 발휘하도록 하거나 같은 일을 더 잘 해낼 수 있는 다른 기관들로 대체할 수 있도록 모든 각도에서 노력을 기울여야 한다. 우리가 이라크에서 뭔가 슬기로운 일을 해내기 위해서는 그것을 뒷받침하는 전 국제 사회의 에너지를 지닌 어떤 세력이 반드시 필요하다. 그러한 집단은 노르웨이인들과 나이지리아인들, 호주인들과 파키스탄인들, 칠레인들과 일본인들, 사우디아라비아인들과 레바논인들과 인도인들과…그리고 그렇다, 영국인들과 미국인들로 동등하게 구성되어야 한다. 그러한 국제적 신뢰를 받는 경찰력을 현실로 만드는 것에 대한 지속적 저항은 미국의 많은 우파들이 해 왔던 일이다. 권력이 우리 손에 있으니 오직 우리의 이익을 위해서만 그 힘을 쓰고 누군가가 우리를 책임의 자리로 부를 가능성은 제거해 버리겠노라고 말하는 방식으로 그 일은 점점 더 확실하게 자리매김하고 있다. 물론 중국이나 인도가 차기 초강대국으로 부상할 때, 현재의 초강대국이 그때 존재할지도 모르는 어떤 국제재판소에 도움을 청하러 달려가는 꼴을 볼 수도 있을지 모르겠다.

그러나 요점은 이것이다. 1830년대에 영국은 지역적 사병 조직에서 신뢰할 수 있는 국가 경찰력으로 조직의 체질을 바꾸었다. 이제 이러한 전이(轉移)를 전 지구적으로 이룰 때가 왔다. 확실히 그러한 움직임에는 권력 남용에 따라붙는 모든 종류의 위험이 똑같이 따라붙을 것이다. 그러나 우리는 이미 권력 남용을 겪고 있다. 현재의 권력 남용에 대한 해명을 요구할 때, 전 세계에서 일어나는 온갖 종류의 문제들을 신뢰할 수 있게 다룰 더 나은 구조를 위해 노력하는 것은 교회가 짊어진 과업의 일부이다. 새로워진 국제연합 같은 것이 곧 등장할 가능성이 있다고 생각할 수 있다면 좋으련만. 그런 것을 마뜩찮게 생각하는 기득권층은 실로 막강하다. 그럼에도 우리는 이런 일이 일어나도록 노력하고 기도하기를 그쳐서는 절대 안 된다. 그런 노력을 기울이면서 그리고 그런 기도를 드리는 가운데 하나님은 테러와의 전쟁과 테러 그 자체를 해명의 자리에 세우기 위해 임재하신다.

둘째로, 그럼에도 모든 차원에서 우리를 엮어 들이는 과업이 하나 있다. 테러리즘이 발생하는 분명하고도 주된 원인은 개인들과 집단들 스스로가 일상적인 과정에서 소외되어 상상할 수 있는 어떤 수단으로도 그들이 염원하는 변화를 지역적으로나 전 지구적으로 일으킬 수 없다고 느끼기 때문이다. 오늘날 테러리스트 운동들의 뿌리들에 대해서는 많은 연구가 진행되어 왔고, 그 뿌리들은 정치인들이나 언론이 자주 시사하는 것보다 훨씬 더 복잡하다. 그런데 확실하게 테러의 원인들을 약화시키고 가능한 한 완전히 제거하는 길은 잠재적 테러리스트들이 말귀를 알아들을 때까지 그들에게 폭탄을 퍼붓는 것이―당연히!― 아니다. 그것은 한 종류의 테러와 싸우기 위하여 다른 종류의 테러를 이용하는 것이고, 테러는 계속 악순환하면서 더 과격해지기만 할 것이다. 테러의 원인들을 제거하는 길은 함께 일하고, 함께 이야기하고, 우리의 것과는 상당히 다른 세계관 안에서 사람들을 움직이게 하는 것이 무엇인지 발견하고, 요컨대 (이라크에서 군대들이 시도했지만 가시적 성과는 크게 얻지 못한) 마음과 생각을 움직일 모든 기회를 잡는 것이다. 사람들의 마음과 생각을 반드시 기독교적 세계관 쪽으로 움직일 필요는 없다. 분명한 것은 근대의 세속적 서구 세계관 쪽으로 움직여서는 안

되고 공통적 인류의 세계관을 향해 움직여야 한다는 것이다. 그 인류 공통의 세계관은 대다수의 인간들이 원하는 것, 즉 진정한 정의와 진정한 평화를 반영하는 세계관이어야 한다. 이 세대에서 교회가 짊어진 과업의 일부는 이 방식으로 노력하는 모든 사람들을 격려하고 우리의 정치인들과 우리의 언론에게 이것이 우리 모두가 걸어가야 할 방향임을 상기시키는 것이라고 나는 믿는다.

그렇다면 테러와의 전쟁에서 하나님은 어디에 계신가? 짓뭉개졌지만 사뭇 아름다운 하나님의 세상을 채우는 고통과 공포 안에서 슬퍼하고 신음하고 계신다. 인간들의 마음속에 더 믿을 수 있는 정의와 자비를 시행하는 전 세계적인 구조를 향한 갈망을 불러일으키고 계신다. 인간들의 상상력 속에 평화와 화해가 마침내 의혹과 증오에 대해 승리를 거둘지도 모른다는, 세상이 바로잡힐 것이라는, 우리가 현재의 시간 속에서 그것을 예표할 수 있을 것이라는 희망을 불어넣고 계신다. 현재의 세대는, 특히 현 세대의 젊은 구성원들은 위대한 선과 거대한 악의 가능성들이 넘실거리는 새로운 세상을 맞이하고 있다. 나는 지금까지 여기서 기독교 복음이, 우리가 예수님과 성령 안에서 발견하는 신비로운 하나님을 드러낸다는 논지를 펼쳐 왔다. 기독교 복음은 엄정하고도 견고한 틀을 제공해 우리가 대면하는 위험들과 기회들의 한복판에서 하나님이 어디서 일하시는지를 분별하게 해 준다. 우리는 모두 각기 다른 소명을 지니고 있지만 이 한 가지 책무에 있어서는 동일한 부름을 받았다. 어떤 이들에게는 이 책무가 어쩌면 평생의 사역일 것이다. 예수님은 주님이시다. 성령은 강력하시다. 하나님은 새로운 일을 하고 계신다. 우리 함께 그곳으로 가서 동참하자.

5장

권력과 믿음과 율법

시대의 표적

우리 시대의 두 가지 표적을 출발점으로 삼겠다. 언론은 항상 길게 목을 빼고 성직자들의 입을 주시하면서 맥락을 발라낸 뒤 불평거리로 삼을 말이 나오기만을 기다린다. 2008년 일부 신문들은 당시 캔터베리 대주교였던 로완 윌리엄스(Rowan Williams)의 강연을 가지고 날이라도 잡은 듯 신나게 물어뜯었다. 로완 주교는 자신의 강연에서 신중하게 논지를 펼쳤는데, 다원적인 우리 사회에서 영국의 법은 이미 세심하게 정의된 맥락 안에서 이슬람식의 재정법(Islamic financial law)의 일부 요소들이 고려될 수 있도록 조정되어 있다는 점을 지적했다. 그러고 나서 그는 엉뚱하게도, 이슬람 법(sharia law)을 영국에 도입하기를 원한다는 비난을 받았다. 온갖 종류의 논란들이 이 사건에서 불거져 나오는데, 나는 여기서 세 가지에 집중할 것이다.

첫째, 단도직입적으로 로완 주교는 그가 말했다고 언론이 주장하는 것을 말하지 않았다. 그의 진짜 죄목은 그가 여론에 대한 언론의 철저한 통제에 도전하는 모습을 보였다는 것이다. 그래서 논리 정연한 대화는 원하지 않고 입에 착 달라붙는 촌철살인(寸鐵殺人)만을 선호하는 사람들에게 그는 오만하고 거들먹거리는 사람이라고 불리게 되었다. 언론은 지도자들이 하는 말을 온 국민이 듣도록 알려야 하지만, 실은 때때로 그것이 불가능하도록 만든다.

로완 대주교의 연설이 제기한 두 번째 논란은 세속적 진보라는 계몽주의의 신화와 그것에 동반되는 정치적 담론의 주의 깊은 해체였다. 이런 면에서 그는 대략 존 그레이(John Gray)[1] 교수와 같은 줄에 서 있다. 로완 대주교는 한편으로는 정의와 권리에 대한 계몽주의적 관점의 종교적인 뿌리, 사실상 기독교적인 뿌리들을 지적했다. 또 한편으로는 언론의 반응에서 볼 수 있듯이, 요즈음 점점 더 날카로워지기만 하는 세속주의자의 웅변이 자신의 근거라고 주장하는 이성(Reason)의 가지를 실제로 잘라 버리고 있음을 지적했다. 그리고 이 해체와 함께, 그는 세속 국가라는 독점주의적 아이디어에 도전했다. 그의 도전은 공적인 영역으로 무례하게 밀치고 들어가는 오만한 형태의 신앙을 기치로 든 것이 아니라, 기독교에 뿌리를 둔 계몽주의적 관점의 내적 논리의 일환으로 이루어졌다. 그가 염두에 둔 것은 국가의 힘에 내포된 위험성이었다. 국가는 점점 더 종교적인 사람들이 무엇을 할 수 있는지뿐만 아니라, 무엇을 말해도 되고 어떻게 생각해도 되는지까지 옥죄어 버리는 엄격한 법률들을 통과시켰다. '민중의 목소리가 신의 목소리이다', 즉 '민심은 천심이다'를 천명하는 '복스 포풀리 복스 데이'(*vox populi vox Dei*)라는 슬로건은 종교 지도자들의 억압으로부터 자유를 추구하는 외침으로 시작되었다. 그러나 (곧 살펴보게 되겠지만) 공적인 삶에 종교적 믿음이 아무런 영향을 주지 못하도록 하기 위한 새로운 형태의 자기 정당화 압제(self-justifying tyranny)로 이내 바뀌고 만다.

여기서 두드러지게 역설적인 모습이 보인다. 모든 것에 대해 모든 사람을 위한 동일한 하나의 법이 꼭 필요하다고 주장하는 세속주의자들이 신성모독 법, 잉글랜드와 스코틀랜드의 국교 교회들 혹은 현재의 안락사 금지와 같은 것들에는 다른 태도를 취한다는 것이다. 우리는 이데올로기들이 충돌하는 세계 속에 살고 있다. 세속적 자유주의(secular liberalism)는 획일화된 (그리고 획일적으로 비종교적인) 공적 삶을 추구하고, 세속적 공산사회주의(secular communitarianism)는 (많은 경우에 종교적 정체성은 제외하고) 모든 '정체성'의 정당성이 입증되어야 한다고 주장한다.

이것은 로완 대주교가 제기한 세 번째 논란거리로 향한다. 그것은 현대의 다원적인 사회에서 이슬람과 이슬람의 법률이 차지하는 위치이다. 로완 대주교는 국가가 후원하고 규제하는 형식의 다원주의에 대해서는 반대의 논리를 펼쳤다. 그런 다원주의에서는 현재의 세속적 사고에 부합하는 문화의 측면들만이 허용된다. 그러나 로완 대주교는 자신이 '상호작용적 다원주의'라고 부른 것 안에서 '다중적 제휴들'을 인정하는 것에 대해서는 찬성의 논리를 펼쳤다. 그는 일부 언론의 상상과는 달리, 평행적 사법권들(parallel jurisdictions)을 추천하는 것이 아니었다. 그는 단순히 전통적인 이슬람법의 일부 측면들이 허용된 지방 선택권(local option)들 영역으로 흡수될 수도 있다고 제안할 뿐이었다. 사실상 그런 현상은 이미 시작된 바였다.

그리고 나서 일어난 질문들은 내가 속한 성공회 연합에서 잘 알려져 있다. 어떤 지방 선택권들이 허용되어야 할지 어떻게 알 수 있을까?

그 근거는 무엇인가? 그리고 누가 결정권을 쥘 것인가? 좀더 폭넓은 논의를 다루며 그와 같은 기저의 질문들을 고찰하기 위하여 로완 대주교는 '엄밀한 의미에서 인간 존엄'과 '공유 재화 및 우선순위'라는 개념들을 거론했다. 어떤 사람들은 이런 개념들이 어떤 맥락에서든 환영받을 것이라고 생각했겠지만, 그가 한 말은 불안감을 불러일으켰다. 왜냐하면 그가 세속주의보다 더 큰 담론의 우주 안에서 그것들의 위치를 찾아내야 한다고 주장했기 때문이다. 세속주의는 계몽주의의 장대한 비전을 들먹인다. 그러나 대주교의 해체적 논증이 보여 주었듯이, 세속주의는 지나친 주장(문화적 다원성의 모든 문제들을 세속주의가 해결할 것이라는 주장)을 내세우고, 자신이 딛고 선 바로 그 땅(서구 기독교 전통의 땅)을 부인함으로써 자신의 외견상의 도덕적 힘을 상실한다. 흥미롭게도, 교황 베네딕토 16세가 같은 해인 2008년 4월 18일에 뉴욕에 있는 국제연합 본부에서 행한 연설에서 비슷한 말을 했다.

　로완 대주교의 강의는 우리 문화의 신경 몇 군데를 마취도 없이 쑤석거렸음이 분명하다. 치과에서 그런 일이 일어나면, 아플 것이라는 것도 알고 문제를 해결해야 한다는 것도 안다. 대주교의 연설도 연설이지만, 그것에 대한 반응을 통해 우리의 혼란스러운 문화에서는 모든 것이 건강하지 않다는 사실을 확인할 수 있다.

　내가 관심을 기울이는 두 번째 시대의 표적은 민주주의의 쇠락이다. 2007년 주간지 「타임스 리터러리 서플러먼트」(*Times Literary Supplement*)에 실린 어느 기사에서 버넌 보그더노(Vernon Bogdanor) 교수는 현대 서구 민주주의가 위협받고 있는 방식들을 표현했다. 생명과 신체를 위험에 빠뜨리는 절대주의자들의 테러리즘으로 인한 위협은 그다지 많지 않고, 내부에서부터 생기는 위협이 대부분이다. 어떻게 하면 전제정치로 전락하지 않으면서도 혼돈을 피할 수 있을 것인가라는 문제, 혹은 그 반대의 문제에 대해 민주주의는 현재 서구 사회가 제시하는 답이다. 그러나 단지 사람들이 이따금 투표를 할 수 있다는 것만으로 우리가 균형을 제대로 잡고 있다고 가정해서는 안 된다. 사실, 한편으로는 규제의 고삐를 벗어난 다국적기업들과 다국적 은행들처럼 혼돈의 징조들이 있고, 다른 한편으로는 자신의 믿음을 지키며 사는 것을 막는 새롭고도 맹렬한 규제들 같은 전제주의의 징조들이 있다. 셰필드의 어느 치안판사가 동성 커플의 자녀 입양 사건을 재판하지 않을 권리를 다툰 사건에서, 고등법원이 그 권리를 인정하지 않은 것은 그런 예로 들 수 있다. 이런 분야들의 법은 꽤 새롭고 한 세대 전만 해도 생각조차 할 수 없었던 일이었다. 그러나 이 사건에 대해 논평한 신문들 중 일부는 이제는 동일한 법이 모두에게 적용되어야만 한다면서, 어떤 예외도 허락되어서는 안 될 것이라고 소리 높여 주장했다. 많은 사람들에게 이것은 새로운 형태의 전제주의로 비친다. 그리고 혼돈의 사례들을 더 알고 싶다면, 유럽연합의 예만 살펴봐도 충분하다. 번지르르한 외형을 갖춘 유럽연합의 이면에는 수십 년 묵은 해결되지 않은 금융 문제들이 쌓여 있다. 아주 근래에는 난민 유입에 대하여 무엇을 해야 할지, 전 지구적 양상으로 벌어지는 테러리즘에 어떻게 대처해야 할지 등등에 관한 여러 가지 혼란들이 중첩되어 있다.

서구 사회는 일반적으로 우리가 우리 식의 민주주의를 나머지 세상에 퍼뜨리기만 하면 사방팔방에 산적한 모든 문제들이 해결될 것이라는 가정을 하지만, 이 모든 혼란들은 이런 가정에 의혹을 제기한다.

혹자는 현재 서구 민주주의 국가들이 운영되는 방식들과 관련해서도 같은 결론을 내릴 수 있다. 멀리 갈 것도 없이 가까운 미국에서 엄청난 시간과 관심, 돈을 1년 내내 진행되는 선거운동에 쏟아붓는 것만 보아도 충분히 알 수 있다. 새롭게 미국의 대통령직에 오르는 사람이 사실상 온 세상을 지배할 권력을 쥐게 되겠지만, 오직 미국인들만이 투표를 한다는 사실을 말해 무엇 하겠는가.

중동에서 일어나는 문제 자체는 여러 세기를 거슬러 올라가야 하기 때문에, 그 문제가 보이는 현재의 양상 일부에 한정해 살펴보겠다. 2010-2011년에 이른바 '아랍의 봄'이 막을 올렸을 때, 대부분의 서구 지도자들과 언론인들은 단순히 독재자들을 끌어내리고 전제주의에 인공적인 브레이크를 걸어 놓은 채 자유와 민주주의가 자라나도록 내버려 두기만 하면 다 잘될 것이라고 생각했다. 서구인들은 마치 민주주의가 자연적인 상태이기라도 하다는 듯이 가정한 것이다. 사실, 우리가 이제는 알고 있듯이, 이 접근법은 우리가 단순히 전제주의를 혼돈으로 대체하는 방법에 은근히 의지해 왔음을 폭로한다. 현실은 우리가 상상했던 것보다 더욱 복잡하다. 로완 대주교가 법과 인간 존엄, 공유 재화와 우선순위에 대해 했던 말이 민주주의에도 적용된다. 이것들은 그냥 생겨나지 않는다.

전 국제연합 사무총장 코피 아난은 그의 은퇴 연설에서 민주주의 국가들도, 다른 모든 통치자들처럼 그들이 실제로 무엇을 행하는가와 그들이 실제로 어떤 존재인가의 두 가지 측면에서 책임 추궁을 받을 필요가 있다고 주장했다. 단순히 몇 년에 한 번 투표하는 것은 이것을 달성하는 매우 효과적인 방법은 아니다. 비록 그렇게라도 하는 것이 아예 못하는 것보다는 훨씬 낫지만, 영국에서는 의석의 대다수가 '안전'하다. 그래서 진짜 '선거'는 작은 방에서 문을 닫은 채로 이루어지고, 그러한 밀실에서 지역 정당 활동가들이 그들의 후보를 선택한다. 우리가 진정한 참여의 의미를 회복하고 또 그렇게 함으로써 민주주의의 현실에 대한 감각을 회복하는 유일한 길은 여태껏 주장되었거나 암시되어 온 거대한 주장들의 일부를 해체하고, 우리의 사회적·정치적 관행들을 그 뿌리부터 재고하는 것이다. 그리고 그 뿌리의 일부는, 적어도 서구 세계에서만큼은 유대교-기독교 전통에 맞닿아 있으며, 나는 이 책에서 방식들에 대해 탐색해 보고자 한다. (반대의 목소리를 예상하며 한마디 하자면, 기독교 전통 안에 전제주의와 혼돈이 넘치도록 존재해 왔다는 사실은 의심의 여지가 없음을 알고 있다. 그럼에도 나는 그 기독교 전통이, 우리의 실천적 측면은 차치하고라도, 우리의 정치적 담론을 새롭게 하는 데 필요한 자원들을 보존하고 있다고 여전히 확신한다.) 우리의 민주주의가 더 잘 작동하도록 할 때에만이, 법치가 임의적이고 불공정한 가능성을 가진 부담스러운 체제가 아니라 시민 생활을 위한 적절한 틀로서 느껴지게 될 것이다.

분석: 역사와 포스트모더니티

나는 우리가 유럽과 미국의 계몽주의의 모호한 성격에 대해 오늘날 한 세대 전보다 더 명쾌해진 점을 희망적인 징조라고 여긴다. 많은 사람들은 무지와 전제적 전통에 대한 이성과 과학의 위대한 승리와 같은 것들을 누리게 되었다. 그러는 동안 많은 측면의 순간과 운동에 대한 우리의 인식들 자체가 치밀하게 구성된 신화들로 바뀌어 가는 방식을 강조해 왔다. 이제는 더 이상 이렇게 말할 수 없게 되었다. "우리는 계몽주의의 자녀들이야. 그러니까 우리는 이런 식으로 생각하고 행동해야만 해." 어떤 운동일지라도 그 첫 열매들 중 하나로 내어놓은 것이 기요틴("보라! 멋지고, 깔끔하고, 효율적인 정적 숙청의 도구를!")이고, 가장 정교한 열매들 중 하나로 내어놓은 것이 굴라크(소련의 교정 노동 수용소)라면, 그 운동을 그저 있는 그대로 받아들일 수는 없다. 그렇다고 물론 포스트모던 관점을 무턱대고 받아들이자고 제안하는 것은 아니며, 전근대적 관점은 더더욱 말할 것도 없다. 치과 비유로 다시 돌아가자면, 나는 내 치아가 포스트모던 방식을 따르는 치과 의사에게, 혹은 전근대적인 방식의 치료를 하는 치과 의사에게 난도질당하도록 내버려 둘 마음은 없다.

그러나 오늘날 계몽주의의 신화들은 나날이 날카로워지는 세속주의와 나날이 강력해지는 근본주의 사이에 근심스러운 대치 국면을 탄생시켰다. 기독교 근본주의이든, 이슬람 근본주의이든, 힌두교 근본주의이든, 그 어떤 근본주의이든 그러한 양상은 마찬가지였다. 그와 같은 많은 양극단의 대립들이 흔히 그러하듯이, 그러한 대치 상태에서는 지도 수정의 뉘앙스가 가미된 접근법을 제안하려고 하면 여지없이 거부된다. 그리고 그것은 상대편에게 항복하는 것과 다름없다는 비난에 직면하게 된다. 이것을 보면 나는 셰익스피어의 『줄리어스 시저』(Julius Caesar)에 나오는 한 장면이 떠오른다. 그 작품에서 시인 신나(Cinna the poet)는 시저의 살해 공모자 신나(Cinna the conspirator)로 오인된다. 실수했다는 것을 발견한 이후에도 폭도들은 물러서지 않고 그 시인에게 어쨌든 린치를 가하고 만다. 피에 대한 굶주림이 채워진 후 폭도들은 "내 말은 그게 아니었는데"라는 말을 듣고는 그저 어깨만 으쓱거릴 뿐이었다.

세속주의와 근본주의 사이의 이 대치 상태는 여러 양상을 띤다. 우리에게는 어쩌면 경험과학(empirical science)의 이름으로 감행된 종교적 믿음에 대한 새로운 공격이 가장 명백한 예일 것이다. 그 공격의 감행자들은 리처드 도킨스, 고(故) 크리스토퍼 히친스(Christopher Hitchens),[2] 샘 해리스(Sam Harris)[3] 등이다. 내가 '…의 이름으로'라고 말하지만, 사실 이 세 사람을 비롯한 다른 사람들이 사용하는 수사(修辭)는 경험과학 자체 저 너머의 케케묵은 중상모략의 영역에까지 뻗어 있다. 마치 언론이 정작 로완 대주교가 실제로 말한 것에 얽혀드는 것은 거부하는 것처럼, 도킨스와 같은 입장에 선 사람들도 진짜 신학자들과는 얽히고 싶어 하지 않는다. 진짜 신앙 공동체들에 대해서는 더더욱 그런 입장이다. 깊은 고통, 즉 과학의 진보가 완화시키기보다는 (첨단 무기와 같은 기술 등을 통하여) 자주 악화시키고 마는 고통으로 신음하는 세상의 여러 곳들에서 이런 공동체들이야말로 긴요한 변화를 일으키는 자들이다. 19세기의 유럽 과학이 정치적으로 결코 중립적이지 않았으며, 결국 제1차 세계대전으로 거침없이 치달았던 계몽주의에 기반을 둔 제국주의와 과학기술의 확장된 프로젝트들로 이해되어야 하는 것과 마찬가지로, 현재의 반(反)종교적 과학주의 저항들은 후기 근대주의의 다면적 문화로 이해되어야 한다. 그리고 만일 앞의 문장이 일종의 러다이트(Luddite)[4]의 반(反)과학주의 저항을 대표한다고 여기는 사람이 있다면, 그것은 단지 두 양극단 입장들 사이의 희번지르르한 대치 형국이 우리의 생각 속으로 얼마나 깊이 파고들었는지를 보여 줄 뿐이다. 하지만 이 모든 것은, 다음 기회에 논할 주제이다.

우리의 현재 목적들을 생각할 때 더욱 중요한 것은 내가 강조해 온 신앙과 공적인 삶 사이의 그 까다로운 접면들이다. 우리는 간략하게나마 그것들을 역사적 맥락에서 살펴볼 필요가 있다.

18세기 전반기에는 사색가들이 자연의 질서를 연구하고 기독교 신앙이 진리라는 결론을 내릴 수 있다는 주장이 가능했다. 반면, 18세기 후반기에는 이러한 움직임이 강한 일격을 당해 버렸다는 점이 자주 지적되었다. 그 결정적인 변화는 1755년 11월 1일에 일어난 리스본 대지진[5]의 결과로 찾아왔다. 그 이전에는, 나의 유명한 더럼 선배들 중 한 명인 조지프 버틀러(Joseph Butler) 주교[6]와 같은 지혜로운 학자들이 일종의 '자연신학'(natural theology)[7]을 단계적으로 논증할 수 있었다. 버틀러는 1752년에 사망했는데, 3년 뒤에 일어난 그 지진은 리스본뿐 아니라 유럽 문화까지 뒤흔들어 놓았다. 갑자기 선하고 지혜로운 하나님이 세상을 친히 담당하고 있는지가 불분명해져 버렸다. 이 사건은 기독교 신앙이 아닌 이신론을 탐색하던 자들의 손에 새로운 무기를 쥐어 주었다. 즉 하나님이 자연 세계로부터 제거되어 자연 세계에 일어나는 끔찍한 일들에 대해서 추궁을 받지 않게 된 것이다. 종교는 그래서 현재의 사적인 영성과 미래의 도피적 천국의 문제가 되어 버렸다. [신학자들이 주목하는 바와 같이, 그 사건 이전에는 많은 사람들이 이 땅에 유토피아가 도래한다는 후천년적(postmillennial) 비전을 받아들였다. 아마겟돈과 '휴거'(携擧, rapture)가 있을 것이라는 전천년적(premillennial)이고 이중적인 비전이 유행하기 시작한 것은 그 사건 이후였다. 이 문제가 늘 이해되는 것 같지는 않으나 존 그레이의 저서 『추악한 동맹: 유토피아 뒤에 숨겨진 폭력』(Black Mass: Apocalyptic religion and the death of utopia 이후 역간, 2011)의 흥미롭긴 하지만 내 생각에 흠이 있는 1장에서 토의되고 있다.]

그러나 이신론으로의 방향 전환은 어떤 까다로운 형이상학적 난제를 해결하는 것에 머무르지 않았다. 즉 선한 창조주라고 여겨지는 존재가 현재의 창조 세계에 독단적인 폭력을 행사함으로써 관여한다는 문제를 해결하는 것에 그치지 않는다. 그것은 당대의 정치와 정확하게 상관관계가 있었다. 하나님이 세상에 참여하지 못하게 제거하라. 그러면 우리는 간섭받지 않으면서 세상을 조각해 나갈 수 있으리라. 성직자들은 거기에서 사람들에게 어떻게 하면 천국에 가는지를 말해 주지만, 노예제도나 이윤이나 제조 기법에 대한 강의는 하지 않는다. 오늘날 많은 공적 담론의 기본 방식은 공적인 세상에 대해 하나님이 관여하는 것을 어떤 것이든 분명한 범주 착오로 간주한다. 흔히 이 아이디어를 반복하는 사람들은 이 관점의 문화적·역사적 조건화를 알아차리지 못하는 것 같다. 더 넓은 세상의 측면에서 이와 같은 관점이 실제로 얼마나 기괴한지는 말할 것도 없다. 아마도 그것 때문에 명백하게 사악한 일이 얼마나 많이 자행되어 왔는가 하는 점 역시 그들은 알아차리지 못하는 것 같다.

계몽주의는 공적인 하나님이라는 질문에 답해 보고자 하는 몇 가지 시도들을 촉발시켰다. 우리는 여기서 그중 네 가지 시도만을 일견할 것이다. 우선, 미국으로 말하자면 교회와 국가의 완벽하고도 공식적인 분리를 떠받들고 있을 뿐만 아니라, 그것에 대한 호소가 오늘날 끊임없이 이루어지고 있다. 이를테면 학교에서의 기도와 달리 지폐에 찍힌 '우리는 하나님을 믿는다'라는 문구의 적합성에 대한 논쟁들이 그런 예이다. (내가 미국에 가서 영국의 교회들이 공적 교육제도에 깊이 관여하는 방식에 대해 말할 때면 사람들은 깜짝 놀라곤 한다.) 이 분리는 교회들에 대한 억압을 의미하는 것은 전혀 아니고, 오히려 교회들이 정치를 다루어서는 안 된다는 집념 같은 것이라고 말할 수 있다. 미국에서는 설교자들이 정치적 문제들에 대해 이야기해야겠다고 고집을 부리다가는 그들의 교회가 자선단체의 지위를 상실하게 될지도 모른다는 경고를 받는다. 하지만 로널드 레이건(Ronald Reagan)이 "하나님이여 미국을 축복하소서"(God Bless America)를 그의 선거 캠페인 송으로 채택한 이래로, 미국에서 신앙과 정치의 분리 정책을 유지할 수 없다는 것이 점점 더 분명해졌다. 미국에 사는 많은 사람들이 이제 하는 질문은 어떻게 하면 이 둘을 하나로 묶을 것인가 여부이다. 지난 몇 년 동안 이것은 결코 더 쉬워지지 않았다.

두 번째 사례인 프랑스의 문제는 표피적으로는 미국과 비슷하다. 프랑스는 미국과 비슷한 시기에 혁명을 겪었지만, 그 심층부에서 일어나는 일은 상당히 다르다. 미국 독립혁명은 반교권적(anti-clerical)이라기보다는 반영국적(anti-British)이었다. 반교권적 요소가 있었다 해도, 진짜 표적은 영국의 조지 3세가 파견했던 주교들이었다. 하지만 프랑스혁명은 속속들이 반교권적이었음이 명백하다. 프랑스혁명의 좌우명 중 하나는 로마가톨릭교회에 대항하는 볼테르(Voltaire)의 그 유명한 슬로건인 "파렴치한을 분쇄하라!"(*Écrasez l'infâme!*)였다. 그래서 미국 혁명으로 탈-개신교회적 혹은 탈-영국국교회적 이신론이 확립되었고, 프랑스혁명으로 탈-가톨릭교회적 무신론이 자리 잡게 되었다. 프랑스에서

가톨릭교는 전 사회의 지배를 결연히 의도하는 압제적 제도로서 인식되었다. 따라서 그에 대한 반동으로 공공연하고 고집스러운 세속주의가 생겨났다. 그 관점에서 보자면, 혁명으로 탄생한 공화국은 이론상 이미 기본적으로 완벽해야만 한다. 이것은 공화국이 실제로 작동하는 방식을 성토하기 어렵게 만들고, 의미 있는 변화들을 제안하는 것은 더욱이 곤란해진다. 심지어는 그런 생각을 하는 것만으로도 사회 전체가 딛고 선 토대에 대해 의문을 제기하는 것이 되고 만다. 계몽주의가 이끄는 종교와 신앙의 사유화는 그런 식으로 미국과 프랑스에서 각각 매우 다른 형태를 취해 왔다.

셋째, 구소련과 같은 국가들이 공공연하게 종교를 대체하려는 시도가 있다. 무신론 국가라는 아이디어는 단순히 어쩌다 보니 공교롭게도 지도자의 위치에 있는 공산주의자들이 신을 믿지 않더라는 의미가 아니다. 그것이 의미하는 바는 오히려 전체 시스템 안에서 하나님의 역할을 사실상 국가가 떠안았고, 좀더 구체적으로는 공산당이 가져갔다는 것이다. 이것은 뚜껑이 열린 채 드러난―아니 오히려 시스템의 뚜껑이 꽉 닫힌 채로의―'복스 포풀리 복스 데이'(민심은 천심이다)의 슬로건이다. 그것이 어떤 것이든지, 국가나 당에게 좋다고 여겨지는 것은, 정신이 온전한 사람이라면 도전하거나 의문을 제기하지 않을 자명한 올바름(self-evident rightness)을 지닌 것으로 간주된다. 공적인 하나님에 관한 대답은 그와 같은 하나님은 없다는 것과 국가가 신이라는 것 두 가지가 다 해당되는 셈이다.

넷째, 우리가 여전히 국교회라고 부르는 현재의 잉글랜드 시스템이 있다. 이것에 놀라는 사람들이 있을 테지만, 이것 역시 같은 지도에 속해 있음을 나는 사뭇 확신한다. (나는 오직 잉글랜드에 대해서만 말하고 있다. 스코틀랜드, 웨일스, 아일랜드에 대해서는 다른 할 이야기들이 있다.) 현재 잉글랜드의 시스템은 16세기 종교개혁으로 거슬러 올라가는데, 17세기 중반에 큰 불협화음이 한 번 일었다. 그러나 국교회의 양식이나 기능은 종교개혁만큼이나 계몽주의의 영향을 받아서 재정비되었고 오늘날의 모습을 띠게 되었다. 오늘날 많은 사람들이 이 점을 이해하지 못하는데, 국교회가 교회를 국가의 한 부분으로 만든다거나 혹은 그 반대를 상상하기 때문이다. 국교회 제도의 일부 반대론자들은 그 제도가 교회에게 국가에 대한 권한을 너무 많이 부여한다고 주장하고, 또 어떤 반대론자들은 국교회 제도가 국가에게 교회에 대한 권한을 너무 많이 부여한다고 주장한다. 두 주장이 동시에 옳을 수는 없다. 사실은 둘 다 틀렸다. 그런데 18세기 말과 19세기 초의 잉글랜드에서 권력이 재편성되면서 오늘날 우리가 아는 것처럼 의회 민주주의와 입헌군주제가 생겨났다. 그 이래로, 이를테면 1580년대는 말할 것도 없고 1660년대라면 상상도 못했을 모습으로 국교회의 분위기와 풍취가 급격하게 바뀌었다. 비록 잉글랜드의 교회와 국가가 어떤 차원들에서는 혼란스럽도록 얽히고설킨 상태로 유지되고 있지만, 많은 방면에서 이 둘은 미국에서와 마찬가지로 세세하게 구분되어 있다. 이러한 구분은 갑작스러운 헌법적 공표가 아닌 꾸준하고 암묵적인 세속화를 통해서 이루어져 왔다. 분명하게 한마디 하자면, 자유교회들(free churches)과 로마가톨릭교회가 잉글랜드에서 차지하는 위치 역시 말하자면 자동반사적으로 똑같은 문화적 맥락에서 이해할 수 있다. 이것은 또다시 더 큰 혼란으로 이어진다. 계몽주의 이래로 사람들은 '종교'를 그것의 정의대로, 공적인 삶에서 떨어져 나와서 사적으로 행하는 무엇이라고 이해하게 되었다. 그러다 보니 이것은 또다시 이른바 '다른 신앙들'(other faiths)에 대한 이해와 논쟁의 틀이 되어 버렸다. 말하자면, 이것은 사람들이 고전적 유대교나 이슬람이 표방하는 세계관들과 같은 것을 마음에 품는 것조차 거의 불가능하게 만들고 있다. 그런 세계관을 고수하는 사람들이 오늘날의 잉글랜드에 소속되거나 그 안에서 번창하는 것이 어떤 의미일지 이해하는 것은 더더욱 힘들게 만들고 있다.

우리의 현재 위치가 어디이고 어떻게 그곳까지 오게 되었는가에 대한 아주 간략한 분석은 이 정도로만 하고, 이제는 3중적 의견을 하나 제시하고자 한다. (1) 우리가 지금까지 관찰해 온 혼란들은 악화일로에 있는 불안정의 어떤 징후들이다. 이 불안정 상태는 세속주의와 근본주의 사이에 벌어지고 있는 현재의 대치 상태를 낳았다. 이신론적 분수령의 양측에 서 있는 세속주의와 근본주의는 자기들이 갑자기 각성한 어떤 적에 대항하여 필사적으로 싸우고 있다고 인식하고 있다. (2) 포스트모더니티의 쌀쌀한 바람이 18세기에 정착한 모든 것들을 통해 해체적 돌풍으로 불어 닥치면서, 계몽주의 시스템들 그 자체와 그것들의 축소판으로 빈번히 비치는 세속주의와 근본주의를 위협하고 있다. (3) 그럼에도 로완 대주교가 제안했듯이, 이 포스트모던의 순간으로부터 새로운 길들이 열려서 계몽주의가 힘써 추구하던 진정한 가치들을 보존하고 향상함으로써 계몽주의가 초래한 과도한 것을 회피할 수 있는 슬기로운 시민 사회로 우리를 인도해 줄지도 모른다. 나는 이것들을 순서대로 살펴보고자 한다.

세속주의와 근본주의

잉글랜드나 미국을 잘 아는 사람이라면 그 누구도, 더 멀리 볼 것도 없이 18세기에 확립된 것들이 점점 더 불안정해지고 있음을 의심하지 못할 것이다. 이것은 단지 매우 다른 종교들을 고수하는 이주민들이 물밀 듯이 밀려들어 왔기 때문이 아니다. 그것은 오히려 18세기에 확립된 것들의 토대가 되었던 종교와 문화, 교회와 국가, 신앙과 공적인 삶 사이에 일어난 매끈한 분리가 한편으로는 종교, 교회, 신앙에 대하여 혹은 다른 한편으로는 국가와 공적인 삶에 대하여 그저 서로 잘 맞지 않기 때문이다. 그것들을 계속 떨어뜨려 놓는 것은 인위적이고 때로는 불가능하기까지 하다. 나는 2001년 9월 11일 테러 공격 이후에 조지 부시가 워싱턴 내셔널 대성당(Washington National Cathedral)에서 대예배를 인도할 때에 넋을 잃고 쳐다보았던 기억이 난다. "미국 헌법을 두고 도대체 이것이 웬일이란 말인가?" 시민종교의 영국식 풍광도 자주 비슷한 느낌이 난다. 전투적 좌파 세속주의자인 제러미 코빈(Jeremy Corbyn)이 2015년 야당 당수가 되었을 때, 사람들은 텔레비전으로 그가 현충일 예배를 위해 붉은 양귀비꽃을 옷에 꽂고 있는 모습을 지켜보았다. 그는 심지어 기억을 더듬으며 찬송가를 따라 부르는 것처럼 보이기까지 했다.

이와 같은 장면들을 보면 나는 옛날 로맨틱 영화에서 서로 엮여서는 안 되는 사이의 남녀 주인공들이 어느 날 우연히 마주치면서 의도치 않게 키스나 포옹을 나누는 장면들이 떠오른다. 그들은 그러고는 당황스럽고 어색한 표정으로 서로를 뚫어져라 바라본다. 이게 다 뭐란 말인가? 우리가 어떤 식으로든 한곳에 속했다는 뜻인가? 우리가 논하고 있는 파트너들—한편에는 세속주의자의 신화, 다른 한편에는 근본주의자의 꿈—은 그것을 깨달을 때 무슨 말을 할 것인가? 세속주의자는 그 상황을 바라보면서 국가가 신실하지 못하다는 것에 격분하고, 근본주의자는 교회의 명백한 타협에 분개한다는 것만은 분명하다. 영화는 더 복잡하게 꼬여만 간다.

한편 좀더 희망적인 면을 보자면, 영국의 많은 곳에서는 모든 사람들이 공적인 수많은 일들에 대해서 교회와 국가가 즐거운 협력 관계를 맺는 것을 당연하게 여긴다. 이것은 단지 영국국교회에만 국한된 이야기는 아니다. 교회는 주택, 교육, 노인 돌봄, 곤궁에 처한 고지대의 조방농민(粗放農民)들, 망명 신청자를 비롯해 많은 방면에서 똑똑하고 소중한 파트너로 인식되고 있다. 마찬가지로, 미국에서는 많은 교회들이 국가가 불간섭주의적 반공산주의 태도를 취하면서 손을 대기 꺼리는 영역들에서 아주 활발한 활동을 펼치고 있다. 특히 막막한 처지의 사람들에게 도움을 주는 데 교회가 적극적으로 나서고 있다. 경계선들이 (달리 말하자면) 점점 더 모호해져만 가고 있고, "공적 광장에 하나님이 나설 자리는 없을 것이다"라는 암묵적 결론이 점점 더 큰 의구심을 사고 있음이 분명하다. 이로 인하여, 계몽주의적 분리가 더 이상 현실에 부합하지 않는다는 인식이 더 널리 퍼지게 되었다. 그래서 세속주의자들은 더욱 분개하게 되었으며, 종교의 완벽한 죽음이라는 그들의 소중한 소문이 과장되고 조급한 헛소문이었음이 드러나고 있다. 세속주의자들은 자기가 곧 죽을 것이라고 선언한 환자가 확연하게 회복되는 것을 바라보아야만 하는 독불장군 의사처럼 행동한다. 그 의사는 애초에 자신이 내린 진단이 옳았음을 증명하기 위해 안락사를 실시한다.

근대성 해체하기

둘째로, 이 모든 것은 18세기 서구의 합의에 대한 거의 모든 것을 해체하는 포스트모던 혁명의 일부이다. 기술은 축복과 함께 악몽을 불러왔다. 탈-계몽주의 제국(post-Enlightenment empire)은 해방시킨 사람 수보다 수백만 명이나 더 많은 사람들을 노예화했고, 소수에게 부를 선사하고 다수에게는 가난을 안겨 주었다. 서구의 정의(正義)는 권력자들을 선호한다. 그것이 꼭 우연이라고만은 말할 수 없고 구조적으로 그렇게 되어 있다. 그리고 종교를 삶의 귀퉁이로 추방한 것은, 음악이나 사랑처럼 인간에게 기본적인 무언가를 부인함으로써 어떤 소득도 내지 못하고 있다. 내가 다른 곳에서 주장했듯이, 우리 모두는 정의를 행해야 함을 알지만 그 일이 얼마나 어려운지 알고 당황하게 된다. 우리 모두는 영성을 원하지만 그것을 어디에서 찾아야 할지는 막막하다. 우리 모두는 아름다움을 사랑하지만 왜 그런지는 이해할 수 없다. 우리 모두는 서로와의 관계를 위해 만들어졌지만 어떻게 바른 관계를 맺을 수 있는지에 대해서는 망각했다. 똑같은 방식으로, 우리 모두는 자유가 소중하다는 것을 알지만, 자유가 정말 무엇인지 또는 우리나 타인을 위하여 어떻게 자유를 진작할 수 있을지에 대해서는 의견이 분분하다. 그리고 우리는 바른 생각과 굽은 생각이 다르고, 진정한 추론과 한낱 합리화가 다르다는 것을 알지만, 전자를 취하고 후자를 멀리

하는 것이 쉽지 않다. 이 모든 수수께끼들이 단순하고도 장대한 근대주의의 꿈에 의문의 빛을 드리운다.

우리는 그리하여 우리 사회가 200년의 세월 동안 붙들고 살아온 그 거대 담화들을 해체해 왔고, 그것들을 권력을 가진 엘리트층의 이해관계를 충족시키고 인간성을 잃게 만드는 것으로 인식했다. 이 포스트모던 분위기는 이성(Reason) 자체를 포함해 모든 것을 의심하는 것이었다. 비록 많은 면에서 우리의 언론은 후기 모더니티의 무익한 처방약들을 우리에게 먹이기를 좋아하긴 하지만, 결국 그들의 방법들은 가차 없이 포스트모던 방식을 따른다. 바로 견강부회와 중상모략, 비아냥거림과 복합적 허언이다. 지금은 흥미진진하면서도 위험한 때이다. 우리는 21세기에서 전진의 길을 모색하고 있지만 그 어떤 것도 당연하게 여길 수 없다.

제안: 하나님, 나라, 소망

이런 복잡한 상황에서 우리는 다른 가능성들에 대한 풍문에 다시금 귀를 기울여야 한다. 아테네에서의 사도 바울처럼, 교회는 반드시 사고와 삶에 대한 소용돌이 물결들을 비판적으로 분석하면서도 새로운 가능성, 즉 새로운 고정점을 함께 제시해야 한다. 그것을 출발점으로 새로운 의제들을 향해 외향적 노력을 기울일 수 있다. 그리고 그것은 하나님 나라에 대하여 이야기하는 것을 의미한다.

이 과도하게 사용된 슬로건[하나님 나라]의 운명은 우리가 직면한 문제를 훌륭하게 그려 낸다. '하나님 나라'라는 구절은 1세기를 살던 어떤 사람들에게 그리고 그 이후로는 이따금씩 개입적 신정국가(hands-on theocracy)를 의미했다. 그것은 하나님이 직접 개입해 상황의 흐름을 지휘하는 나라였다. 세상의 창조주가 눈에 보이게 임재하여 이런 일을 할 것이라고 생각하는 사람은 예나 지금이나 거의 없다. 따라서 이런 체제는 보통 편애받는 이 땅의 대표에게 그 나라가 위임되는 것을 의미했다. 다르게 말해서, 하나님의 대변인들(그들은 대개 남자들이었다)의 전제정치를 의미했다. 1세기 유대인들 사이에서 이런 관점이 워낙 강하다 보니, 그들은 로마인들과 정신 나간 전쟁을 일삼았다. 패배에 패배를 거듭한 뒤에야, 일부 유대인들은 (2세기 중반에) 나라에 대한 소망을 접고 '토라의 멍에(the yoke of Torah)[8]를 지겠다'고 선언하기에 이르렀다. 다른 말로 해서, 그들은 사적으로 율법을 연구하고 자기들끼리 준수하는 것에 만족하고, 어떤 제국이 권세를 잡든 그 아래서 불평 없이 살기로 한 것이다. 오늘날까지 대부분의 유대인들은 이 노선에 따라 여러 세대에 걸쳐 그때그때 가장 적절해 보이는 이교도의 법을 지키며 그럭저럭 정착했다. 이교도들이 그들의 양심을 청구하고 심지어 생명을 내놓으라고 할 수도 있음을 인식하며 살아온 것이다. 이 노선은 2세기에 와서, 예수님이 사실 이 세상의 진정한 주님이라고 주장하는(그리고 이 세상을 위해 죽었다고 종종 주장하는) 그리스도인들과, '나라'를 순전히 영적인 영역으로 여기는 영지주의자들 사이의 중간적 입장이 되어 버렸다. 영지주의자들은 우리가 영적인 영역으로 도피할 수 있다고 주장하면서 정치적 문제는 완전히 회피해 버렸다. 20세기에 와서 이 노선은 끔찍하고도 잔인한 딜레마와 재앙을 대변하게 되었는데, 그 재앙으로부터 유럽은 양심을 아직 회복하지 못했다.

그렇다면 초기 기독교적 용법대로의 '하나님 나라'는 실제로 무엇을 의미하는가? 2세기 말에 이미 하나님 나라라는 용어는 오늘날 많은 사람들이 생각하는 의미로 주로 사용되거나 단지 그 의미로만 사용되었다. 즉 '하늘'(heaven)의 영역, 다시 말해서 공적 또는 정치적 삶과는 아무런 관련도 없는 물리적 형태가 없는, 사후에 존재하는 영역을 일컫게 된 것이다. 원래의 의미(하나님이 진짜 세상 안에서 왕이 된다)에서 이렇게 완전히 다른 위치로 이동하는 경로를 추적하는 것은, 나의 현재 목적이 아니다. 그렇지만 우리는 내가 다른 곳에서[특히 『마침내 드러난 하나님 나라』(*Surprised by Hope*, IVP 역간)]에서 광범위하게 논의했듯이, 1세기 그리스도인들은 예수님을 따르면서 주기도문이 주장하는 것처럼 하나님 나라가 "하늘에서와 같이 땅에" 임한다고 주장했다는 것을 분명히 알아야 한다. 부활한 예수님이 "하늘과 **땅의** 모든 권세를 내게 주셨으니"라고 마태복음의 끝(28:18)에서 선언한다. 그 기초 위에서 예수님은 제자들에게 전 세계적으로 수행할 사명을 위임한다. 최근 신약성경을 연구한 자료들이 강조해 온 것처럼, 비록 정확히 정치적 비전은 아닐지라도, 이곳과 다른 곳에서 초기 그리스도인들은 오늘날 우리가 직접적인 정치적 결과를 낳는 비전이라고 부를 법한 것을 포용했다. 투박하게 그리고 어쩌면 지나치게 단순하게 말하자면, 예수님이 주님이시다. 따라서 가이사는 주님이 아니다.

흔히들 상상하는 것과는 달리, 이것에 동반되는 궁극적 미래의 비전은 공간, 시간, 물질과 완전히 관련이 없는 다른 세상의 어느 영역에 대한 꿈이 아니다. 초기 그리스도인들이 시공간 우주의 임박한 종말을 기대했다는 더 오래된 아이디어는 그 자체가 탈-계몽주의적 개념이다.

그 아이디어는 예수님과 그분을 따르는 첫 추종자들을 안전한 장소에 묶어 두고 도망치지 못하게 막음으로써 한창 진행 중이던 계몽주의 프로젝트를 방해하지 못하게 하는 구실을 했다. 그런데 사실은 그렇지 않았다. 초기 그리스도인들은 창조 세계가 새로운 질서 속에서 새로워지고 그 새로운 창조 세계 안에서 새로워진 인간들(즉 '부활'한 인간들)이 새로워진 몸을 가지고 살게 될 것이라는 비전을 붙들었다. 그리고 무엇보다도 가장 충격적인 것은 초기 그리스도인들이 이 새로운 상태—그들이 부른 바에 따르자면 이 '새 창조 세계'—가 예수님의 부활과 함께 실제로 이미 시작되었다고 믿었다는 사실이다.

이제 초기 그리스도인들은 이 믿음이 남 보기에 우스꽝스럽다는 것을 알았음이 분명하다. 그들은 일상적으로 그 믿음 때문에 조롱을 받았다. 우리는 현대 과학의 발흥(rise) 때문에 죽은 사람들이 부활(rise)하지 않음을 알게 되었다는 그 어리석은 계몽주의의 아이디어에 결코 빠져들어서는 안 된다. 호메로스(Homeros)[9]도 그것을 알았다. 플라톤도 알았다. 플리니우스(Plinius)[10]와 다른 모든 사람들도 알았다. 유대인들은 사람들이 마지막 때에 부활할 것이라고 믿었다. 그리스도인들도 그 점에는 동의했지만, 한 사람이 마지막 때의 부활의 예표로서 이미 부활했고 그러므로 그가 세상의 진정한 주님이라고 말했다. 사실상 공적인 하나님이 되신 것이다. 즉 부활의 스캔들은 단순히 이른바 자연의 법칙들을 깨뜨리는 데에서 그친 적이 결코 없으며, **정치** 질서, 사회들과 법들과 정부의 세상을 깨뜨려 들어간다. 부활의 스캔들은 새로운 세상이 이미 시작되었다고 주장한다. 다시 말해서, 옛 세상의 수수께끼들과 고통들을 이해할 수 있을 뿐만 아니라, 새로운 세상에서 안으로부터의 작용이 일어나 그런 고통과 어려움을 창조적이고 치유적으로 다룰 수 있다고 주장한다.

푸딩은 먹어 봄으로써 증명할 수 있다. 예수라고 불렸던 이 기묘한 인물을 주님으로 모신 공동체들이 생겨났고, 그들은 공적인 영역에서 일하는 하나님의 살아 있는 증거였다. 그들을 통해 새로운 종류의 정의, 합리성, 영성, 아름다움, 관계, 자유가 탄생했다. 이러한 공동체들이 본을 보인 삶은 실제 체제들에게 정면으로 도전장을 들이밀었다. 이것은 교회가 거의 300년 동안 그토록 잔혹하게 핍박을 받은 이유가 되었다. 그들이 제시한 대안적인 사회에 이끌리는 사람들의 수가 점점 늘어났다. 그러다 보니 핍박에도 불구하고 교회는 계속 성장했다. 이것은 왜 계몽주의의 표준적 담론이 십자군 전쟁, 종교재판 같은 교회의 명백한 실패들에 대한 목록은 제시하지만, 보건, 교육, 예술을 비롯한 많은 다른 영역들에서 교회가 이룩한 엄청난 업적들에 대해서는 이상하리 만치 침묵하는지를 설명해 준다.

아주 초기부터, '공적인 하나님'이라는 질문이 결정적이고 중심적임을 깨달은 주요 기독교 사상가들은 다양한 방식으로 그 질문에 답했다. (계몽주의가 거둔 현저한 성공들 중 하나는 '기독교 정치 신학'과 같은 것은 있을 수 없다고 제안해 왔다는 것이다. 18세기 말의 기준으로 본다면, 그와 같은 것은 범주 착오에 불과하다. 사실, 복음서들과 바울의 글들에 관해서는, 1세기에 시작해 18세기까지 쭉 이어진 거대하고도 묵직한 전통이 하나 있었는데, 우리는 그 전통을 지금에서야, 시의 적절하게 되살리기 시작하고 있다.) 존 그레이의 저서 『추악한 동맹』은 부시와 블레어가 꿈꾸는 이른바 기독교 유토피아주의를 강조한다. 사실, 그가 분석하는 사상운동들은 어떤 현실에 대한 패러다나 그것의 캐리커처에 불과하다. 그 현실 자체는 더 흥미진진하고 잠재적으로 더 유익하다.

    기독교 정치 신학 체계에 대해 가장 먼저 할 말은, 그것이 세상에 질서와 정의를 가져오기 위해 인간들을 통해 일하시는 하나님을 묘사한다는 것이다. 유대교-기독교 전통은 인간들이 하나님의 형상대로 지음 받았다고 주장한다. 우리 인간들은 하나님을 향하여 하나님을 반영하도록 부름받았을 뿐만 아니라, 하나님을 하나님의 세상 속으로도 반영해 보여 주도록 부름받았다. 말하자면, 인간들은 **창조 세계의 청지기들**로 부름받았다. 성경은 이 개념을 정치권력이라는 아이디어에 직접 적용한다. 특정 통치자들에게는 하나님의 지혜로운 질서를 인간 사회와 온 창조 세상에 세울 책무가 주어졌다. 그들이 의식적으로 창조주 하나님을 인정하든지 하지 않든지 간에 상관없이 그것은 그들의 책무이다. 이 안에서 그들은 단순히 '지도자'(leader)가 아닌 **통치자**(ruler)가 될 수 있다. 그것은 단순히 그들이 새로운 경험들과 가능성들을 향해 사람들을 전진시킬 기회를 갖고 있을 뿐만 아니라, 지혜로운 질서와 같은 것을 가지고 있기 때문에 가능한 것이며, 그러한 질서야말로 기틀을 제공한다. 마치 '통치자'라는 단어가 자동적으로 압제를 함의한다는 듯이, 탈-계몽주의가 '통치자'라는 단어에 품고 있는 의심 어린 눈초리와 '지도자'라는 단어에 품은 애정에 대해 말하자면, 정원을 가꾸고 양 무리를 돌보고 포도나무의 가지를 치는 등의 유대교-기독교 경전을 관통하는 여러 가지 이미지가 그러한 눈초리와 애정을 무색하게 만든다. 양 떼를 압제하는 양치기는 곧 더 이상 칠 양이 없을 것이다. 식물들을 뽑아내고 그 자리에 콘크리트 빌딩들을 올리는 정원사는 더 이상 정원사가 아니라 다른 직종의 종사자일 것이다.

물론, 문제는 고대 신학과 현대 철학이 만나는 지점에서 우리가 악의 문제에 대한 새로운 인식과 조우한다는 것이다. 만일 우리가 이전에 그것을 알아채지 못했다면—이를테면, 2011년 9월 11일이 찾아와 모든 것을 엉망으로 만들어 버리기 전까지 원칙적으로 서구가 '악'의 문제를 해결했다고 생각했다면—그런 착각은 우리가 얼마나 순진했는지를 적나라하게 드러냈다(이 점에 대해서는 나의 저서 『악의 문제와 하나님의 정의』를 보라). 원죄에 대한 고대의 교리는 우리의 모든 거대 담화들이 누군가의 권력과 특권을 강화하기 위해 기획되었다는 포스트모더니티의 주장과 이 지점에서 만난다. 통치자로 부름받은 자는 그 권력을 자기 이익을 위해 행사할 유혹에 즉각적으로 빠진다. 어떤 수단으로 그 지위에 오르게 되었든 상관없이, 이 땅의 통치자는 누구나 받는 유혹이다. 심지어는 사적인 삶에서 무척이나 헌신된 사람까지도, 절대적인 권한을 행사할 수 있다. 세상에서 악을 제거할 수 있다는 생각은 언제나 미친 꿈과 같았다. 그것이 중세의 십자군 전쟁이든 21세기 초의 십자군 전쟁이든 할 것 없이 마찬가지이다. 무슨 일이 벌어져 왔는지를 이야기하자면, 탈-계몽주의의 분층적 현실을 살아가면서 유토피아적 꿈들에 영감을 준 것은 기독교 메시지가 아니라 나머지 세상에 대한 자동적 우월성을 장담하는 계몽주의의 자기 성취적 예언들이었다. 이로써 계몽된 서구는 세상의 경찰관이 될 정당성을 확보했다. 그와 동시에 아주 편리하게도 기술은 서구가 세계의 유일한 초강대 세력이 될 수 있게 해 주었다. 여기서 계몽주의는 마침내 자신이 유대교-기독교 유산의 도덕적 토대, 즉 이 세상에 정의와 자비를 펼치라는 부름 위에서 있음을 인식하고 있었음을 들키고 만다. 그러나 계몽주의는 그 유산의 심장부에 위치한 진리, 예수님의 메시지와 예수님에 대한 메시지를 부인함으로써 그 전통을 끔찍한 패러디로 왜곡시켜 버렸다.

그렇다면 그 감추어진 진리가 공적인 하나님에 대한 우리의 생각을 어떻게 풍성하게 만들어 줄 수 있을까? 어떻게 하면 우리는 그 예상치 못한 곳에서 유래하는 정치적·법적 영역에서 새로운 희망을 엿볼 수 있을까? 기독교적 비전은 너무도 자주 '한낱' 믿음과 영성에 대한 생각일 뿐이라고 치부되고 그래서 더 넓은 세상과는 관계가 없다고 여겨진다.

답은 섬김과 고난이라는 개념들 안에 담겨 있다. 섬김과 고난은 창조주 하나님을 증거하는 사람들이 각기 제 길로 가기를 주장하는 세상과는 다른 여정을 걸으며 발견하는 이정표로 유대교 경전 속에 우뚝 서 있다. 그것은 언제나 그래 왔다. 출애굽 당시 이스라엘 자손들은 그들이 도망쳐 나온 이집트의 관습과도 다르고 도망쳐 갈 가나안의 관습과도 다른 새로운 삶을 살아가야 한다는 경고를 받았다. 아주 조금씩, 고대 이스라엘의 시인들과 선지자들은 세상이 하나님 나라가 되어 간다는 기묘한 가능성과 고통스럽게 씨름했다. 그 과정에서 자신들이 저 위의 이정표와 저 아래의 이정표 사이에 붙들려 있음을 발견했다. 그리고 그 일은 하나님을 섬기고 하나님의 세상을 섬기는 다른 방식의 인간됨을 증거하는 어느 백성에 대한, 본질적으로 유대교적인 비전으로부터 비롯된다. 그것을 바탕으로 초기 그리스도인들은 예수님이 직접 제시한 실마리들을 따라서, 예수님의 참혹한 죽음을 단순히 비극으로만 해석하지 않고 하나님 나라가 선포되는 절정의 순간으로 간주했다. 그들은 예수님의 죽음을 그 모든 고난이 몰려와 한데 어우러지는 지점으로 보았다. 그것은 이스라엘의 메시아가 그분의 나라 수도의 성벽 밖에서 이교도 권력자들에게 처형되었기 때문이다. 악이 자행할 수 있는 가장 사악한 것을 예수님에게 행했고, 예수님은 그것을 받아들임으로써 악의 힘을 소진시켜 버렸다. 그리고 그것 역시 의미를 가질 수 있었던 까닭은, 초기 그리스도인들이 지극히 이른 시기부터 영문도 모른 채 그 사건에서 '공적인 하나님'을 목격했다고 감히 믿었기 때문이다. 그들이 목격한 하나님은 발가벗겨진 하나님, 수치와 매질을 당하는 하나님, 군사적 힘의 권력이 아닌 사랑의 권능으로 십자가로부터 세상을 다스리는 하나님이었다.

이 꿈은 우리의 현대 문화를 이루는 많은 분야의 레이더망에서 완전히 비켜 나간다. 교회들이 이 꿈에 대해 입도 벙긋하지 않기 때문에 더더욱 그런 현상이 벌어진다. 서구의 교회들은 매우 효과적으로 계몽주의의 분층적 세계관과 영합해 왔다. 그 결과, 십자가는 죄로 물든 사악한 세상에서 도피하는 천상의 기제(celestial mechanism)로 축소되어 버렸다. 교회들은 자신의 나라를 세우기 위하여 공적인 세상으로 오시는 하나님을 가려 버렸다. 언론이 로완 윌리엄스 대주교가 이러저러한 말을 하고 있다는 취지로 보도했을 때, 많은 교회 사람들이 격분했다. 그들이 그토록 분노한 많은 이유들(유일한 이유가 아니다) 중 하나는, 예수님이 하나님 나라가 하늘에서와 같이 땅에도 임하기를 기도하라고 가르쳤을 때 그것이 무엇을 의미했는지를 많은 서구 그리스도인들이 결코 자문해 보지 않았기 때문이다. 그러나 십자가에 못 박힌 예수님의 원래 비전은 근본주의자의 분노에 찬 고함 소리를 해체하는 것이었다. 사실, 세속주의자의 멸시에 맞닥뜨려야 할지라도 말이다. 십자가는 아랑곳없이 근본주의자들이 그 메시지를 자기를 섬기는 권력으로 타락시키도록 내버려 두지 않을 것이다. 마찬가지로 십자가는 세속주의자가 위험한 종교에 대한 표준적 비평으로 얼버무리며 빠져나가게 내버려 두지도 않을 것이다. 십자가는 '하나님'이라는 단어 자체를 재정의할 때 그 중심에 서 있을 것이다. 그리고 그것의 새로운 정의(定義)는 '공적인 하나님'에 대해 생각한다는 것이 무엇을 뜻할지에 대해서 새로운 가능성들을 열어 줄 것이다.

　이것이 무엇을 뜻할 수 있을지를 실제로 궁리하는 것은, 완곡히 말하더라도 이전이나 지금이나 결코 쉬운 일이 아니다. 교회 역사는 참담한 실수들로 점철되어 있다. 황제들과 교황들이 하나님 나라를 아무런 망설임 없이 자기들의 체제들의 나라로 번역하면서 섬김과 고난을 송두리째 묵살해 버렸기 때문이다. 그러나 예수님과 함께 새로운 질서가 출범했다. 그리고 누구의 권세이든 간에 정치적 권세는 이제 살아 계신 창조주 하나님이 언젠가 온 세상을 바로잡을 때에 펼칠 구속하고 회복시키는 정의의 예표로 간주될 수 있다. 그리고 **그것은 현재의 모든 정치적·법적 업무에 맥락을 제공**한다. 또한 어떤 종류의 정부에게든 책임을 물을 과업을 교회에게 위임한다. 초대교회는 고대 유대인들처럼, 정부들과 통치자들이 어떻게 권력을 잡았는지에 대해서는 별 관심이 없었다. 그들은 정부들과 통치자들 앞에 거울을 들이대며 하나님의 회복하는 정의라는 잣대에 견주어 그들이 어떻게 하고 있는지를 보여 주는 데 비상한 관심을 보였다.

　계몽주의의 세상은 다른 길을 걷는다. 우리는 사람들이 어떻게 권력의 자리에 오르는지에 집착한다. 그리고 일단 투표를 하고 나면(선거가 치러지고 나면), 그에 따라오는 모든 것이 자동적으로 정당화된다고 가정한다. (내 귀에 들리는 바로는 진지한 미국인들이, 조지 부시가 유효하게 당선되었으므로—물론, 어떤 사람들은 그 점에 대해서도 의문을 나타내지만—아무도 확실히, 그 어떤 그리스도인도, 그가 이라크를 폭격하는 결정을 내리는 걸 반대할 권리가 없었다고 선언한다.) 틀렸다. 다시 말해서, 초기 그리스도인들이 추구한 '공적인 하나님'의 정치적·법적 비전은 통치자들의 **권한**과 그들의 실제 **행위**를 **비평**하는 동시에 **긍정**하는 것을 포함한다. 근대 서구 세계는 그 균형을 유지하는 데 어려움을 겪고 있다. 이것은 포스트모던 방식의 와해[11]를 낳는다. 그 상태에서 우리가 가진 것이라곤 비평 일색이며 긍정이란 찾아볼 수 없다. 그리고 신(新)세속주의적 압제의 가능성만이 남는다. 이런 상황에서라면 정부가 어떤 명령을 내리든지, 그것이 설사 국민들의 양심을 짓밟아 버리는 명령이라도, 즉각적으로 모든 국민에게 효력이 발휘되어야만 한다.

그래서 기독교 정치 신학 체계의 출발점은 반드시 창조주 하나님이 인간들을 통해서 일하기 원한다는 것이 되어야 한다. 청지기직을 통해 하나님의 지혜와 치유가 세상에 펼쳐지게 하는 것이 목표이지만, 그것은 그 인간들이 하나님의 임재나 사랑 또는 지혜를 명시적으로 인정하는지의 여부와는 상관이 없다. 그렇지만, 둘째, 그리고 훨씬 더 간략하게 말하자면, 이 비전은 소수의 엘리트 통치자들에게서 멈추어서는 절대로 안 된다. 그 지배는 체계를 통해 쭉 공유되어야 한다. 진정으로 책임을 행사하는 인간다움의 회복이 목적이자 수단이 되어야 한다. 그리고 그것이 의미하는 바는 권력의 공유이다. 종국적 분석에 따르면, 권력의 공유가 의미하는 바는, 일종의 민주주의이다. 여기서 또다시 우리는 계몽주의가 실제로 클로즈업된 기독교 이단이라는 사실을 일견한다. 계몽주의는 인간적이고 인간화한 사회라는, 진정으로 기독교적인 비전의 위대한 상을 받기 위해 노력해 왔지만, 그것을 뒷받침할 기독교 신앙은 결여되어 있었다. 계몽주의가 그 대신에 붙잡은 것은 자신의 영광을 향한 꿈이었고, 스스로가 역사의 정점을 이루고 그것을 통해 모든 것이 치유될 것이라고 우겼다. 그런데 그렇게 하는 가운데 계몽주의는 역사의 진짜 정점, 다시 말해 예수님이 공적인 하나님을 드러내는 순간과 그분의 죽음과 부활을 밀쳐 내 버렸다. 그리고 그것을, 수선스러운 길거리의 활력을 다 빼앗겨 버린 고립된 영성의 '종교'를 위한 멀쩡한 배경으로 만들어 버렸다.

우리는 이 모든 것을 다음과 같이 요약해 볼 수 있다. 첫째, 예수님과 함께 하나님의 통치가 개시되었다. 따라서 현재의 통치자들은 어떤 추상적 이상이나 고대의 이상에 비추어서가 아니라 하나님이 모든 것을 바로잡을 다가오는 그때에 비추어, 반드시 책임을 묻는 자리에 세워져야 한다. 둘째, 이것은 반드시 현재의 시간 속에서 이루어져야 한다. 그것은 기품이 더해져야 하며, 의사결정 과정의 일환으로서 점점 더 많은 사람들을 온전한 인간됨으로 이끄는 방식으로 이루어져야 한다. 셋째, 그리고 끝으로, 이 '나라'의 표적들은 구원하고 치유하기 위해, 우선순위를 재조정하기 위해 일하는 사회로 표현될 것이다. 그러한 사회에서 가장 약한 이들은 보호받고 가장 강한 이들은 오만과 권력의 길을 금지당할 것이다. '공적인 하나님'에 대한 원래 글들을 실었던 「뉴 스테이츠먼」 특집호의 앞표지를 넘기면, 그 안쪽 면에 '행동하는 믿음'이라는 제목을 실은 구세군 광고가 모습을 드러낸다. 이 얼마나 놀라운 역설인가! 여기서 말하는 행동이란, 굳이 말할 필요도 없지만, 폭탄을 투하하고 소수 집단들을 괴롭히는 것이 아니라 노숙인들을 돕고, 위험에 처한 청소년들의 친구가 되고, 마약중독자들을 치료해 주는 것이다. 그것은 기독교적 관점에서 바라본 '공적인 하나님'의 유일한 모습은 아니지만, 그 비전의 중심 가까이에 서 있다. 그것은 희망의 표적이며, 그 희망은 죽기를 거부한다. 아니, 설사 죽는다 하더라도, 그 희망은 곧 다시 일어날 것을 주장한다.

결론: 공적인 하나님, 공적인 의제

결론적으로 몇 마디 간단하게 하면서 이 모든 것을 현재의 논란들과 연결해 보겠다. 먼저, 세속주의와 근본주의 사이의 대치 상태를 살펴보자. 미국의 짐 월리스가 한 말을 다시 인용해 보겠다. "우파는 잘못 이해하고 좌파는 이해하지 못한다." 교회는 모든 세대에서 공동체, 공적인 공동체를 이루어 공익을 위해 모든 사람들과 함께 일하라고 부름받았다. 그 일을 할 때 우리는 이런 사실을 믿어야 한다. 하나님이 **언젠가** 모든 것을 **바로잡을 것**이고, 하나님이 이미 예수님 안에서 그렇게 **하셨으며**, 지금 이곳에서 인간의 소명은 우리의 삶과 우리의 사회에 하나님이 이미 하신 일을 통해 에너지를 얻어 진정으로 하나님이 언젠가 하실 일을 예표하는 방식으로 질서를 부여해야 한다는 것이다. 만일 교회가 지난 200년 동안 그렇게 해 왔더라면—마침, 윌버포스(Wilberforce)와 그의 친구들이 영국과 영국의 식민지에서 노예무역을 폐지한 지 200년이 되었다—우리는 오늘날 매우 다른 논쟁을 하고 있을 것이다. 역설적이게도, 국교회에 대해 우리가 가진 현재의 수수께끼들이 지금의 모양을 갖추게 된 것은 교회가 너무도 자주 공적인 역할을 태만히 하고, 그러한 뒷걸음질을 '하늘'이라는 언어를 써서 일상적으로 정당화하면서 그 자리를 계몽주의의 이원론으로 채워 왔기 때문이다.

'국교회'는 잉글랜드가 여전히 이론상으로는 기독교 국가임을 인정하는 방식이다. 두 가지 면에서 그렇다. 첫째, 우리의 역사와 문화가 기독교 신앙에 의해 결정적인 영향을 받았다. 둘째, 2011년 인구조사에서 인구의 59퍼센트가 자신들을 '그리스도인'이라고 인정했다. 이것이 의미하는 바는 '국교회'가 작은 소수 집단들을 걱정하고 대변하며 그들이 생각 없는 개별 교회와 심장 없는 세속 국가 사이에서 찌부러지지 않게 할 특별한 책무를 지니고 있다는 것이다. 그래서 유대인들과 다른 이들에 대한 언급에서처럼, 특별히 민감한 무슬림들에 대한 언급에서 로완 윌리엄스 주교는 완벽하게 적절한 방식의 우려를 표명한 것이다. 그리고 대부분의 잉글랜드 성공회 지도자들은 오늘날 만일 우리의 '국교로서의' 지위를 다른 위대한 자매 교회들과 공유할 어떤 방법을 찾을 수 있다면 정말로 기쁠 것이라고 주장할 것이다. 그러나 우리 스스로를 속이지 말자. 지금 '국교회'를 포기하는 것은 포스트모더니티가 즐겁고 정당하게 해체해 온 세속주의와 영합하는 꼴이 되고 말 것이다. 오히려 도전은 사회 전체의 유익을 위하여 국교회가 일할 수 있도록 만드는 것이 되어야 마땅하다. 그것을 목표로 삼는 것은 기독교 복음 자체와 더불어 우리 사회와 전통들의 깊은 뿌리들을 고려하며 일하는 것을 뜻한다.

특히 우리는 계몽주의가 부각시켰지만 포스트모더니티와 말쟁이들의 세상에서 잃어 온 어떤 것을 되찾아야 한다. 그것은 우리의 사고와 우리의 공적 담화에서 이성에 대한 강조이다. 이성은 신뢰와 상관관계가 있다. 당신의 대화 상대가 이성적인 방식으로 찬찬히 숙고한다는 신뢰가 없을 때, 상대의 말을 자르고 중상모략과 비아냥거림으로 받아치게 된다. 그리고 자기 자신에 대해서도 그런 신뢰를 가질 수 없을 때, 헛된 소리와 슬로건에 기대게 된다. 그런 이중적 신뢰의 결여는 역설적이게도 하나님을 공적인 세상에서 떼어 내야 한다는 계몽주의의 주장과 직접적인 관계가 있다. 많은 정치인들과 많은 언론 종사자들은 사람들이 생각하고 행하는 것을 통제하기를 희망하고, 그렇게 할 수 없을 때는 헐뜯는 것으로 대신한다. 사람들을 신뢰하기란 완전히 다른 전진 방식이며, 그것은 다른 지원 기제(back-up mechanism)들을 필요로 한다. 예수님은 뱀처럼 지혜롭고 비둘기처럼 순결하라고 말씀하셨다. 포스트모던 혁명은 부분적으로 의도하지 않은 결과를 낳았다. 그것은 아마도 만일 이성이 자신이 하겠다고 떠벌린 일을 하려면, 우리가 결국 공적인 하나님과 머리를 맞대고 같이 셈을 해야 할 필요가 있다는 점을 폭로한 것일지도 모른다. 그리고 그 일이 벌어질 때, 회의석상에서 지혜로운 그리스도인들의 목소리가 들려야 한다. 또한 마찬가지로, 유대교인들과 무슬림들의 목소리와 다른 많은 이들의 목소리도 들려야 한다. 그 목소리들은 과격하거나 근본주의적인 것이 아니라 겸손하고 명료해야 한다. 무턱대고 즉답을 내놓은 자들의 목소리가 아니라 하나님의 진리에 대해 신선한 방식으로 이해하는 자들의 목소리여야 한다.

이런 사람들의 말에는 확신이 실려 있을 것이다. 아테네에서 알지 못하는 신에게 바쳐진 단에 대해 바울이 했던 말처럼, 그 말은 모든 사람들이 반쯤 알고 많은 사람들이 억누르려고 하는 것들을 놓고 호소할 것이기 때문이다.

마지막으로, 그 프로젝트 안에는 우리의 현대 민주주의 제도들에 대한 거대한 도전이 도사리고 있다. 영국에 들어서는 정권마다 개헌을 만지작거리고 오랫동안 확립된 구조들을 장난감 병정 세트라도 되는 것처럼 가지고 놀고 있다. 기존 체제에서의 견제와 균형에 대해서는 눈곱만큼의 관심도 보이지 않고, 어떤 종류의 지도적 비전도 없다. 그나마 하나 있는 것이라고는 더 많은 투표가 좋은 것이려니 하는 희미한 비전뿐이다. 아마도 계몽주의가 좋다고 하니까 좋은가 보다고 믿는 것 같다. 나는 투표에 대해 정말 좋다고 생각한다. 그 이유들에 대해서는 내가 이미 설명했다. 그러나 고위 지도자들과 정권들에게 책임을 물을 구조적 수단이 반드시 필요하다. 그렇게 하는 것은, 큰 그림으로 보는 면에서나 구체적인 세부 사항으로 보아서나, 여전히 지극히 어려워 보인다. 오늘날 교회의 시급한 과업들 중 하나는 우리의 민주주의 구조들에 대한 설명을 제공할 수 있도록 도움을 주는 것일지도 모른다. 민주주의 구조들이 어떻게 그 과업에 실패하고 있는지 그리고 그 과업들을 더 잘 다루려면 어떻게 개혁되어야 하는지에 대한 설명이 필요하다. 물론 그것은 우리를 다른 영역으로 데려갈 것이다. 내가 지금까지 기술해 온 모든 이데올로기적 전투들이 확대되고 증식되는 유럽의 복잡한 현실들은 말할 것도 없이 그중 하나의 영역이다. 그런데 교회는 그저 옆에 앉아서 시대착오적인 특권을 방어하려고 해서는 안 된다. 만일 교회에 속한 우리들이 우리가 말하는 바를 믿는다면, 우리는 내일의 세상에서 공적인 하나님을 실천한다는 것의 의미를 알아내는 작업에 솔선수범하도록 도와야 한다. 또한 우리의 동료 시민들, 특히 믿음의 가정들을 격려해 지혜롭고 이성적인 시민의 담화에 참여하도록 도와야 한다. 이것이 그리고 이것만이, 우리가 가야 할 목적지에 우리를 데려다줄 것이다. 이것이 그리고 이것만이, 낯설고 위험하지만 희망이 넘치는 포스트-포스트모더니티의 세상으로 가는 여정 중에 길을 잃지 않게 우리를 지켜줄 것이다.

6장

하나님과 권력과 인간 번영

학창 시절의 어느 날 저녁이 생생하게 기억난다. 경악스러운 소식이 학교 전체에 큰 파문을 던졌다. 아니, 전 세계가 뒤흔들렸다. 미국 댈러스에서 케네디 대통령이 총탄에 맞아 숨졌다는 소문이 돌 때 우리는 막 콘서트를 즐기고 나오는 길이었다. 우리는 그의 사망으로 어떤 일이 빚어질지 알지 못했지만, 그것이 결정적인 순간이었음은 알 수 있었다. 그 후로도 우리들에게는 결정적인 순간들이 찾아왔고, 먼 미래에 그 순간들이 어떤 결과를 낳을지 정확히 짐작하기란 불가능했다. 그러나 어둠 속에서 새롭고 놀라운 가능성들을 향한 길을 더듬으며 나아갈 때, 우리 주변에서 소용돌이칠 문제들 중 몇 가지를 대략적으로나마 그려 보는 시도는 할 수 있다.

특히 내가 던지고 싶은 질문은 이것이다. 만일 하나님이 어딘가에 속한다면, 어디에 속하는가? 그리고 그 모든 것 가운데 어디에 속하는가? 우리 모두는 특정한 도전에 직면한다. 우리는 방관자가 될 것인가, 아니면 주제의 문법을 익혀서 지성적이고 창의적으로 참여할 것인가?

후자를 선택하고 나아가기로 시작하는 것을 돕기 위해, 나는 권력과 돈에 대한 몇 가지 고찰을 제공하고자 한다. 권력과 돈은 고대, 근대, 포스트모던 시대를 망라해 모든 인간사에서 사람을 움직이는 가장 강력한 관심사들 중 두 가지이다. 우리는 권력과 돈이 오늘과 내일의 세상에서 어떻게 작용할지에 대해 생각해 볼 필요가 있다. 그러나 먼저 어떤 단어에 대해 한마디 해야겠다. 그 단어는 수수께끼 같은 짧은 단어로, 바로 '하나님'(God)이다.

하나님과 신들

만일 거리를 걸으면서 처음 만나는 사람에게 "하나님을 믿으십니까?"라고 질문한다면, 적어도 유럽이나 미국에서라면, '하나님'이라는 단어에 대해 특정한 의미를 전제로 하고 있을 가능성이 높다. 영국에서는 대부분의 사람들이 여전히 '하나님'을 저 하늘 높은 곳에 있는 늙은이로 생각한다. 그 늙은이가 세상을 만들었을 수도 있고 만들지 않았을 수도 있고, 그 세상을 효율적으로 운영해야 하지만 그 일을 아주 썩 잘하고 있는 것 같지는 않다고 생각한다. 우디 앨런(Woody Allen)은 이렇게 말했다. "나는 하나님을 믿는다. 그런데 그분은 일이 좀 서툰 것 같다." 이 하나님은 짐작컨대 인간들이 어떻게 행동해야 하는지에 대해 일단의 규칙들을 정해 놓았고, 우리가 모두 치러야 할 일종의 기말고사를 기획하고 있는데 그 시험을 통해 우리는 얼마나 잘해 왔는지를 평가받게 될 것이라는 소문이 있다. 비록 다른 소문들에 의하면, 평가가 마지막에 몰아서 보는 기말고사가 아니라 계속 평가 방식을 취한다고도 하지만, 사실 곤혹스럽기는 매한가지이다. 이 하나님은 나사렛 예수와 모종의 관계가 있다고 여겨지는데, 그것이 무엇인지는 말하기는 쉽지 않다. 어떤 사람들은 이 하나님이 시시때때로 세상 속으로 걸어들어 와서 기막힌 묘기를 부려서 우리에게 자신이 주변에 있음을 상기시키고는 다시 사라져 버리는 것 같다고 생각하는 것 같다.

그것이 아마도 하나님을 믿느냐는 질문을 받을 때에 사람들의 마음속에 떠오르는 그림일 것이다. 그런 사람들 중 많은 이들이 믿음에 따라 사는 그리스도인들일 것이고, 그들은 이런 하나님이 자기들이 믿어야 하는 하나님이라고 가정하고, 자신들의 예수님에 대한 지식과 사랑과 경배를 그 그림에 어떻게든 맞추어 넣는다. 그런데 많은 무신론자들에게 당신들이 믿지 않는 하나님은 어떤 분이냐고 질문을 했을 때, 그들은 그와 같은 하나님을 묘사한다. 그들이 그리는 하나님은 심술궂은 늙은 폭군인데, 한심하게도 폭군 노릇조차 아주 효율적으로 하지 못한다. 최근에 나는 근대 이탈리아에 대한 책을 한 권 읽고 있었는데, 그 책에서 저자는 어떤 모순을 꼬집었다. 어쨌거나 아무도 법을 준수하지 않는 국가에서 무솔리니는 절대적 권력을 가진 폭군이었다! 어떤 사람들은 하나님이 그와 약간 비슷하다고 생각한다. 그 하나님은 쇼를 진행하기로 되어 있고, 우리는 그것을 그리 탐탁하게 여기지 않으면서도, 여전히 그분이 일을 제대로 했으면 하고 바란다. 그리고 그분이 지진해일, 지진, 기아, 혹은 집단 학살이나 아동 학대 같은 일을 허락하지 않길 소망한다.

하나님에 대한 이러한 그림은, 사실, 하나님에 대한 **기독교적** 이해와 큰 상관이 없다. 그 점에 대해서는, 당신이 시시때때로 마주치는 아주 다른 그림, 즉 하나님과 세상이 그럭저럭 동일하다는 범신론적 몽상도 마찬가지이다. 범신론자에게 세상에 있는 자연적인 힘들과 우리 각자 안에 있는 자연적인 힘들은 아무튼 그 자체로 신성하다. 그렇다면 중요한 점은 멀리 계신 하나님께 순종(또는 불순종!)하느냐가 아니라, 우리 내면의 신성한 힘과 연결되고 조화되는 것이다. 많은 철학들이 그 길을 걸어왔지만, 그것은 저 위 하늘에 있는 노인네의 그림만큼이나 문제투성이다. 물론, 특히 그것은 악의 문제에 대해 아무런 해결책도 제시하지 못한다. 다시 말해, 만일 하나님과 세상이 그냥저냥 같은 것이라면 그리고 만일 당신이 그런 세상의 꼬락서니를 좋아하지 않는다면, 숨을 곳이 없어지고 만다.

한편으로는 멀리 떨어져 있는 비효율적인 신성이며 또 다른 한편으로는 '세상의 영혼'으로 묘사되는 하나님에 대한 이 두 가지 그림들은 에피쿠로스주의와 스토아주의의 고대 철학들에 대체로 대응한다. 그리고 그 중간에는 하나님이나 신들이 존재할지도 모르지만, 그 점에 대해서는 확신할 수 없다. 그러므로 만약을 대비해 어떤 형태의 종교든 갖고 있는 것이 최선이라고 말하는 사람들이 언제나 있다. 그것은 전형적인 잉글랜드의 입장이다(슬프게도, 때때로 전형적인 성공회의 입장이기도 하다!). 그것의 고대의 짝꿍은 이른바 플라톤학파의 관점(Academic viewpoint)[1]이다. 내가 이 고대의 철학들을 언급하는 것은 신학의 주제를 깨달을 수 있는 형태로 제시할 수 있음을 역설하기 위함이다. 하나님이나 신들 그리고 세상에 대하여 우리가 어떻게 생각하는지 그리고 그것들이 서로와 어떻게 관계를 맺는지 혹은 맺지 않는지를 알 수 있다는 것이다. 이 형태를 배우는 것은 상당히 쉬운데, 물론 상세히 이해하는 데는 평생이 걸릴 것이다. 그리고 만일 이 형태를 배우지 않는다면, 왜 사람들이 자신들의 인생과 사회에 현재의 방식대로의 질서를 부여하는지 명확하게 알 수 없을 것이다.

이것은 기독교 신앙 주류와 매우 다른 믿음을 고려할 때 더더욱 그러하다. 초기 그리스도인들은 하나님에 대한 기존의 그림을 출발점으로 삼아서 그 그림에다가 예수님을 단순히 끼워 맞추면 안 된다는 것을 꽤 분명하게 알고 있었다. 예수님을 출발점으로 삼아서 거기서부터 헤쳐 나가야 한다. 그리고 초기 그리스도인들은—물론 고전적인 고대 유대교의 관점에서—그렇게 하면서 자신들이 고대 철학자들과 어느 정도 공통분모를 가지고 있다는 것을 발견했다. 또한 그들은 고대 철학자들에게 강력한 도전들을 제기할 수밖에 없다는 것도 발견했다. 그리고 이 토대 위에서 그들은 밖으로 나가서 눈에 보이는 세상—그때나 지금이나 마찬가지인 권력과 돈과 섹스의 세상—을 보았다. 그리고 예수님이 정당한 주님이고, 예수님을 따르는 것이, 집단적으로 그리고 개인적으로 마침내 진정으로 인간다운 존재를 향해 나아가는 길이라고 선포했다. 그렇게 그들은 용케도 단박에 고대 세계의 기득권 세력들에게 눈엣가시가 되었다. 이것은 물론 그들이 그토록 무시무시한 핍박을 받은 이유가 되었다. 그러나 그들은 적대적 환경에도 불구하고, 점점 더 많은 사람들의 눈에 완전히 설득적이고, 창조적이며, 위로가 되는 삶의 방식을 확립하였다. 그리고 이번 장에서 나의 질문을 이런 측면에서 재구성해 볼 수 있다. 만약 우리가 이 하나님에 대해 생각한다면 그리고 이를테면, 우리의 낯설고도 위험한 새로운 세기에서 '공적인 하나님을 실천한다'라는 것이 어떤 의미를 가질 것인가라고 질문한다면 어떻게 될 것인가? 그것은 어떤 모습을 띨 것인가?

내일의 세상에서 하나님과 권력

나는 권력부터 다루어 보려고 한다. 내가 이번 장의 내용으로 첫 강의를 한 주에 버락 오바마가 미국의 대통령으로 당선되어 하루아침에 지구상에서 가장 큰 실권을 쥐게 되었기 때문에 이것은 충분히 적절한 선택이다. 권력에 대해 숙고하려면 우리는 서구 세계에서 지난 두 세기 동안 보아 온 이야기와 그 이야기 안에서 무슨 일이 벌어져 왔는지를 잠시 생각해 볼 필요가 있다. 하나님 혹은 신들이 세상으로부터 멀리 떨어져 있으며 무심하고 개입하지 않는 존재라고 보는, 본질적으로 에피쿠로스주의적인 신관(神觀)은 하나님과 인간 권력이 서로 아무 관련이 없다는 표준적인 신관을 낳았다. 이것을 영국에서는 오늘날까지 많은 사람들이 유일하게 가능한 신관이라고 상정한다. 그리고 내가 말해 왔듯이, 이것은 근대 민주주의의 추진 동력들 중 하나였다. 만일 하나님이 다락방으로 쫓겨난다면(이것은 프랑스와 미국에서 명시적으로 벌어진 일이긴 하지만), 군주들처럼 필연적 천부의 정당성(automatic divine legitimation)을 주장하는 자들은 자신들을 등식(equation)에서 제거해야만 할 테고, 성직자들처럼 하나님을 대변한다고 주장하는 자들은 영성과 사후의 구원이나 붙들라는 말을 반드시 듣게 될 터이다.² 예전 세대라면 '복스 포풀리 복스 데이'("민중의 목소리가 신의 목소리이다", 즉 "민심은 천심이다")라고 말했을지 모르지만, 18세기의 혁명가들은 '복스 포풀리'로 충분하고 그것이 의사 결정의 모든 무게를 짊어져야 할 것이라고 판단했다. 하나님은 우리 주변에 계시지 않거나 우리에게 무관심하거나 둘 중 하나다. 우리는 모든 것을 스스로 해결해야 한다. 그래서 정치

과정은 에피쿠로스학파의 철학에서 물질세계가 발전하는 방식으로, 자동적이고 자가생성적인 진화의 과정을 겪으며 계속될 것이다. 이것은 일부 사상가들이 '생물정치학적인 것'(the biopolitical)이라고 칭한 것으로서, 그것은 생물학에서 자연도태(natural selection)와 같이 자력(自力)으로 움직여 가는 정치적 과정을 일컫는다.

그 관점이 두 방향으로 미끄러져 가는 것을 지켜보라. 이 두 방향은 공히 20세기와 21세기의 문제들이 초래되는 데에 어마어마한 기여를 해 왔다. 한편에서는, 하나님을 정말로 완전히 제거해 버린 자들이 진공상태를 만들어 놓았고, 국가와 국가의 기제들이 자라나서 그 공간을 채워 넣었다. 중국과 구소련은 공식적으로 '무신론자'였는데, 그것은 단지 사람들이 어쩌다 보니 공교롭게도 하나님을 믿지 않게 되어서가 아니라, **그들의 체제 안에 하나님을 위한 자리가 없었기 때문**이었다. 국가가 자라나 그 틈을 메워 버렸다. 하나님—혹은 아무 신이라도!—에 대한 풍문은 그래서 몹시도 체제 전복적이었다. 다른 한편에서는, 그 대신에 매우 다른 종류의 어떤 한 신, 자연계 내에 존재하는 그 신 또는 그 신들(the god or gods), 피와 종족과 땅의 깊은 힘들을 부름으로써 그 진공상태가 채워졌다. 그런 신이나 신들은 때때로 옛적의 이교도 신앙들로 명백히 퇴행하는 가운데 호출되었고, 지배민족,[3] 조국(fatherland),[4] 니체의 초인(Nietzsche's Superman)과 심란하도록 닮은꼴인 그 지도자(the Leader)[5]와 관련된 신학적으로 추동된 전체주의(theologically driven totalitarianism)라고 말할 수밖에 없는 것을 낳았다. 우리 스스로를 속이지 말자. 신학은 중요하다. 내가 청소년일 때 대단한 흥분과 환호 속에 영국 수상이 된 해럴드 윌슨(Harold Wilson)

은 '신학'이라는 단어를 경멸적으로 사용하면서 '적실하지 않은 이론' (irrelevant theory)으로 취급했다. 그러나 우리가 무엇인가를 위하여 살고 위하여 죽어야 한다면, 그것은 바로 신학 이론들이다. 비록 무척이나 왜곡된 신학이었지만, 지난 세기와 그 언저리에서 수많은 사람들을 죽음으로 몰고 간 것이 바로 신학이었다.

그렇다면 우리가 직면하는 어려움은 아무리 이렇게 말해도 소용없을 것이라는 것이다. "글쎄, 그건 사악한 종교적 전체주의였고, 우리에게는 서구의 세속적 민주주의가 있으니까 우리는 괜찮습니다. 그리고 우리가 해야 할 일은 오직 전 세계에 그것을 더욱 퍼뜨리는 것입니다." 정치인들은 공직에 선출되면 그들이 민주적 시스템을 얼마나 소중히 여기는지를 자주 선언한다. 만일 그들이 선거에서 패배한 다음이라면 이를 악물고서 그 말을 한다! 그리고 우리는 고대 아테네로부터 지금까지 민주주의 국가들에서, 몇 년 내로 지혜 없고 형편없다고 간주될 이상(ideal)들과 행동(action)들에 몰표가 쏟아지곤 한다는 사실을 결코 잊어서는 안 된다.

더욱이 오늘날의 민주국가들의 선거에서 당선되기를 원하는 자라면 누구나 무지막지하게 돈을 써야 한다. 우리의 무지몽매한 선조들은 '선거'를 치를 때에 지역의 대지주가 커다란 맥주 통을 가져다 두고는 자기에게 표를 던진 모든 사람들을 위해 잔치를 벌였다. 내가 학창 시절에 처음으로 역사를 접했을 때, 우리는 그런 일을 하는 그들을 보며 다소간 업신여기기도 했다. 오늘날 우리는 더 정교하고 세련되어졌지만, 그렇다고 해서 우리의 투표 제도들이 아무런 문제가 없다고 여긴다면 그것은 매우 근시안적인 판단이 될 것이다. 게다가 대부분의 민주

국가들이 가정하고 있는 것처럼, 선거에서 과반의 표를 얻는 것이 어떤 사람이나 정당에게 무엇이든 원하는 대로 할 수 있는, 아무도 결코 도전할 수 없는 절대적 권리를 부여한다고 가정하는 것은 어리석은 일이다. 고대 그리스인들과 로마인들은 임기를 마친 공직자들을 자주 심판대에 세웠다. 실정이나 부패, 심지어 선의의 무능력은 애초에 큰 표 차이로 선출되었다는 말로 항변될 혐의들이 아니었다. 추궁은 소급적으로도 이루어졌다. 오늘날 우리는 그것을 대체적으로 포기해 왔고, 예외적인 경우라면 닉슨의 워터게이트와 같은 초대형 스캔들이 있을 뿐이다. '복스 포풀리'는 어떤 특이한 방법을 써서라도 그리고 어떤 재정적 유인책을 써서라도, 하고 싶은 말을 해 왔다. 우리의 시스템들은 어깨를 으쓱하고는 "글쎄, 그들이 선출된 걸 어쩝니까"라고 말하고 만다. 그래서 유일한 제재(制裁)는 다음번에 그들에게 표를 주지 않는 것이다. 그러나 다음번이라는 시간은 저 멀리 떨어져 있는 것 같다. 그리고 그때가 오면, 어떤 시급한 이슈가 생길지도 모른다. 사람들은 급박한 마음에 몇 가지 다른 문제들에 대해서는 오도되거나 완전히 위험한 후보에게 표를 줄지도 모른다.

그렇다면 도대체 미래의 권력 세계에서 공적인 하나님에 대해 말하는 것은 무엇을 의미할까? 그것도 멀리 떨어져 존재하는 에피쿠로스주의자의 신이나 부재하는 무신론자들의 신이나 스토아주의자의 피와 흙(blood-and-soil)[6]의 신도 아닌, 기독교적인 하나님을 염두에 두고서 공적인 하나님에 대해 언급하는 것은 무엇을 의미할까? 나는 다섯 번의 빠른 붓놀림으로, 간략하게 그와 같은 것의 모양을 그려 보겠다.

그리스도와 권력

먼저 우리가 예수 그리스도 안에서 보는 하나님은 인간 권력에 구조들이 있고 공동체 삶에 질서가 있기를 원하신다. 그리스도인들은 무정부주의자가 되라고 부름받지 않았다. 왜냐하면 우리가 믿는 하나님은 창조주이며, 혼돈에서 질서를 불러낸 하나님이기 때문이다. 무정부 상태에 대한 환상은 그것이 깡패들과 무뢰한들이 약자들과 취약 계층들을 등쳐 먹게 내버려 둔다는 것이라는 점을 깨닫는 순간 깨어진다. 농부들은 들판들을 둘러친 담들이 없어서 꽤 행복할 것 같지만, 그것은 양들을 낚아채려고 어슬렁거리는 늑대들이 없을 때 이야기이다. 무정부 상태는 안 된다. 신약성경의 태도는 상당히 분명하다. 하나님은 이 세상에 인간 권력 구조들이 있기를 원하신다는 것이다.

둘째, 그럼에도 하나님은 여전히 모든 인간 통치자들과 권세들에 대한 주권자이다. 이것 역시 꽤나 분명하다. 인간 권세들은 신성하지 않을 뿐만 아니라, 궁극적으로 하나님께 책임을 추궁받는다. 그리스도인들은 압제자가 되라는 부름을 받지 않았다. 왜냐하면 우리가 믿는 하나님은 권력을 공유하는 하나님(power-sharing God)으로, 자신의 포괄적 지배(overarching rule) 아래에서 인간들에게 책임을 다하라는 소명을 부여하시기 때문이다. 전체주의에 대한 오랜 기억은 우리가 하나님이 의도하는 권력 구조들을 제안하기를 꺼리게 만든다. 합당한 반응은 권력 구조들을 제거하는 것이 아니라 하나님이 여전히 그것들에 대한 주권자임을 주장하는 것이다.

셋째, 가장 결정적이고 중심적인 것은 권력이 예수 그리스도에 의해 그리고 예수 그리스도를 중심으로 재정의되었다는 것이다. 이것은 신약성경의 주요 줄기들 중 하나이다. 마가복음 10:35-45에서 예수님의 덜 과묵한 제자들 중 두 사람인 야고보와 요한은 예수님이 왕이 되실 때 자기들이 그분의 오른편과 왼편에 앉도록 해 달라고 청탁한다. 그들은 특히 또 다른 친형제 제자들인 베드로와 안드레보다 높은 자리를 얻기 위해 벌써부터 꼼수를 쓰고 있다고 짐작해 볼 수 있다. 예수님은 그들을 꾸짖으며 이런 말씀을 하신다. 내일을 살아갈 그리스도인들과 비그리스도인들 모두가 점점 더 친숙해지기를 바라는 말씀이기도 하다. "이방인의 집권자들이 그들을 임의로 주관하고 그 고관들이 그들에게 권세를 부리는 줄을 너희가 알거니와 너희 중에는 그렇지 않을지니 너희 중에 누구든지 크고자 하는 자는 너희를 섬기는 자가 되고 너희 중에 누구든지 으뜸이 되고자 하는 자는 모든 사람의 종이 되어야 하리라"(막 10:42b-44). 그리고 나서 요점을 재차 강조하는 동시에 범주를 넓혀서 우리가 그 함의들을 온전히 볼 수 있게 하면서, 예수님은 다가오는 자신의 운명을 언급하신다. "인자가 온 것은 섬김을 받으려 함이 아니라 도리어 섬기려 하고 자기 목숨을 많은 사람의 대속물로 주려 함이니라"(막 10:45). 우리는 자주 그 문장을 양쪽으로 잡아당겨서 둘로 찢어 놓는다. 한쪽은 정치적 논평이고 다른 한쪽은 예수 그리스도의 구속적 죽음을 가리킨다고 말한다. 내일의 세상에서 우리는 그 둘로 나뉜 세상이라는 사치를 감당할 여유가 없을 것이다. 어떤 식으로든 우리는 권력이 예수 그리스도와 그분의 죽음과 부활을 통하여 그리고 그분을 중심으로, 또 그 안에서 재정의되었다는 것이 무엇을 뜻하는지 탐색해 보아야 한다. 또한 구원(salvation)이 이 세상**으로부터**

도피에 대한 것이 아니라 이 세상을 위한 것이며 이 세상 **안**에서 구속(redemption)에 관한 것이라는 점은 무엇을 뜻하는지 탐색해 보아야만 한다.

잠시 이 주제에 대해 살펴본 뒤에 네 번째 붓질을 하겠다. 이 교훈의 일부는 우리를 다스리는 자들에 대해 우리가 사용하는 언어에 이미 간직되어 있다. 우리는 '시민의 **종**'(civil servant, 공무원)들에 대하여 그리고 공공 **서비스**(public service)에 종사하는 사람들에 대하여 말한다. 그리고 행복하게도, 그 단어로 자기들을 표현하는 많은 사람들이 정말로 진심으로 그 말뜻을 새기면서 말하고, 그 말대로 행동한다. 그러나 점점 더 우리는 그 언어로부터 멀어졌다. '통치자', '지도자', 심지어는 '주인님'이라는 언어에 가까워지고 있다. 그러는 가운데 흔히들 그러한 단어들이 대변하는 미묘한 변화들에 대해서 우리는 그다지 반추해 보지 않는다. 이런 모호성은 우리의 민주적 구조들 내부 여기저기에 웅크리고 있다. 왜냐하면 우리가 정치인들을 선출할 때, 우리는 그들이 해 주기를 우리가 원하는 것들—달리 말해서, 우리를 섬기는 일들—을 할 권력을 그들에게 넘겨주기 때문이다. (이것은 또 하나의 퍼즐을 낳는다. 왜냐하면 그렇다면 그 사람들이 유권자들이 표를 던질 때 무엇을 원했었는가와 더불어 무엇이 사실 유권자들과 다른 모든 사람들에게 최선의 유익을 가져다줄 것인가를 판단해야 하기 때문이다. 그런데 이 두 가지는 일치하지 않을 수도 있다. 그래서 무엇보다도 국민투표는 사람들을 매우 호도할 소지가 있다.) 그러나 우리 모두가 알고 있듯이, 민주주의는 이것으로부터 아주 먼 곳에 있는 무언가로 전락하기 쉽다. 그리고 뻔뻔스러운 논평가가 아니고서야 오늘날 서구 사회에서 실제로 그러한 전락이 일어나 왔고 또 계속해서 일어나고 있음을 부인할 수 없을 것이다.

그러므로 권력의 기독교적 재정의에 대한 처음 세 번의 붓놀림은 이렇게 정리된다. 첫째, 하나님의 의도는 권력에 구조들이 있어야 한다는 것이다. 둘째, 그 권력들은 그 자체로는 신성하지 않지만 하나님 앞에서 책임 추궁을 받는다. 셋째, 권력 그 자체는 예수 그리스도 안에서 그리고 예수 그리스도를 중심으로 종의 신분(servanthood)의 측면에서 재정의된다. 이것은 네 번째의 결정적인 요점으로 모아진다. 그리스도인은 예수 그리스도께서 언젠가 온 세상에게 책임을 묻고, 온 세상을 바로잡으면서 온 창조 세계를 자신의 의와 평화와 영광으로 넘쳐흐르게 할 것이라고 믿는다. 그리고 권세들은 **현재의 시간에서 하나님의 창조의 질서를 구현하고, 더불어 하나님의 궁극적 질서를 예표하는 것**(하나님의 세상에 의와 치유와 평화와 영광을 가져오는 것)**을 의무로 짊어진다**. 달리 말해서, 심각한 기독교 신학 체계의 관점에서 우리는 인간 권세들의 과업을 판단할 때, 있는 그대로 존재하는 세상과 어떤 관계인지를 고려해야 할 뿐만 아니라 하나님이 다시 만들기 원하시는 세상과 어떤 관계인지도 따져 보아야 한다.

이것은 단번에 다섯 번째이자 마지막인 붓놀림으로 이어지는데, 심각한 유해성 경고이다. 미국의 대통령이든 어느 축구팀의 주장이든, 우리가 이 책무를 인간들에게 부여할 때, 그들은 언제나 자기 확대(self-aggrandisement)를 위해 그 책무를 이용하려는 유혹을 느낄 것이다. 그러므로 인간 권세들은 반드시 언제나 책임을 묻는 자리에 세워져야 한다. 인간 권세들에 대한 하나님의 의도는 그것을 이 세상의 문제에 대한 부분적인 해결책으로 사용하는 것이다. 결국에는 하나님이 모든 것을 바로잡으리란 것을 그들이 예표하지만, 그들은 언제나 그 문제의 일부가 될 위험에 처해 있다. 그런 일이 벌어질 때 통치자들은 종이 되기를 포기하고 압제자가 되고 만다. 이런 일은 공공연한 군주제에서만큼이나 근대 민주주의 국가에서도 흔하게 벌어진다. 그렇게 되면 우리는 정말로 문제에 맞닥뜨리게 된다. 교회의 책무의 결정적인 한 부분은 그래서 권세들에게 그들이 무엇을 위해 그 자리에 있고, 무엇을 위해 그 자리에 있으면 안 되는지를 상기시키는 것이다. 교회는 반드시 이 세상의 통치자들에게 그들의 책무들에 대한 책임을 물어야만 하고, 그 책무들과 관련해서 그들이 어떤 실패를 했는지에 대해 명확하게 말해야만 한다. 그리고—물론!—다른 이들에게 권하는 바를 행동으로 실천하며 보이는 모범적인 삶을 살아야 한다. 이것은 당연히 크고 복잡한 과업이지만 필수불가결한 과업이기도 하다.

보통은 정치인들에게 책임을 묻는 과업을 이런 측면에서 구상하지 않는다. 우리의 현재 정치인들에 의해서건 현재 교회 지도자들에 의해서건 매한가지이다. 그 과업은 필요한 것으로 비쳐지지만 우리는 보통 그것이 의회의 야당이나 언론과 언론인들의 일이라고 가정하고 만다. 야당과 언론이 공히 효과적일 때도 있고 우울할 정도로 비효과적일 때도 있다. 야당들은 정당 정책이 어쩌다 정부 정책과 일치하면 정부에 도전하지 않을 가능성이 크고, 언론은 변덕스럽기로 악명 높고, 때때로 부패하기도 하고, 빈번히 특정 이익 단체들의 대변인 노릇을 일삼는다. 기독교의 관점에서 볼 때, 이 둘은 모두 지극히 중요한 자리를 차지한다. 그러나 교회는 그들 모두에게 책임을 물을 소명이 있다. 이것은 아무리 어렵거나 위험해도 해야 하는 일이다. 그리고 다시 말하지만,

교회가 다른 이들에게 들이대는 잣대들에 따라 살아가는 모습을 보이기 위해 제아무리 피나는 노력을 기울여야 할지라도 이 일을 해야 한다.

인간 권력에 대한 기독교적 분석은 사고와 행동의 틀을 제공해 주는데, 그 틀은 지난 200여 년 동안 우리 서구의 제도들을 지탱해 온 틀들과는 몹시 다르다. 함께 이 목적을 향해 노력하는 것은, 우리 세상의 엄청난 문제들(단순히 새로운 정부나 대통령을 선출함으로써 해결할 수 없는 문제들)을 다루는 최선의 방법이라고 감히 제안한다. 그런데 이 모든 것이 실천적인 면에서는 무엇을 의미할까? 단순히 성직자들이 도전적인 설교들을 선포하고 간간이 신문에 글을 기고하면 되는 것일까? 물론 아니다. '공적인 하나님을 실천한다'는 측면에서 그것이 어떻게 펼쳐질 수 있을지 세 가지 간단한 예를 제시해 보겠다.

세 가지 예시

첫째, 교회는 반드시 권력자들에게 그들의 책무가 무엇인지 상기시켜야 한다. 몇 년 전에, 주교 회의(Synod of Bishops)에 참석하기 위해 로마에 간 적이 있었다. 그때 나는 카메룬 출신의 망명 신청자에 대한 이메일을 받았다. 앙셀름(Anselme)라는 이름의 이 남자는 아버지가 사망할 때 부족장 지위를 물려받았다. 하지만 그것은 우선 죽은 아버지의 모든 부인들과 결혼해야 함을 의미했다. 독실한 그리스도인인 그는 이것을 거부했다. 부족민들은 그를 죽이려 했다. 그들의 제도에 따라 족장이 되어야 할 사람이 영국으로 도망쳐 버렸기 때문이다. 그는 영국에서 정착해 일하면서 새로운 삶을 꾸려 보려고 노력했다. 그런데 갑자기 당국이 그를 덮쳐 체포했다. 그리고 그를 추방하려 했다. 당국은 망명 신청자 통계치를 주물러서 대중지를 기쁘게 하려는 심산이었던 것 같다. 하지만 정말로 위험한 사람들을 추방하는 것보다는 말랑한 사람들을 표적으로 삼는 것이 훨씬 쉬웠던 것이다. 앙셀름은 그를 비행기에 태우려던 영국 보안 요원들에게 흠씬 두들겨 맞았지만, 그와 함께 카메룬 비행기에 탑승했던 다른 승객들이 좌석에서 일어서서 그를 비행기에서 내리게 하기 전까지는 다시 앉기를 거부하는 바람에 위기를 넘길 수 있었다. 그는 다시 영국 땅에 발을 디딜 수 있었고, 그곳에서 구금되었다. 나와 다른 교회 지도자들은 수상에게 이 졸렬한 정의의 실현에 대해 더할 나위 없이 강력한 어조로 항의하는 서신을 썼다. 강제 송환 명령은 중지되었고, 재검토 명령이 내려졌다. 어떤 의미에서는 이런 종류의 목소리를 내기 위해 그리스도인이 될 필요는 없지만, 우리가 교회 지도자들이라는 사실이 이런 상황에 대한 진실을 알려 주고 있다. 우리의 세속적 당국은 자기 좋을 대로 주무를 권력을 가지고서는, 무슨 일이든 할 의지나 능력이 없어 보였다. 슬프게도, 이 이야기는 행복한 결말을 맺지 못했다. 몇 달 후에 당국은 다시 한 번 급습을 감행했고, 이번에는 앙셀름을 위험한 운명의 땅으로 추방하는 데 성공하고 말았다.

둘째, 하나님에 대해 이야기하는 것은 목소리를 낼 수 없는 약자들의 편에 서서 말하는 것을 뜻한다. 사람들은 '조력사'(助力死, assisted dying) 혹은 심지어 '죽을 권리'(right to die)라고 부르는 것을 위해 캠페인을 벌이고 있다. 까다로운 사건들은 악법을 만든다(Hard cases make bad law)는 격언도 있지만, 우리의 심금을 울리는 절박한 상황들은 늘 있게 마련이다. 한편으로는 네덜란드에서 또 한편으로는 미국 오리건주에서 찾아볼 수 있는 증거들에 따르면 조력 자살의 선택을 일단 허락하게 되면, 온갖 종류의 세력들이 풀려나고, 온갖 종류의 미묘한 압력들이 가해져서 이미 취약해진 환자들과 가족들이 막대한 위험으로 내몰리는데, 그 위험은 단지 심리적인 것만이 아니다. 상원에서 이 문제가 대두되었을 때, 자랑스럽게도 로완 윌리엄스 대주교는 내가 언급한 근거들과 더불어, 인간의 생명은 선물로 주어진 것으로 우리가 마음대로 거둘 수 있는 우리의 소유물이 아니라는 근거를 내세우며 반대를 이끌었다. 이에 대해서는 유대교와 무슬림 지도자들도 교회와 함께 힘을 합쳤다. 게다가 영국에 있는 우리는 고통 완화 치료(palliative care) 분야의 선도자들이다. 더 이상 삶을 견딜 수 없게 된 많은 사람들이 특히 기독교적인 근거 위에 영국에서 시작된 호스피스 운동을 통해 존엄한 자연사로 가는 길을 찾았다고 말할 수 있다. 이것들 역시 내일의 세상에서 하나님에 대해 말하는 것이 무엇을 의미하는지를 보여 준다. 법 개정을 옹호하는 사람들 중 일부는 로완 대주교가 근대 세속주의 국가여야 하는 영국에 "그의 종교를 강요한다"라고 말하며 화를 내는데, 그것은 놀랄 일이 아니다.

세 번째 예는 훨씬 더 까다롭다. 이미 일어난 일에 대한 것이 아니고 시급히 일어나야 할 필요가 있다고 내가 믿는 일에 대한 것이기 때문이다. 국제연합은 정치·사회적 비상사태에 취하는 행동에 대해서는 거의 아무런 영향력을 행사하지 못한다. 국제연합이 계속해서 무력할 수밖에 없는 큰 까닭은 강대국을 비롯한 강력한 이익 집단들의 방해 때문이다. 국제연합이 할 수 있는 일이 늘어나거나, 진정한 의미의 국제형사재판소가 생겨서 더 많은 일을 처리할 수 있게 되면 그들이 곤란에 처할 것이라고 생각하기 때문이다. 그러나 영국이 19세기 초에 행했던 일을 이제 우리가 국제 관계에서 행해야 한다는 사실이 분명해졌다. 그 당시에 지역 경찰들과 순찰들과 경비들이 로버트 필 경(Sir Robert Peel)과 힘을 합쳐서 전국적인 경찰력을 조직해 공정하고 믿음직하고 효과적인 활동을 하기 위해 노력했다. 당연히 강력한 이익 집단들은 이 생각에 반기를 들 것이다. 지배적인 계몽주의적 에피쿠로스주의의 영향을 받아 생성된 우리의 현재 시스템은 결코 개입하지 않고 멀리 떨어져 존재하는 권력의 모델을 따른다. 그런데 문제는 그런 식을 택해서는 다른 일처리 방식들을 숙고할 가능성을 열어 두고 전 지구적 현실에 대한 비전을 명료하게 표현할 방도가 없다는 것이다. 오늘날 콩고에서, 다르푸르에서, 시리아에서, 그 외 중동 지역에서 그리고 일촉즉발의 상황에 놓인 다른 많은 지역에서 실천할 수 있는 정의와 평화의 구조를 구축하고, 믿을 수 있는 행동을 보여 주어야 한다. 내일의 세상에서 하나님에 대해 말할 때 그것이 어떤 의미를 가질 것인지를 파악해야 할 때가 바로 지금이라고 말하고 싶다. 내가 지금까지 제시한 방법들에 따라, 기독교의 하나님에 대해 이야기해야 한다. 그것이 우리가 현재 마주한 방대한 문제들을 해결하기 위한 신선한 방법들을 궁리하고 찾아내는 데에 필요한 플랫폼을 제공해 줄 수 있다. 그것 외에 달리 방도가 없다고 나는 확신한다.

하나님과 맘몬

이제 아주 짤막하게 내가 약속했던 다른 주제에 대해 살펴보도록 하자. 맘몬(돈의 신)이 지배하는 세상, 즉 돈이 지배하는 세상에서 하나님에 대해 말하는 것은 어떤 의미를 가질까?

2008년(6장을 처음으로 강의한 해)에 돈의 세상에서 벌어진 일은 완곡하게 말해서 경제의 9·11 사태나 마찬가지였다. 우리는 그런 정도의 금융 대란이 일어날 것이라고는 결코 믿지 않았다. 그런데 뒤돌아보니 왜 그런 일이 벌어졌는지도 알 수 있고, 왜 그것을 예측하지 못했는지도 보인다. 9·11이 단지 일부 종교적 광신도들 때문에 벌어진 일이라고 (그래서 광신도들을 추방하고, 심지어 그들에게 폭격을 가해야 하고, 그렇게 하면 모든 문제가 해결될 것이라고) 말할 수 없다. 마찬가지로 그 모든 비상한 파문을 일으킨 2008년의 금융 위기가 단지 소수의 탐욕스러운 서브프라임 거래자들 때문에만 벌어진 일이라고도 말할 수 없다. 또한 우리가 그들의 궁둥짝을 흠씬 두들겨 주고 나면, 시스템의 나머지 부분이 정상을 되찾을 것이라고도 확언할 수 없다. 그렇다면 대안이 있는가? 이러한 영역에서 공적으로 하나님에 대해서 말하거나 생각한다는 것은 무슨 의미를 갖는가?

에피쿠로스주의가 믿는 신들은 우리가 우리 돈으로 무엇을 하든 신경을 쓰지 않으며, 우리가 스스로 엉망진창으로 만들어 버린 상황들을 해결하는 데 도움을 줄 수가 없다. 이교도의 신들이나 스토아학파의 신들은 돈을 숭상하는 걸 장려한다. 또한 많은 사람들이 돈을 숭배해 왔다. 어떤 우상이 숭배되고 있을 때 우리는 언제나 그게 어떤 신인지 알아맞힐 수 있다. 왜냐하면 그것이 희생 제물들을 요구하기 때문이다. 이교의 신이든 스토아학파의 신이든 둘 다 아무 도움이 되지 않을 것이다. 내일의 공적 세상에서 기독교의 하나님에 대해서 말하려면, 하나님의 선한 창조 세계 안에 있는 진정한 인간 존재에 대해서 말해야 한다. 그렇게 할 때에만이, 사실상 유대교와 기독교와 무슬림의 전통들이 돈에 대해서 우리에게 진지하게 이야기들을 들려줄 것이다. 나는 세 가지만 언급하겠다.

첫째, 이 세 종교의 전통이 모두 최근까지만 해도, 돈을 빌려 주고 이자를 취하지 못하게 했다는 사실은 흥미롭기 그지없다. 우리의 서구 세계는 온통 이자의 원리, 그것도 복리(複利)의 원리 위에 기초하고 있는 까닭에, 이자 없는 세상은 상상하기조차 어렵다. 그러나 이자를 금지한 것은 창조와 심판의 신학 깊은 곳까지 파고드는 원리이다. 돈이라는 것은, 성경적 신학에 비추어 볼 때, 그것 자체로는 그 어떤 것도 아니다. 그 자체로서 목적이 될 수도 없으며, 언제나 재화와 용역과 직접적인 관련을 갖는다. 돈에 이차적 용도가 생기게 되는 순간(돈으로 돈을 벌거나 내기에 돈을 거는 순간), 당연히 경고음이 울려야만 한다. 지금 우리의 위치에서 시작해 볼 때, 나는 우리가 그런 것을 방지할 수 있을지는 확신할 수 없지만, 적어도 알고는 있어야 한다.

둘째, 그렇지만 오늘날과 내일의 세상에서 얼마나 무지막지한 빈부 차이가 있는지 못 보고 지나갈 그리스도인은 없을 것이다. 이러한 빈부의 격차가 선하고 지혜로운 창조주의 현실을 반영하는 것일 리 없다는 사실을 모르는 그리스도인도 없을 것이다. 우리에게 다른 과세 구조가 필요하다거나 지원금을 더 많이 주어야 한다고 간단히 말하고 넘어

갈 문제가 아니다. 가난한 사람은 왜 가난한지 자문해 보아야 한다. 그리고 그 기저의 원인들을 해결해야 한다. 공산주의의 제안과 같은 것으로 회귀하자는 제안도 해결책이 되지 못한다. 공산주의는 러시아와 그 주변국들에서 70년의 시험 기간 동안 유토피아를 건설하지 못했다. 오히려 거대하고 압제적인 디스토피아(Dystopia)만을 건설함으로써 수백만 명의 사람들을 무덤으로 몰아넣었다.

셋째, 빈곤의 근본 원인들을 다룰 때에, 우리는 일부 가난한 사람들이 정말로 자신들의 어리석음이나 게으름 또는 우둔함 때문에 가난하다는 부인할 수 없는 사실에 주목하게 된다. 그런데 의심할 여지없는 이 사실은 너무도 오랫동안 이기적이고 탐욕스럽고 완전히 불공평한 정책들을 계속 시행하기 위한 부자들의 변명으로 사용되어 왔다. 나는 이 말을 지역적인 차원에서뿐만 아니라 전 지구적 차원에서도 하고 있다. 아직도 서구 국가들과 서구 은행들에게 어마어마한 빚을 지고 있는 국가들이 있다. 특히 사하라사막 이남 아프리카가 그렇다. 그런 나라에서는 전 국민이 의료, 교육 등에 쓸 돈이 없다. 왜냐하면 버는 족족 모든 돈이 국채에 붙는 복리를 갚는 데 쓰이기 때문이다. 은행가들은 이런 변명을 입에 달고 다닌다. 이 사람들은 애초에 이렇게 많이 빌리면 안 되는 거였어요, 다 자기들 잘못이지요, 너무 무책임해요, 이 사람들은 언젠가 변제해야 할 날이 온다는 교훈을 배워야 합니다, 등등. 하지만 이런 변명은 2008년의 금융 위기 사건들 때문에 완전히 설득력을 잃어버렸다. 다시는 그런 변명을 할 수 없으리라. 엘리트 은행가들이 사실은 똑같은 짓을 저지르고 있었던 것이다. 그들은 가장 정신 나간 제3세계 국가들과 똑같이 무책임하게 행동했다. 그런데도 자신들의 정부에게 우는 소리를 하는(그것도 종종 개인 전용기를 타고 날아가는) 갑부들을 위해서 정부들은 극빈자들에게는 거절한 것을 해 주었다. 서구 정부들은 사실상 '그 시스템'을 구제하기 위해 7천억 달러를 조성했다. 극빈자들을 구제하는 데는 기껏해야 수억 달러면 충분했을 것이다. 우리가 관련 국가들과 은행들 **모두를 위한** 안전보장 조치들을 취해 극빈자들을 구제한다면, 모두가 함께 앞으로 나아갈 수 있을 것이다.

이렇게 말하는 것은 단순히 어느 정도 정치적으로 신중한 태도를 옹호하려는 것이 아니다. 물론, 그런 측면도 있다고 나는 믿는다. 이렇게 말하는 것은 기독교 하나님에 대해 직접적으로 이야기하는 것이다. 성경과 복음은 이 하나님이 세상을 질서 있게 만드셨다고 선포한다. 그분은 자신의 형상대로 인간들을 만드셨고, 그 형상이 온전하게 회복되도록 인간들을 구속하셨다. 이 하나님은 재차 반복하여 성경에서 가난한 자들의 처참한 상황에 대한 우려를 표현하고 부자들의 오만함을 반대하신다. 하나님은 예수 그리스도 안에서 사람이 되어 이 땅에 와서 세상의 악의 무게를 짊어지셨다. 악과 모든 악의 결과들로부터 세상을 건져 내고 세상이 현재와 미래에 소망과 인간 변영을 향한 길을 찾아갈 수 있도록 하기 위해서였다. 사도 바울은, 흥미롭게도 부와 빈곤의 이미지를 가지고 신앙의 핵심적 사실을 기술한다. 부요한 그분(예수님)이 우리를 위하여 가난해지셨다고 설명한다. 그분의 가난함으로 말미암아 우리가 부요해지도록 하기 위함이라는 것이다(고후 8:9). 지금의 세상은 심각한 혼란에 빠져서 신선한 통찰과 지혜를 시급하게 필요로 하고 있다. 내일의 공적인 세상에서 지금이 바로 우리가 이 하나님에 대해 말하고 또 이 하나님을 위해 행동하는 데 필요한 새롭고도 어려운 기술을 익힐 적기이다.

하나님과 인간 번영

나는 지금까지 우리가 내일의 세상에서 마주하게 될 두 가지 큰 공적인 이슈들과의 관계에서 하나님에 대해 이야기해 왔다. 기독교 신앙이 그러한 것들에 대해 그렇게 할 말이 많다는 생각에 놀라는 사람들도 있을 것이다. 나는 이것이 최소한 약간의 생각할 거리를 제공하기를 희망한다. 그런데 이번 장의 결론은 좀더 개인적인 이야기로 맺고 싶다. 예수 그리스도 안에서 계시된 하나님은 당연히 세상을 운영하는 체계들을 세우는 데 그치지 않는다. 예수님 안에서 우리가 아는 하나님은 숨결처럼 우리와 가까이 계시고, 지금 우리는 이 하나님에 대해 지혜롭고 진실하며 유익하게 말하는 기술을 다시 붙들어야 한다.

이것이 쉽지 않은 이유들은 내가 이미 언급한 바와 같다. '하나님'은 일반적으로 저 위층 어딘가—우리 정신이나 마음의 다락방—에 계시며, 교회에나 가면 만날 수 있겠지만 그것도 자주 뵐 수는 없는 분이다. 또 결혼식이나 장례식 때는 불러 모실 수 있지만 그나마 식의 중심에 놓인 생생한 현실로서가 아니라 우리 경험의 끝자락에 놓인 수수께끼를 묘사하는 방식으로서만 등장할 뿐이다. 그렇지만 이번 장에서 나의 요점은 이것이다. 온 세상을 위한 하나님의 정의와 자비에 대해 생각하는 것이 무엇을 의미하는지 제대로 알아야 한다. 빈자들을 위한 하나님의 열정을 구현하는 것이 어떤 모양을 띨지 알아야 한다. 그리고 우리가 직면한 가장 곤란한 의사결정들의 일부에서 하나님의 이름을 부르는 것이 무엇을 의미할지를 제대로 보고 실천에 옮겨야 한다. 그렇게 하기 시작할 때에만이, 우리의 개인적인 삶에서 하나님을 사적인 취미로 취급할 위험이나, 심지어 존재의 나머지는 건들지 않는 사적인 구세주로 취급할 위험으로부터 벗어날 수 있다.

분명히 동등하면서도 반대되는 위험이 도사리고 있다. 우리는 외부세계에만 집중하느라 내면세계를 망각할 수도 있다. 위대한 과학자 존 폴킹혼(John Polkinghorne)[7]이 즐겨 말했듯이, 가장 정밀한 현미경을 통해서 보든, 가장 강력한 망원경을 통해서 보든, 우주에서 가장 흥미로운 것은 렌즈의 이쪽 편에서 5-8센티미터 떨어진 곳에 존재한다. 인간의 뇌는 기묘해서, 인간을 기묘한 존재가 되게 한다. 그리스도인들은 고대 유대교의 믿음을 긍정한다. 고대 유대교는 인간이 하나님의 형상대로 지음받았고, 하나님을 그분의 세상에 반영하여 드러내도록 만들어졌다고 주장한다. 또한 우리가 그렇게 하는 것은 진정한 하나님은 멀리 떨어져 계신 것이 아니라, 우리에게 그리고 우리 안에서 우리를 통하여 자신을 드러내기 원하시기 때문이라고 주장한다. 어떻게든 우리는 이 하나님에 대해 당황하지 않고 기쁨으로 말하는 기술을 다시 붙들어야 한다. 그리고 공적으로 그렇게 하는 기술도 함께 익혀야 한다.

우리는 이 부분에서 당혹감을 느낀다. 주교로서 나는 저녁 식사 자리에서 누군가가 하나님에 대해서 직접적인 질문을 던지기라도 하면 대화가 잠잠해지는 것을 너무도 잘 알고 있다. 에피쿠로스주의적 신이나 계몽주의의 하나님이 우리가 거주하는 아래층 거실에 살고 계시지 않기 때문에 그런 당황스러움을 겪는다. 그분은 저 위 다락방에 거주하고, 우리는 비밀스럽게 그분을 찾아뵙고 목소리를 낮추어 소곤거리며 대화한다. 그러나 기독교 복음의 골자는 예수 그리스도 안에서 참 하나님이 스스로를 저녁 식사에 초대하고는 그야말로 그 잔치의 생명과 영혼이 되셨고, 이제는 우리를 초대하신다는 것이다. 그분과 함께 만찬을 즐기고 그분을 알아 감으로써 진정한 인간 존재가 어떤 것이며, 하나님의 사랑과 에너지와 지혜로 넘치는 삶이 무엇이고, 사적인 면과 공적인 면에서 어떤 모습으로 변해 가는지 발견하기를 하나님이 바라신다는 것이다. 그리고 그 잔치는 예수님이 지금 이 시간 우리를 초대하는 만찬의 자리이다. 그 잔치는 어느 기묘한 번영, 죽고 부활함, 모두 되찾기 위해 모두를 잃음에 대해서 말한다. 또한 그 잔치는 십자가의 길로 그분을 따라가고 섬김으로써 이끌라는 부름 그리고 하늘뿐 아니라 이 땅도 상속받는 가난한 자, 온유한 자, 핍박받는 자에 대해 말하는 산상수훈의 의미를 발견하라는 부름에 대해서 말한다. 이 비전은 현재 서구의 태도와는 완전히 다른 방향에 있기 때문에 공적인 자리에서 입에 올렸다가는 이상하고 어색한 소리로만 들릴 것이다. 그럼에도 우리는 반드시 그렇게 해야 한다.

이것은 기독교 복음의 이상한 공적 진리이다. 하나님은 온 세상을 다시 만드는 일을 하고 계시며, 세상을 마침내 바로잡으실 것이다. 기독교 복음의 부름을, 세상을 무시하고 사적인 구원을 좇으라는 부름으로 듣는 것이 아니라, 예수님을 따르고 마지막 날이 오기 전에 최선을 다하여 세상을 바로잡는 그분의 계획에 동참하라는 부름으로 들어야 한다. 그래야 그것이 의도된 바를 보여 주게 된다. 그리스도인이라는 것은 삶이 그 기대의 일부가 되어서 하나님이 당신의 상상력과 에너지, 당신의 마음과 정신 속에서 언젠가 온 세상을 위해 그분이 할 일, 그러니까 세상을 머리부터 발끝까지 새롭게 하고 그분의 영광으로 넘쳐흐르게 하는 일을 하도록 하는 것을 의미한다. 이 일은 일단 일어나기 시작하면, 그 속성상 결코 당신 혼자만의 무언가가 될 수 없다. 더 넓은 세상을 위한 하나님의 계획의 일부가 되어 하나님이 명하시는 일을 순종함으로써 해결책의 일부가 되라는 소명으로 발전하게 마련이다. 이럴 때에 당신은 '공적인 하나님'이 뜻하는 바의 일부가 된다.

그 소명을 고찰할 때, 우리는 마지막으로 더 큰 전 지구적 상황을 일견하게 된다. 내일의 세상은 확실히 큰 위험, 큰 불확실성, 큰 기회의 세상이다. 그 세상은 자신의 삶이 변화되고 남들의 삶을 변화시키는 왕성한 열정의 사람들을 절실하게 필요로 한다. 우리는 모든 다른 길을 시도해 보았다. 그것은 하나님을 그림에서 몰아내는 길들이었다. 세속주의자들의 비명 소리와 근본주의자들의 어리석음에 엉거주춤 물러서지 말자. 우리는 공적인 하나님의 이야기의 일부가 될 사람들, 내일의 세상에서 진실하고 지혜롭고 유익하게 하나님을 위해 살고 말하고 행동할 사람들이 필요하다.

7장
어리석은 권세의 세상 속, 하나님의 능력 있는 미련함

짐작컨대 오늘날 서구 세계의 문제들 중 적어도 몇 가지는 권력에 대해 성경이 어떤 원리를 제시하는지 잊어버린 데서 연유하는 것 같다. 우리는 권력과 관련된 온갖 질문들을 맞닥뜨리고 있지만, 돌이켜서 신약성경의 심오한 말씀들에 도움을 청하는 것이 자연스럽거나 쉽게 느껴지지가 않는다. 그 결과, 우리는 세상에서 널리 알려졌고 지금도 널리 알려진 권력의 전통들을 단순히 유지하고만 있으며, 진정으로 기독교적인 해법을 잡고 씨름하는 일에 대해서는 손을 놓고 있다.

어쩌면 기독교가 제시하는 해법이 **있다**는 사실을 정말로 몰랐을 수도 있다. 하지만 신약성경은 여러 면에 걸쳐 명확하게 그 답을 제시하고 있다. 그리고 아마도 이미 알아차렸겠지만, 이번 장의 제목을 따온 성경 구절에서처럼 더 명확하게 답을 제시하고 있는 곳은 어쩌면 없을 것이다. 파벌 싸움을 일삼는 오만한 고린도교회 교인들을 효과적으로 나무라면서 바울은 놀라운 수사적 표현을 사용해 그 답을 말한다. 수사적 미사여구가 중요하지 않다고 말하는 구절에서 역설적이게도 그는 가장 강력한 수사법을 구사한다.

십자가의 도가 멸망하는 자들에게는 미련한 것이요 구원을 받는 우리에게는 하나님의 능력이라.…하나님의 지혜에 있어서는 이 세상이 자기 지혜로 하나님을 알지 못하므로 하나님께서 전도의 미련한 것으로 믿는 자들을 구원하시기를 기뻐하셨도다. 유대인은 표적을 구하고 헬라인은 지혜를 찾으나 우리는 십자가에 못 박힌 그리스도를 전하니 유대인에게는 거리끼는 것이요 이방인에게는 미련한 것이로되 오직 부름을 받은 자들에게는 유대인이나 헬라인이나 그리스도는 하나님의 능력이요 하나님의 지혜니라.

그리고 여기서 나는 이번 장의 제목을 따왔다. "하나님의 어리석음은 인간들보다 지혜롭고, 하나님의 약함은 사람들보다 강하다"(고전 1:18-25).

바울은 여기서 더 나아가 자신이 무슨 말을 하려는 것인지 자세히 파고든다. 이 구절을 시작으로, 나는 바울이 고린도교회에 보낸 자신의 서신의 맥락 안에서 무엇을 말하고자 했는지 잠시 설명하고자 한다. 그 간단한 설명을 바탕으로 나는 이 가르침이 오늘날의 우리에게 어떤 관련이 있는지 말하려 한다. 그러고 나면 우리는 자연히 하나님의 어리석은 능력(foolish power), 아니 결국에는 지혜의 힘을 갖는 것으로 판명되는 하나님의 어리석은 연약함(foolish weakness)에 대한 관점에 균형을 더하기 위해 다른 성경 구절들을 찾아볼 것이다.

미련함과 지혜로움, 약함과 강함: 고린도의 복음

바울의 시대에 고린도는 로마의 식민지였다. 당시나 지금이나 대부분의 식민지가 그렇듯이 고린도는 모도시(母都市, mother city)를 가능한 한 많이 모방하는 것을 특별한 자랑거리로 삼았다. 고린도의 그리스도인들이 직면한 많은 난제들 중 하나는 현지 문화와 얼마나 많이 어울려도 괜찮고 어울려야 하는가 그리고 얼마나 자주 예수님의 이름으로 또 복음에 따라 저항해야 하는가 하는 문제였다. 우리는 바울이 서신의 여러 곳에서 이런 문제에 대해 답하고 있음을 볼 수 있다. 그는 소송, 성과 결혼, 우상에게 바쳤던 음식 등과 같은 문제들을 다루었다. 고린도전서를 공부한 사람이라면 아무리 기초적인 수준으로만 훑었다 할지라도 이 정도는 잘 알고 있을 것이다.

그런데 그리스의 지혜가 로마의 문화와 융합하는 세상에서 예수님의 추종자로서 살아갈 때 만나는 도전들 중에는 사회적 지위와 명망이라는 문제도 있었다. 로마 사회는 많은 세대에 걸쳐 계층을 구분하는 선들을 따라 조직화되어 왔다. 가운데에 두 개의 큰 선이 아래로 그어져 있었는데, 하나는 자유인과 노예를 가르는 선이었고, 또 하나는 남자와 여자를 나누는 선이었다. 계층 피라미드(hierarchical tree)의 꼭대기에는 원로원 계급이 있었고, 그 밑에는 기사 계급으로 불린 강력한 중상류층이 있었다. 그리고 그 아래위로 명확한 구분 선이 그어져 있어서, 그 밑으로 계속해서 계층이 나뉘었다. 한편으로는 가문과 인맥에, 또 한편으로는 부와 재산에 무지막지한 무게가 실렸다. 사람들이 사회적 사다리를 타고 올라갈 가능성은 항상 열려 있었지만, 엄청난 재능과 지력—그리고 극한의 노력과 더불어 아마도 억세게 좋은 운—이 따라 주어야 가능했다. 그 모든 것을 갖춘 사람의 극명한 예가 키케로(Cicero)¹였다.

그런데 바울과 키케로 사이에 놓인 한 세기라는 시간 동안, 계층적 분리는 더욱 심해졌다. 고대의 로마 공화국은 너덜너덜 만신창이가 되어 버렸고, 새로운 제국이 그 폐허로부터 등장했다. 만인지상(萬人之上)인 황제는 '신의 아들'로 추앙받았다. 황제가 있는 곳에는 궁정이 있고, 궁정이 있는 곳에는 새로운 종류의 사회 계급이 생겨나, 기존의 계급들 안에서 그리고 그들과 함께 존재하게 된다. 고린도와 같은 식민지에서는 사람들이 로마보다 더 로마화되는 능력을 과시하느라 혈안이 되기 마련이었고, 누구나 자신이 지역의 사회적 서열에서 어디에 위치해 있는지 분명히 알고 있었다.

이것이 서신의 처음 두 장에서 바울이 다루고 있는 유일한 문제는 아닌 것은 확실하다. 그럼에도 나는 이 문제가 그 핵심부의 근처에 놓여 있다고 생각한다. 바울의 말처럼, 고린도의 그리스도인들 중에는 사회적 지위가 높은 사람들이 그리 많지 않았다. 인간적 기준으로 볼 때, 귀한 신분을 타고났거나 큰 권세를 누리던 사람들도 많지 않았다(고전 1:26). 교회 바깥의 사회에서 큰 영향력을 갖거나 탄탄한 출세 대로를 달리지도 않았다. 그런데 바울이 이후에 들려주는 이야기에 비추어 볼 때, 고린도의 그리스도인들은 예수님이 하나님의 진정한 아들이며, 세상의 진정한 주인이라는 것을 새롭게 발견했다. 바로 그 믿음을 사회적 지렛대로서 세상에서 자신들을 높은 곳으로 이끌어 줄 방도로 굳게 붙들었던 것 같다. 그리고 이렇게 하면서 사람들은 자신들을 비공식적인 당파로 나누고 무리를 지으며 이 가르침, 저 가르침에 자주 편승했다. "나는 바울에게 속했소", "나는 아볼로에게 속했소", "나는 게바에게 속했소." 이렇게 말하는 사람들이 있었다. "나는 그리스도에게 속했소"라며 알쏭달쏭한 소속을 주장하는 사람들도 있었다(고전 1:12). 그리고 이 모든 것에 대하여 바울은 그 사람들이 세상의 게임에 빠져 있다고 선언한다. 세상이 하는 겉보기 **지혜**의 게임인 이 선생과 저 선생을 경쟁시키기, 세상이 하는 겉보기 **권력**의 게임인 지위와 명성을 추구하기 같은 것들이다. 세상에서는 그것들이 거의 다른 모든 것보다 중요했다.

오늘날의 많은 그리스도인들은 고린도 교인들이 그릇된 길로 가고 있었다는 것을 인정하지만, 한편으로는 서신에서 나중에 바울이 언급하는 어떤 것들과 비교하면서 그것이 그렇게 큰 문제는 아니라고 여기는 것 같다는 의구심이 든다. 학자들은 바울이 살던 세상의 '명예-수치'(honour-shame) 문화에 대해 때때로 이야기하면서, 우리 시대에는 그것에 상응하는 것이 없기 때문에 이상하게 느껴진다고 말하기도 한다. 그러나 이런 말은 사실 우스꽝스럽다. 우리에게도 그들만큼이나 강력한 명예-수치 문화가 있다. 우리가 입는 옷, 우리가 모는 차, 우리 이름을 꾸며 주는 수식어들, 우리가 자녀를 교육시키는 방식 등등 서구 사회는 바울의 세상만큼이나 지위와 자존심을 중심으로 조직되어 있다. 단지 명예와 수치의 신호와 상징들이 다를 뿐이다. 그리고 우리의 교회가 바울이 상상할 수 없었으리만치 분열되어 있다는 점은 명확하다. 바울은 교회 내에서 네 개의 분파를 보았다. 대부분의 사람들은 자기 집에서 30킬로미터 내에 굉장히 다양한 교파의 교회들이 있는 것을 볼 수 있다. 그리고 바울의 시대에도 그랬을 거라고 추측되지만, 오늘날 교회 분열의 지도는 어찌 보면 우리의 세상을 나누는 선들을 따라 그려질 수 있다. 교회는 아주 초창기부터, 주변의 사회로부터 암시를 받아서 기독교 신앙의 측면들을, 특히 특정 교리나 실천을 사회와 문화적 경쟁에서 끊임없이 암묵적인 무기로 이용하는 경향이 있었다.

이것은 영국 사회에서 너무도 명확하게 드러나는 현상이며, 그 역사도 깊다. 18세기에 국교도인들은 주로 중류층 또는 중상류층에 속했고, 노동자 계급은 새로운 감리교회 운동(new Methodist movement)에 동참했다. 그러나 감리교 내에서조차 사회적 구분이 있었다. 내가 성장한 소도시에는 감리교회가 두 곳 있었는데, 그 둘의 가장 두드러진 차이는 계급이었다. 한 곳은 하인들이 다니는 교회였고, 다른 한 곳은 주인들이 다니는 교회였다. (이 모든 것이 지금은 바뀌었다.) 한편, 영국 본토 여러 곳의 로마가톨릭교회들은 대개 아일랜드 이주민들로 가득 차 있었다. 그들의 대다수는 노동자 계급 출신이었고, 소수는 뼈대 있는 반국교파 가문들의 후손들로서 16세기까지 거슬러 올라가는 가톨릭과의 인연을 자랑스러워했다. 그 밖에도 계급을 구분하는 선들이 존재했다. 대서양 건너 오늘날의 북미 사회를 바라볼 때 나는 비슷한 것들이 교회의 삶에 다소 분명하게 새겨져 있음을 본다. 그곳에서는 '문화 전쟁'들과 정치적 양극화가 복합되어 있다. 함께 결합한 것만으로도 이미 해로운 이 둘은 다양한 신학, 교회 스타일, 윤리적 입장들의 측면에서 펼쳐지고 있다. 그리고 나는 바울이 이 모든 것에 대하여 한두 마디 통렬하게 할 말이 있을 것이라고 생각한다.

교회의 단합은 아주 중요하고 바울의 가치에서 매우 중요한 것이지만, 여기서 내가 강조하고자 하는 요지의 전부는 아니다. 나는 정치적으로 또 영적으로 더 깊이 뿌리를 내린 어떤 것에 대해 말하고자 한다. 그것을 파악하면 우리는 진짜 핵심에 다가갈 수 있다. 고린도전서에서 바울의 논증은 (우리 식으로 말하자면) 2장으로 넘어가는데, 거기서 바울은 복음에 대한 일종의 지혜를 내어놓는다. 하지만 바울은 그 지혜가 자신이 "이 세대의 지혜나 이 세대의 통치자들의 지혜"라고 칭한 것과는 명확하게 다른 지혜라고 선을 긋는다. 바울은 숨겨져 온 비밀스러운 다른 종류의 지혜를 복음을 통해 자신이 제시하고 있다고 말한다. 또 바울은 그 지혜를 하나님이 오래전부터 "우리의 영광을 위해" 준비했다고 말한다. 그러나 이 지혜는 세상의 실세들로부터는 숨겨져 왔다고 바울은 덧붙인다. "이 지혜는 이 세대의 통치자들이 한 사람도 알지 못하였나니 만일 알았더라면 영광의 주를 십자가에 못 박지 아니하였으리라"(고전 2:8). 이것은 매혹적인 선언으로, 바울 시대의 것이든 어느 시대의 것이든 모든 권력 구조들을 한번에 쓸어 내 버린다. 누가 예수님을 십자가에 못 박았는가? 성전을 기반으로 한 계층 구조의 정점에서 자리 보존에 안간힘을 쓰던 유대 지도자들은 반역 지도자들의 위협 앞에서 늘 그렇듯이 자신을 방어하는 데만 몰두했던 가이사의 제국과 손을 맞잡았다. 그것은 죽음의 결탁이었다. 하지만 바울은 그들에 대하여, 권력 피라미드의 최상부에 있는 것처럼 보였던 사람들에 대하여 무엇이라고 말하는가?

첫째, 하나님이 세상을 다스리는 궁극적 지혜는 세상의 실세들이 이해하는 종류의 지혜와는 다르다고 바울은 말한다. 바울은 계속해서 그 지혜는 성령을 통해 계시되는 지혜, 교회를 하나의 유기체로서, 즉 살아 계신 하나님의 성전으로서 세워 가는 지혜라고 말한다. 또한 이 세상의 통치자들은 그 지혜를 조금도 엿보지 못했다고 말한다. 이 세상의 통치자들은 자기들의 방식, 즉 어리석은 권세의 길, 모든 반대자들을 으스러뜨리고 십자가에 못 박는 길 외에 인간 공동체를 형성하는 방법이 있다는 생각은 전혀 하지 못했다.

둘째, 그러므로 하나님은 메시아인 예수님 안에서 계시되었고, 예수님을 따르는 자들에게 세상의 통치자들이 알지 못했던 진정한 지혜인 성령을 통해 계속해서 계시된다고 바울은 말한다. 그리고 **이 지혜는 그리스도인의 실질적 영광의 원천**이라고 그는 말한다. 예수님은 '영광의 주님'이다. 그분은 지금 이미 진정한 세상의 임금으로서 왕좌에 좌정해 계신다. 그리고 그분의 추종자들을, 즉 그분에게 속한 자들이며 '그분 안에서' 그분의 몸의 지체가 되는 자들을 하나님은 그분과 함께 '영화롭게' 만들기로 계획하신다. 이 말은 하나님의 새로운 세상에서 언젠가 그분의 빛의 광채를 그들이 함께 누릴 것이라는 뜻은 아니다. 바울이 그것도 머릿속에 그려 보았을 수는 있지만 말이다. 이 말은 그들이 이미—우리가 이미—세상에서 영광의 담지자로서 소명을 맡은 자들이라는 뜻이다. 하나님은 그분의 세상을 우리를 통해 다스리지만, 그 방식은 세상의 실세들이 통치하는 방식과 다르다. 여기에 바울의 도전이 있다. 고린도 교인들의 코앞에는 자신들을 세상의 변혁자들로 만들 예수님이 이양한 진짜 권력이 행사되는 현장이 있었다. 그러나 그들은 그것을 이 세상에서 정상이라고 보는 종류의 권력, 즉 사람들을 십자가에 못 박는 방법만을 아는 어리석은 권세의 자잘한 변형들과 바꾸어 버렸다. 도리어 바울은 그의 서신인 고린도전서 전체에 걸쳐서 그리고 고린도의 같은 교회에게 쓰는 두 번째 편지인 고린도후서에서는 더욱 빈번하게 눈을 들어 사실 그들의 것이 될 권세와 영광을 바라보라고 말한다. 그것은 완전히 다른 종류의 권세와 영광이다. 이것은 바울의 시대만큼이나 우리 시대에도 적절한 메시지이다.

이 권세와 영광은 어떤 것인가? 여기에 바울이 말하고 있는 세 번째의 내용은 우리가 멈추어서 곱씹지 않으면 미처 깨닫지 못하고 스쳐 지나가 버릴 정도로 촘촘한 구절로 표현된다. "이 지혜는 이 세대의 통치자들이 한 사람도 알지 못하였나니 만일 알았더라면 영광의 주를 십자가에 못 박지 아니하였으리라"(고전 2:8). 왜 주님을 못 박지 않았을 거라는 것일까? 만일 알았더라면 무엇이 그들의 행위를 멈추게 할 수 있었을까? 이것이 답이다. 십자가 자체가 담고, 표현하고, 체화하고, 드러내는 권능은 땅과 바다와 하늘을 만들었고, 또 그러한 영광은 세상과 그 안의 모든 것을 다스린다. **예수님을 십자가에 못 박음으로써, 이 세대의 통치자들은 예수님이 그들에게 결정적 승리를 거두게 하는 일을 한 셈이다. 왜냐하면 예수님이 십자가에 못 박힘으로써 그분은 하나님의 사랑을 궁극적으로 표현하셨고, 그 사랑은 그때나 지금이나 세상을 정복하고 다스리는 힘이기 때문이다.** 그것은 완전히 자기를 내어주는 사랑의 권세였다. 그 권능으로 창조주는 태초에 "있으라"고 말씀하시면서 그때나 지금이나 창조주 자신이 아닌 어떤 세상을 순전한 너그러움으로 존재하게 하셨다.

초기 기독교 교부들은 이따금 이 구절을 하나님의 측면에서 설명했는데, 이 땅의 권세들을 잡기 위한 덫을 놓는 것 그리고 심지어는 그들 뒤의 그림자에 웅크리고 있는 악마적 권세들을 노리는 덫을 놓는 것이라고 설명했다. 이러한 권세들은 모두 이 세상의 어리석은 권세에 따라

일한다. 악마적 세력들은 기본적으로 반(反)창조적 세력들이며, 하나님의 놀라운 창조된 질서를 무너뜨리고 그것의 구속과 재생(rescue and renewal)을 가로막기 위해 혈안이 되어 있다. 그래서 그들은 파괴하고 죽임으로써, 무엇보다도 어리석은 세상 권세를 통해 그 권세의 공허한 권한을 행사하면서 활약한다. 반면에 영광스러운 창조주 하나님은 구원하고, 대속하고, 회복하기 위해 자신의 생명인 피를 쏟아부으신다. 그럼으로써 복음이 드러내는 능력 있는 어리석음을 통해 자신의 장엄한 권한을 행사하신다. 그래서 바울이 누차 말하듯이, 복음의 목적과 목표는 새로운 창조인 것이다. 소수의 사람들이 어디론가 도피해 버리고 현재 세상을 파괴하는 것이 아니라, 창조의 구원이자 첫 열매들인 인간들을 구원하는 것이다. 그러한 인간들은 그러므로 미련하지만 궁극적으로 승리하는 사랑의 권세의 대리인들이 되어서 세상 속으로 파견될 것이다. 바로 여기에서, 그의 가장 위대한 서신들 중 하나의 포문을 열면서 바울은 하나님의 미련함이 인간 세상보다 지혜롭고, 하나님의 약함이 인간 세상보다 강하다고 선언한다. 그래서 바울은 교회라는 작은 무대 위에서 세상의 권력 게임들을 벌이자는 유혹에 넘어가는 고린도 교인들에게 정면으로 맞서면서 다른 길, 더 훌륭한 길, 즉 사랑의 길로 가라고 도전한다.

    이제 이것을 추적하면서 고린도전서를 쭉 읽어 보는 것도 재미있을 것이다. 그렇게 하면서 이 장 전체를 손쉽게 채워 넣을 수도 있을 것이다. 그러나 나는 우리가 지금까지 논의해 오던 것을 뒷받침하는 의미로 골로새 교인들에게 보내진 편지를 재빨리 훑고는 우리의 세상과 슬프게도 우리의 교회가 오늘날 이 메시지를 어떤 방식으로 들어야만 하는

지에 대해 더 상세하게 숙고해 보고자 한다. 이것은 우리를 복음서로 돌려보내 두 가지 종류의 권세들에 대한 똑같은 대조가 복음서들의 구조와 중심적 메시지 안으로 짜여 들어가는 방식을 살펴보게 할 것이다.

골로새서 2장에서 바울은 십자가를 또다시 세상의 권세들에 대한 기이하고도 역설적인 승리로 기술한다. 그는 고대 유대 율법과 그것의 규칙들과 구체적인 제약들이 메시아에 속한 자들에게는 어떻게 더 이상 적용되지 않는지를 기술하는 과정에 있다. 그들은 이미 예수님 안에서 완성되어 있다. 그들은 이미 예수님의 지혜를 자신들의 지혜로서 가지고 있고, 예수님의 신성한 생명을 그들이 거할 처소로서 지니고 있다. 그들은 예수님의 죽음과 삶을 통해 죽음에서 생명으로 옮겨졌으며, 그들을 영원히 죽여 버리겠다고 으름장을 놓던 모든 죄와 악은 예수님의 무덤에 남겨졌다. 바울은 하나님이 "우리를 거스르고 불리하게 하는 법조문으로 쓴 증서를 지우시고 제하여 버리사 십자가에 못 박으시고"(골 2:14)라고 말한다. 대부분의 그리스도인들은 아마도 이 메시지를 꽤 잘 이해하고 있을 것이다. 그런데 바울은 이 메시지를 하나님이 갈보리에서 거둔 더 큰 승리의 더 넓은 맥락에 배치시킨다. "통치자들과 권세들을 무력화하여 드러내어 구경거리로 삼으시고 [그리스도 안에서] 십자가로 그들을 이기셨느니라"(골 2:15).

바울은 이것이 얼마나 기이하고도 역설적인지 너무도 잘 알고 있다. 그 십자가 처형은 온 세상의 볼거리였고, 또 세상**에게는** 그 십자가 처형을 통해 통치자들과 권세들이 **예수님을** 무장해제시키고 **예수님으로** 공적인 본보기를 삼고, 예수님에 대한 승리를 경축하고 있는 것으로 비쳐졌다. 하지만 바울은 실상은 그 반대라고 말한다. 하나님이 십자가를 보는 방식대로 십자가를 보는 법을 익히면, 당신은 십자가를 안으로부터 밖으로 속속들이 알게 될 것이다. 십자가는 세상이 자신이 할 수 있는 모든 것을 **했을** 때 거기에 있었다. 그리고 하나님은 그의 존재 **됨**의 모든 것을 **주셨다**. 십자가는 세상이 자신이 가장 잘했던 것을, 즉 모든 반대자들을 죽이고 으스러뜨리는 것을 함으로써 자신의 권세를 방어할 때 그곳에 있었다. 또한 십자가는 하나님이 자신이 창세로부터 해 오셨던 일을, 즉 세상을 사랑하고 그것에게 새 생명을 주는 일을 함으로써 자신의 권세를 드러내실 때 그곳에 있었다. 십자가는 하나님의 능력 있는 미련함이 세상의 어리석은 권세를 무찌를 때 그곳에 있었다. 그 더 크고 우주적인 담화는 바울이 권세와 십자가에 대하여 말하는 훨씬 더 확연하게 초점 잡힌 것들을 위하여 틀을 제공하고 그것들을 명확하게 설명해 준다.

십자가 자체에 대한 사색은 이만 접고 질문들을 던져 볼까 한다. 우리의 신발의 어디가 안 맞아 발이 쓸리는 것일까? 오늘날 세상의 어리석은 권세는 복음 안에서 하나님의 능력 있는 미련함의 계시 앞에서, 수치를 뒤집어쓴 채, 어디에 서 있는가?

오늘날 세상에서 권력과 어리석음

우리의 세상에서 하나님의 능력 있는 미련함이 역사하는 곳들이 많이 있지만 잘 알려진 세 곳에 대해 먼저 말해 보고자 한다. 20대 청년 시절 나는 광적인 인종 전쟁의 피바다 속에서 금방이라도 주저앉을 듯 비틀거리는 남아프리카공화국을 지켜보았다. 많은 논객들은 눈앞에 닥친 대규모 내전을 당연하게 여겼다. 우리는 그저 편히 앉아서 구경만 하면 된다는 식이었다. 재앙이 스스로 알아서 펼쳐질 것이라는 사회 다윈주의(Social Darwinism)식의 냉담한 분위기가 무르익어 있었다. 그러나 하나님은 한 사람을 일으켜서 매일 아침 서너 시간을 기도하고 하루의 나머지 시간은 다른 길, 즉 화해의 길에 대해 성실하게 증거하는 위험을 감수하게 하셨다. 요하네스버그 대성당 주임 사제로 막 임명된 그 젊은 흑인 신부가 20년이 채 흐르기 전에 대주교로서 흑인과 백인이 함께 모여 자신들의 끔찍한 범죄를 자백하고 개인과 국가의 화해를 추구하는 진실과 화해 위원회(Commission for Truth and Reconciliation)의 의장이 되어 있을 것이라고 1975년 당시에 누군가 말했다면, 세상은 그를 면전에서 조롱했을 것이다. 그렇지만 그 일은 일어났다. 남아프리카공화국은 내전의 위험을 비켜갔다. 물론 남아프리카공화국은 여전히 엄청난 문제들을 직면하고 있다. 투투(Tutu)[2]는 이 문제들을 해결하기 위해 지속적인 노력을 기울였고, 전임자들과는 다른 이유들로 그 문제들을 다룸으로써 통치자들에게서 곱지 않은 시선을 받았다. 하지만 그 문제들이 이제는 새로운 조명을 받게 되었다. 하나님의 능력 있는 미련함이 인종차별적 정권과 혁명적 폭력에 치중하던 사람들의 어리석은 권세에 대해 승리를 거두었다. 그러고 나서 우리가 알다시피 공산주의의 몰락이 뒤따랐다. 내가 젊었을 때만 해도 동유럽의 공산주의는 영원할 것만 같았다. 냉전이 한창이었다. 심지어는 냉전이 제3차 세계대전(그것도 핵전쟁)을 막는 힘의 균형을 잡아 준다고 말하는 이들도 있었다. 하지만 하나님은 폴란드에서 기도의 사람을 주교로 세운 뒤 다시 대주교로 세웠고, 마침내 교황으로 선출되게 해 모든 사람들을 놀라게 하셨다. 바로 그때에 그의 고국에서는 자유노조 운동(Solidarity movement)이라는 저항이 막 싹이 트고 있었다. 그 운동은 폴란드 공산주의를 무너뜨리고 주변의 모든 정권들도 어리석은 권세의 육중하고 투박한 장치로 인하여 동일하게 약하고 쉽게 부스러질 수 있음을 보여 주었다. 1989년 당시 체코슬로바키아라는 국가에서 사람들이 프라하의 바츨라프 광장에 저녁마다 운집해 손마다 초를 들고 기도로 저항하던 모습을 회상할 때면 아직도 내 눈에 눈물이 고인다. 그들에게는 탱크도 총도 없었다. 세상의 어리석은 권세를 무찌르는 길은 그것을 흉내 냄으로써, 그것의 방법들로 그런 권세들에게 덤벼드는 것이 아니다. 세상의 어리석은 권세는 하나님의 능력 있는 미련함으로 무찔러야 한다. 프라하는 폴란드가 아니다. 프라하에는 가톨릭을 비롯해 그 어떤 형태의 기독교도 뿌리 깊고 널리 자리 잡고 있지 못하다. 그럼에도 사람들은 그날 밤 기도하면서 세상의 어리석은 권세가 아닌 다른 종류의 힘을 구하고 있었다. 그리고 그들의 기도는 응답받았다. 의심의 여지없이 동유럽은 아직도 큰 문제들을 안고 있다. 하지만 그 문제들은 새로운 빛으로 조명될 수 있다.

세 번째 예에 등장하는 사람은 대주교가 아니다. 심지어는 남자도 아니다. 지도자의 자리가 여전히 남자들로 채워지는 것이 정상이었던 세상이었는데 말이다. 내가 어렸을 때, 죽음의 문턱에 선 사람들은, 특히 불쾌한 질병으로 죽음 가까이에 누워 있던 사람들은 (종종 부적절하기까지 했던) 일반 병동에서 돌봄을 받았거나 자기 집에서 운명할 수 있도록 집으로 보내졌다. 의사들은 사실상 그들을 포기했다. 많은 의료직 종사자들에게 죽어 가는 환자는 실패를 의미했다. 그들에게 더 이상 시간과 돈을 쓰는 것은 무의미했다. 그래서 많은 사람들이 애처롭고 때로는 불결하기까지 한 상황에서 죽음을 맞이했다. 그러나 하나님은 믿음과 용기를 가진 한 여인을 세우셨다. 그 여인은 사랑하는 사람들이 그런 상황에서 죽어 가는 것을 직접 지켜보면서 하나님의 사랑이 완전히 다른 접근 방식에 따라 반영되어야 한다는 사실을 뼛속 깊은 곳에서부터 알았다. 시슬리 손더스(Cicely Saunders)는 런던에 첫 번째 현대식 호스피스를 세웠다. 정부의 도움도 받지 못했고, 의료 종사자들의 반대를 무릅써야 했으며, 필요한 자금은 직접 마련했다. 세속주의자들이 그렇게 하듯이, 영국과 미국에서 사람들은 안락사라든지 조력 자살에 대해 말하기 시작하던 그때에 손더스는 희망의 신호탄을 쏘아 올렸다. 그가 이끈 운동은 영국을 넘어 전 세계로 퍼져 나갔다. 나는 영국이 현재 고통 완화 치료의 세계적 선도자라는 사실에 자긍심을 갖는다. 고통 완화 치료는 하나님의 능력 있는 미련함을 본으로 삼고, 존엄과 신뢰로써 죽음을 맞이하기를 배우는 수백만 명의 가족들에게 희망의 신호를 보낸다. 죽음이 여전히 잔악하고 끔찍한 원수임을 우리는 부인할 수 없다. 그러나 그 죽음이 이제는 새로운 빛 아래에서 조명될 수 있다.

내가 세상의 어리석은 권세를 이기는 하나님의 능력 있는 미련함의 사례로서 이 세 가지를 든 것은 국가적·국제적 삶의 다른 많은 영역들에서 아직도 우리가 1루도 밟지 못했음을 강조하기 위해서이다. 막상 상황이 닥치면, 우리는 여전히 모든 문제의 기본적인 해결책으로 폭력을 의지한다. 우리는 여전히 이 경기장에서 또 저 경기장에서 어리석은 권세의 게임을 한다. 우리는 우리의 금융 시스템들이 세상의 절반을 깊다란 악성 부채의 늪으로 빠뜨리도록 방치했다. 또한 그 사람들이 게임의 법칙을 배워야 할 필요가 있다고 준엄하게 말하면서 그 악성 부채를 탕감해 주기를 거부했다. 그러다가 우리의 은행들과 기업들이 탐욕과 부주의로 느닷없이 수렁으로 빠져들자 우리는 번갯불같이 순식간에 그들의 빚을 탕감해 주었다. 맘몬의 권력을 주춧돌로 삼지 않는 세상을 우리는 상상조차 할 수 없었기 때문이다. 앞에서 언급했듯이, 큰 부자들은 그때나 지금이나 극빈자들에게는 거절하는 일을 자신들을 위해서는 해 주었다. 우리의 명예-수치 문화는 유력한 갑부들이 앞으로도 쭉 부와 권세를 유지할 수 있도록 해 주어야 한다고 우긴다. 하지만 우리의 명예와 수치의 기준들을 복음 안에서 하나님의 능력 있는 미련함에 따라 조정하고자 한다면, 국내와 국외의 가난한 사람들이 필요로 하는 것들을 언제나 가장 우선적으로 고려해야 할 것이다.

이것이 쉽지 않으리라는 것은 불을 보듯 뻔하다. 언제나 복합적인 요인들이 있게 마련이다. 내 말은 어떤 새로운 형태의 사회주의나 공산주의로 주저앉아 버리자는 것이 아니다. 그런 체제에서는 사람들이 점점 더 커져만 가는 정부에 의존하고 부패와 비효율이 판을 치게 된다. 그러나 우리의 시스템들은 너무나도 오랫동안 그 위험을 위협 전술로 들먹였다. 그리고 우리 모두가 앞으로 나아가야 할 유일한 길은, 우리가 알고 사랑하고 은밀하게 숭상하는 부와 권력의 시스템을 계속 이용하는 것이라고 생각하게 만들었다. 비록 사적으로는 그것이 비효율적일 뿐만 아니라 절망적일 만큼 사회를 분열시키는 것이라는 점을 인정한다 하더라도 말이다. 그리고 (주여 우리를 도우소서!) 우리의 교회들은 뻔질나게 그 게임에 끼어들었다. 서구에 넘쳐나는 돈으로 다른 세상의 가난한 교회들을 매수하여 국제적 종파들끼리의 다툼에서 우리의 의제들과 영합하도록 만든다. 반드시 다른 길이 있을 것이다. 그 길은 마리아의 송가(Magnificat)를 구현하는 길일 터이고, 하나님의 능력 있는 미련함을 구현하는 길일 터이다.

그러고는 물론 최근 몇 년을 흉측하게 일그러뜨려 놓은 군사적 모험주의가 있다. 여기에서의 상황도 불가피하게 복합적이지만, 두드러지는 점들이 몇 가지 있다. 미군은 마침내 오사마 빈 라덴(Osama bin Laden)을 죽였지만(그의 사살은 많은 사람들에게 의문을 불러일으킨 초법적 행위였다), 이로써 2011년 9월 11일에 그가 자행한 끔찍하고 사악한 행위는 그가 그토록 바랐던 효과를 정확히 달성하게 되었다. 서구의 국가들을, 특히 영국과 미국을 이라크와 아프가니스탄에서의 길고도 쓰라린 투쟁들 속으로 꾀어 들이면서 서구의 폭력과 압제라는 이슬람적 신화를 강화하는 구실을 정확히 수행했다. 그럼으로써 빈 라덴이 완벽하게 내다보았던 것처럼, 수천 명의 사람들을 추가로 그의 명분의 기치 아래로 모집할 수 있게 하였다.

이 책의 출간을 위해 이 장을 준비하고 있는 이 날(2015년 11월 14일)에, 120명이 넘는 사람들이 파리에서 일어난 합동 테러 공격으로 사망했다. 이 모든 것들에 대한 대응으로, 우리는 테러리스트들만을 죽여 온 것이 아니라(테러리스트들은 단순히 그들 자신이나 그들을 기만하거나 강요하는 사람들이 다른 대안을 보지 못하기 때문에 끔찍한 일들을 자행하도록 내몰린 인간들일 뿐이다), 수십만 명의 무고한 방관자들의 생명을 빼앗았다. 그럼으로써 우리뿐만 아니라 그들이 우리의 종교라고 여기는 기독교에 대하여 악담을 퍼붓게 만들었다. 우리는 경악스럽게도 군대들이 차마 입에 담을 수 없는 일들을 저지르고는 자신들이 그리스도인으로서 행동하고 있다고 주장하도록 방치해 왔다. 이것 역시 중동에 있는 많은 사람들에게 기독교는 총과 폭탄과 죽음의 어리석은 권세로 세상을 정복하기 원하는 십자군 전쟁의 종교라는 신념을 더욱 공고하게 갖도록 만들어 버렸다. 우리의 오랜 중동 동맹국들 중에는 매우 억압적인 국가들이 포함되어 있다. 그런 나라에서는 성경책을 소지한 것만으로도 심각한 곤란에 처할 수 있고, 집이나 호텔방에서 성찬식을 하려고만 해도 엄청난 위험에 빠질 수 있다. 수시로 돈에 이끌려서—첫 번째 폭격이 실행되기도 전에 서구 정부들의 일부 인사들이 매우 유리한 조건으로 이라크 곳곳의 재건에 참여할 수 있도록 계약이 체결되었던 것을 생각해 보라!—그리고 언제나 세상에서 문제를 해결하는 유일한 길은 무력을 통한 길이라는 확고한 최종적 믿음을 가지고, 우리는 이중, 삼중, 사중의 잣대들을 들이대 왔다.

제1차 세계대전 후 많은 독일 사람들이 굶주림에 허덕일 때, 윈스턴 처칠(Winston Churchill)은 더 나은 유럽을 재건하려는 소망을 담아 식료품과 의료품을 가득 실은 선박들을 독일로 보내 관대함과 너그러움의 행위를 보이는 것이 어떻겠냐고 제안했다. 영국 의회는 그 제안을 기각했다. 영국 의회가 그 제안을 받아들였더라면 1920년대와 1930년대가 어떻게 다르게 펼쳐졌을지 누가 알겠는가? 이와 똑같이, 갖가지 어둠의 반향을 일으키고 있는 이상한 혁신인 무인전투기 전쟁에 우리가 현재 쏟아붓고 있는 돈과 고급 기술을 압제자도, 테러리스트도 아니고 그저 끔찍한 상황에 처한 동료 인간들일 뿐인 수백만의 중동 사람들을 돕는 데 사용한다면 어떤 일이 벌어질까? 그렇게 하면 다른 메시지를 보낼 수 있지는 않을까? 소위 서구의 '대 악마'에 대항할 젊은이들의 모집 속도가 늦추어지지는 않을까?

내 말을 곡해하지는 말기 바란다. 나는 평화주의자가 아니다(나의 몇몇 친구들은 이에 대해 실망을 감추지 못한다). 나는 압제와 침략에 대한 무장 저항이 정당화될 수 있는 때가 있다고 믿는다. 적어도 제2차 세계대전이 그런 때였다고 생각한다. 난폭하고 못된 짓을 일삼는 사람들을 제어하고 제약할 수 있다. 약하고 무죄한 사람들을 보호하기 위해 경찰이 물리력을 사용하는 것이 정당화되고, 필요할 때에는 폭력을 사용하는 것조차 용납될 수 있다. 마찬가지로 국제 사회에서도 그런 때가 있을 수 있다. 그런데 경찰력이 정말로 유일하게 효과를 발휘할 때는 사회적인 구분선이나 문화적인 구분선의 한쪽 편만을 위하여 일할 때가 아니다. 사회의 안정과 정의의 편에 서서, 특히 빈자와 약자들의 편에 서서 기본적으로 중립적이라고 보이고 또 그렇게 믿어질 때이다. 그리고 미국과 영국이 이곳저곳의 몇몇 우방들과 함께 국제 문제들에서 그런 입장을 취할 수 있다는 언사는 그저 우스꽝스러울 뿐이다. 우리는 다른 이들이 우리를 바라보는 시선으로 우리 자신을 바라볼 필요가 있다. 또한 세상의 많은 이들이 우리를 제국들의 전형적인 특징인 어리석은 권세를 휘두르는 덩치 큰 깡패들, 과도한 근육질의 폭력 잡배들로 간주한다는 사실을 깨달아야 한다. 우리의 많은 행동들은 그저 이 메시지를 강화하는 것만 같아 보인다. 우리는 왜 자신들이 택할 수 있는 유일한 대응이 테러리즘밖에 없다고 결론 내리는 사람들이 있는지 그 이유를 이해할 필요가 있다.

다시 한 번, 내 말을 곡해하지 말기 바란다. 나는 세상에서 위험한 일들이 일어나지 않는다거나, 테러리스트들이 사악하지 않다거나, 우리가 세상을 더 안전한 곳으로 만드는 데 각자의 몫을 감당할 책임이 없다는 말을 하고 있는 것이 아니다. 내가 하는 말의 골자는 두 가지이다. 첫 번째 요지는 실질적인 것이다. 지난 십수 년 동안 그 방향으로 우리가 기울인 노력은 사실 세상을 훨씬 덜 안전한 곳으로 만들었다. 그래서 우리가 지금 당장 방향을 바꾼다 하더라도, 우리의 자녀와 손주 세대에게 폭탄이나 무인 폭격기에 의해, 혹은 우리의 실수들이 낳은 새로운 파벌주의와 종족 간 유혈 사태에 의해, 자신들의 삶이 망가지는 것을 목격한 많은 나라들과 민족들에게 쓰디쓴 원한의 유산을 남겨 주게 될 것이다. 두 번째 요점은 신학적인 것이다. 우리가 해 온 것들에는 복음의 지문이 찍혀 있지 않다. 전혀. 우리는 계몽주의의 여러 면으로 분리된 세계와 영합해 왔다. 종교는 우리가 사적인 영성을 즐기고 미래의 비육신적 소망을 보듬는 천상의 세계에서 벌어지는 일에 관한 것이므로, 세상은 스스로, 그것도 사회 다원주의라는 수단으로 자기 할 일을 알아서 하도록 내버려 두어야 한다는 칙령을 내려왔다. 우리가 일들을 해낼 수 있는 유일한 방법은 세상의 어리석은 권세에 의지하는 것이라고 우리는 가정해 왔다.

서구에 상당수의 반전주의 시위자들이 있는 것도 부인할 수 없는 사실이다. 그리고 숭고한 재세례파 전통(Anabaptist tradition)이 있어서 완전히 다른 길을 추구하고 있는 것도 엄연한 사실이다. 그러나 나는 남아프리카공화국에서 데스먼드 투투가 명료하게 표현했던 것에 상응하는 내용을 오늘날의 위험한 세상에서 매우 분명히 표명하는 사람을 아직 보지 못했다. 투투의 방법은 온통 기도에 관한 것이었고, 온통 성경에 기초한 아슬아슬한 대립과 협상에 관한 것이었다. 그 대립과 협상의 상대는 그를 활짝 웃는 원숭이라고 여기던 백인 정부와 그를 폭력의 길을 거부하는 엉클 톰이라고 부르던 흑인 운동가들이었다. 예수님은 하나님의 사랑의 능력 있는 미련함을 체화한 분이셨다. 우리의 세상에서 기도가 넘치는 그분을 향한 사랑으로 똑같은 위험들을 무릅쓸 새로운 세대의 기독교 리더들은 어디에 있는가?

이 질문들을 제기하면서 그 답을 알지 못하지만 그 답을 찾아볼 적기가 한참 지났다는 것은 안다. 우리들의 문제는 아주, 아주 깊게 흐르고 있다. 계몽주의의 자녀들로서(다시 말하건대), 우리는 스스로에게 지난 200년 동안 우리가 엘리트이고, 다 큰 어른들이며, 세계 문명의 첨단이라고 주장해 왔다. 우리는 세상에서 우리의 위치와 역할에 대한 신화를 구축해 왔다. 그러는 동안 우리는 세상을 운영하고, 대장 노릇을 하며, 세상이 곤궁에 처할 때 건져 내며, 임의로 사악한 사람들을 처벌하는 것이 우리의 타고난 권리라고 정말로 믿어 버리게 되었다.

'무인 전투기 공격' 이야기로 잠시 돌아가 보자. 그런 종류의 사건과 많은 서구 그리스도인들이 하나님에 대해 그리는 그림 사이에는 놀라운 유사성이 발견된다. (저 높은 하늘에 좌정하셔서 이따금 이곳이나 저곳의 이 사람 저 사람에게 '잽'을 날리시는 하나님으로 묘사한다.) 어쩌면 우리는 '비종교적'이라고 여겨지는 삶의 영역들에 대한 것일지라도 우리의 관행에서 엉성한 신학의 어떤 부분을 반영하는 방식들을 숙고해 보아야 할지도 모른다. 어찌 되었든, 서구에 사는 우리들은 요즈음 시시때때로 우리가 틀어쥐었다고 믿는 세상에 대한 지배권이 이제 다른 나라로, 이를테면 중국 아니 어쩌면 인도로 넘어갈지도 모른다고 걱정한다. 매우 불편해질 것은 말할 것도 없지만, 우리가 그렇게 오래도록 발 디디고 살아온 근대주의 담화가 완전히 뒤집힐 것이라는 염려 때문이다. 그러나 역시 하나의 국가가 세상을 이끌면서 이래라저래라 지시를 내린다는 아이디어는 그 자체로서 단순히 세상의 어리석은 권세를 다른 방식으로 표출한 것이다. 영국은 한 세기 동안 그것을 훌륭하게 실천했고, 인정하고 싶지는 않지만, 거기서 미국 역시 그 아이디어를 배운 것 같다!

다른 예를 들어 보자. 우리는 예루살렘이 중심을 떡 차지하고 거기서부터 다른 모든 것이 방사형으로 뻗어 나오는 고대의 세계 지도들을 보면 아주 활짝 미소를 지으며 은근히 조롱한다. 그러나 우리에게도 그런 것들이 있다. 근대 서구 유럽의 지도 제작자들은 세계 지도를 그릴 때 서구 유럽을 황금 분할법에 따라 아름답게 위치시키곤 했다. 그러다 보니 세계의 다른 부분들은 현실보다 훨씬 더 작고 볼품없이 표현되어야 했다. 지도 제작뿐만 아니라 다른 많은 방식들을 통해 우리는 문화와 국제적 삶의 몇 가지 분야에서 자신을 미화하는 신화들을 강요해 왔다. 더 이상 그래서는 안 된다. 역사적으로 볼 때, 근대 서구 문명은 조만간 그리스와 로마의 길을 걷게 될 것이다. 특히 서구가 내부적 부패로 스스로를 약화시켰기 때문에 더욱 그럴 가능성이 높다. 우리의 근대 서구 문화는 기독교의 영향을 크게 받았다. 예를 들어 우리는 유럽의 깊은 기독교적 뿌리에서 나온 뛰어난 미술과 음악에 대해 감사드리고, 원래 창작의 뿌리가 된 신앙의 유무와 상관없이 수백만의 사람들이 이러한 미술과 음악의 유산을 소중히 여긴다. 그렇다고 해서 현재의 문화 양식에 대해 안일하게 만족할 수 있다거나 무비판적으로 현재의 문화 양식을 '유대교-기독교'적인 것이라고 인정할 수 있다는 어리석은 생각에 빠져들어서는 결코 안 된다. 우리는 정신을 똑바로 차리고 정말로 중요한 유일한 힘은 세상의 어리석은 권세가 아니라 메시아인 예수님의 십자가에서 계시된 하나님의 능력 있는 미련함이라는 사실을 직시하고 기억해야 한다.

이것들은 단지 서구 문화가 신약성경에서 정확히 '세상의 임금들'이 언제나 취했던 방식으로 보이는 의제들과 방법들을 포용해 온 방식들의 일부에 불과한 것처럼 보인다. 우리 그리스도인들은 서구 우월주의를, 또는 심지어 미국의 명백한 운명주의(American manifest destiny)[3]의 신화 그리고/또는 미국 예외주의(American exceptionalism)[4]의 신화(그리고 그에 앞서는 영국에 대한 그런 신화들)까지 관례적으로 가정해 왔다. 비극은 그 결과, 우리가 일상적인 어리석은 권세에 대한 성경적 비평을 정작 우리 자신들과 우리의 제도들에는 적용하지 못하고 말았다는 것이다. 나는 이제 다시 신약성경으로 돌아가고자 한다. 이번에는 복음서들로 돌아가서 이것을 왜 시급한 과업으로 여겨야 하는지 그 이유를 좀더 명확하게 살펴보고자 한다.

예수님과 권력: 다른 길

하나님의 능력 있는 미련함을 고찰할 때 그 시작점이 될 만한 부분이 복음서에는 여럿 있다. 마태복음이 끝날 때 예수님은 모든 권세가 그분에게 주어졌다고 선언한다. 이것은 시편들과 예언서들에서 드러난 메시아의 역할에 대한 고대의 비전에 뿌리를 둔 보편적 통치권의 선언문이다. 이 선언을 한 예수님은 세상의 통치자들의 위협을 받는 가운데 태어나셨고, 헤롯의 추적을 피하여 망명의 길에 오르기까지 했다. 마태는 예수님의 이름이 '하나님이 우리와 함께하신다'라는 뜻의 임마누엘이라고 말하며 핵심을 더욱 강조한다(마 1:23). 살아 계신 전능한 하나님이 우리 가운데서 머물기 위해 이 땅에 오셨을 때, 그분은 현상금이 붙은 갓난아기로 아주 어린 난민의 모습과 같았다. 그러고는 충격적인 장면이 나온다. 예수님과 그분의 제자들을 영접하기를 거부하는 마을 입구에서 야고보와 요한이 '우뢰의 아들들'이라는 그들의 별명답게 구약에서 엘리야가 했던 일을 원했던 것이다. 다시 말해, 하늘로부터 불을 내려 마을 사람들을 모두 태워 죽이기를 원했다. 그것은 물론 오늘날도 우리가 우리의 반대자들에게 즐겨 하는 바로 그 일이다. 우리의 기술은 정밀하게 조준된 "불을 하늘로부터" 불러 내리는 것을 주문할 수 있게 해 준다. 그런데 예수님은 그들을 꾸짖으셨다(눅 9:51-56). 그 방법은 안 된다.

예수님이 그러고 나서 하신 일은, 누가복음에서 어쩌면 가장 명료하게 드러난다. 하나님의 반역한 백성 위로 떨어질 심판을 스스로 취하신 것이다. 불태우기 위해 준비된 마른 나뭇가지들을 대신하여 파릇한 나뭇가지인 예수님이 죽으러 가셨다(눅 23:28-31). 그리고 예수님이 예루살렘에 당도했을 때 이스라엘의 하나님이 늘 약속하셨던 것처럼 그분이 마침내 자기 백성에게로 돌아오는 모습이 어떠할지를 보여 주는 상황이 펼쳐졌음을 누가가 명확하게 묘사한다. 그분은 타오르는 불꽃이나 구름기둥, 불기둥과 함께 오시는 것도 아니고, 에스겔이 보았던 소용돌이치는 바퀴가 달린 병거를 타고서 오시는 것도 아니다. 그분은 눈물 젖은 젊은 예언자로서 나귀를 타고 예루살렘에 들어가신다(눅 19:28-41).

(더 멀리 볼 것도 없이) 사람들이 지난 두 세기 동안 기독교에 경멸을 쏟아부은 일은 그다지 놀랍지도 않다. 그것은 프리드리히 니체(Friedrich Nietzsche)가 기독교의 관점을 노예 정신(slave mentality)이라고 칭했던 시기에 일종의 정점에 도달했던 운동이었다. 니체는 이른바 노예 정신은 유약하고도 한심한 세계관으로, 그가 '권력의지'라고 부른 것이야말로 홀로 우주를 정복할 수 있다고 말했다. 그 세계관은 권력의지를 구현하라고 권장하기보다는, 나약하고 무기력해지라고 사람들을 부추길 뿐이다. 그런데 니체의 비전은 나치가 구현했다. 그것도 아주 최선을 다해서 구현했다. 그리고 그것이 우리를 어디로 데려갔는지 그 결과를 보라. 그런데 문제는 비록 모두가 나치 독일이라는 말만 들어도 치를 떨지만, 우리가 우리 나름의 형태로 니체의 초인 신화(Superman-myth)를, 권력의지를 구축해 왔다는 것이다. 그것은 천하 제패라는 우리의 세계관 앞에서 모든 연약함과 인간적 무능력을 고도의 에너지를 가진 군사력으로 쓸어 버릴 것이다. 그리고 독실한 그리스도인들을 포함해서 우리는 네 편의 복음서들을 잘 다듬어 자신의 죽음을 통해 우리가 하늘로 가는 길을 열어 놓은 하나님의 신성한 아들로서 예수님에 대해서만 이야기했다. 네 편의 복음서들이 전하는 전체적 메시지, 즉 하늘에서와 같이 땅에서도 왕이 되는 살아 계신 하나님에 대한 메시지를 온전하게 읽지 않은 것이다. 하나님이 하늘에서와 같이 땅에서도 왕이 되는 일은 예수님 안에서 예수님을 통해서 일어나고, 그분의 치유

와 경축과 권능 있는 행위들 안에서 일어나는 것이 사실이지만, 그분의 십자가의 죽음에서 가장 극적이고 결정적으로 일어난다. 이것은 마가복음에서 야고보와 요한이 또다시 그릇된 이해를 드러낼 때 절정에 달한다. 예수님은 제자들에게 십자가를 지고 자신을 따르라고 하시면서 이미 능력 있는 미련함에 대해 명확하게 말씀하셨지만, 야고보와 요한은 능력 있는 미련함이 아닌 세상의 어리석은 권세를 휘두르고 싶은 마음에 늘 휘둘렸다. 이 두 사람은 예수님께 나아와서 우리가 6장에서 보았던 구절에서와 같은 요청을 한다(막 10:35-45). 예수님이 영광에 이르렀을 때, 다시 말해서, 예수님이 왕의 권세를 잡게 되었을 때 예수님의 우편과 좌편에 앉게 해 달라고 부탁한 것이다. 고린도 교인들처럼, 이 두 제자는 일반적인 세상의 서열 의식을 갖고 있었다. 사람들은 자신들의 자아(ego)를 부풀리기 원하며, 자신들의 이름이 다른 사람들의 입에 오르내리고 자신들의 지위가 확고해지기를 바란다. 어쩌면 야고보는 예수님의 참모총장을, 요한은 예수님의 국무 장관 같은 것이 되려 했었는지도 모른다. 그분의 오른편과 왼편에 서는 것이다. 어쩌면 그들은 이미 그때가 오면 향유하게 될 생활양식을, 이 세상의 헤롯들과 가이사들이 향유하는 종류의 것을, 그들의 어리석은 권세의 열매들을 즐기는 삶을 꿈꾸어 보았을지도 모른다.

예수님은 그들에게 그 길은 길이 아니라고 설명해 주신다. 예수님은 두 가지 권력을 비교하시는데 성경 어디에서도 이곳보다 더 극명하게 대조를 보이는 부분을 찾아볼 수 없다(이 주제는 사실 시편과 예언서들에서도 거론된다. 특히 이사야는 작은 아이가 이전에 사납던 동물들을 평화의 낙원으로 이끌고 가는 모습을 묘사한다. 그곳에서는 여호와의 종 앞에서 세상의 임금들이 입을 다물 것이라고 말한다). 예수님은 이 구절의 끝부분에서 자신의 죽음에 어떤 의도가 담겨 있는가를 진술하신다. 예수님이 어떻게 (바울이 고린도전서에서 하듯이) 권력을 전복시키는지 보라. 그 구절은 세상을 뒤로하고 천국으로 도피하는 것을 말하지 않는다. 세상이 새롭게 될 새로운 방식에 대해 말한다.

> 예수께서 불러다가 이르시되 이방인의 집권자들이 그들을 임의로 주관하고 그 고관들이 그들에게 권세를 부리는 줄을 너희가 알거니와 너희 중에는 그렇지 않을지니 너희 중에 누구든지 크고자 하는 자는 너희를 섬기는 자가 되고 너희 중에 누구든지 으뜸이 되고자 하는 자는 모든 사람의 종이 되어야 하리라. 인자가 온 것은 섬김을 받으려 함이 아니라 도리어 섬기려 하고 자기 목숨을 많은 사람의 대속물로 주려 함이니라.
> ―막 10:42-45

이 구절은 놀랍고도 보배롭다. 잠시 후 살펴볼 요한복음이나 고린도전서도 마찬가지이지만, 이 구절을 파헤치려면 한 장(章)을 오롯이 할애해야 한다. 하지만 여기서 나는 기본적인 요점들을 짤막하게나마 부각시켜 보고자 한다.

첫째, 예수님은 세상이 그 나름대로의 권세를 가지고 있다는 점을 인정하신다. 그 권세는 힘을 믿고 사람들 위에서 군림하고 압제하고 닦달하며 괴롭히는 데서 오는 어리석은 권세로서, 필요하다면 죽음까지 그 도구로 이용한다. 여기서 주목할 점은 예수님이 하시는 말씀은 서구 사회가 바라는 바와는 다르다는 것이다. "그런데 세상이 어떤 식으로 권력을 휘두르든지 그것은 우리가 상관할 바가 아니다. 왜냐하면 우리는 이 세상에 머무르지 않을 것이기 때문이다. 우리는 하늘로 가는 도상에 있고, 우리는 가이사와 그의 무리들이 하고 싶은 대로 하게끔 내버려둘 것이다." 이것이 오랜 세월 서구의 표준적 관점이었다. 그러나 이것은 예수님의 말씀과는 완전히 배치된다.

둘째, 예수님은 자신의 공적 사역 내내 그랬던 것처럼 여기서도 하나님이 하늘에서와 같이 땅에서도 그분의 나라를 세운다고 말씀하신다. 그래서 우리는 어떤 종류의 나라를 세울 것인가라는 질문을 다소 절박하게 던지게 된다. 여기서 이 땅에 세워질 하나님 나라가 힘에 대한 사랑(love of power)이 아니라 사랑의 힘(power of love)에 의해 그리고 세상 압제자들의 어리석은 권세가 아니라 여호와의 종의 능력 있는 미련함에 의해 발효될 것임이 분명해진다.

셋째, 예수님은 다니엘 7장을 인자의 높이 들림과, 이사야 53장을 많은 사람들의 대속물로 자기 목숨을 내어 놓으려고 오는 종과 결합하신다. 예수님은 그렇게 함으로써 자신의 죽음 안에서 이 종의 사역을 예시하고 그에 대한 모범을 세울 뿐만 아니라, 실제로—어떻게든!—불한당들과 압제자들로부터 권력을 빼앗아 올 것임을 주장하신다. 다니엘 7장에서와 같이 괴물들의 손에 괴롭힘을 당한 후 하나님의 우편으로 들릴 때에, 인자는 실로 세상의 진정한 주인이 될 것이며, 그분을 따르는 자들은 참으로 그분의 일을 하면서 세상을 그분의 통치 아래에 순복시킬 것이다. 그런데 그 통치는 압제자의 어리석은 권세에 의해서가 아니라 십자가에서 처형당한 메시아의 능력 있는 미련함에 의해서 확립된 후에야 구현된다.

이 주제에 대해 숙고할 때 펼쳐볼 성경 구절들은 이 외에도 많이 있다. 요한계시록을 들춰볼 수도 있을 것이다. 많은 사람들은 잘못 상상하고 있지만, 그것과는 달리 요한계시록의 강렬한 이미지는 실제 폭력의 환유(換喩)를 의도하지 않는다. 요한계시록의 격한 언어는 은유적이며 상징적이고, 죽임당한 어린 양의 승리를 표현한다. 아니면 우리는 베드로전서를 볼 수도 있다. 거기서 교회는 왜 그토록 엄혹한 고난을 겪어야 하는지 궁금해하면서 예수님을 따르는 우리에게 왜 이런 일들이 일어나야 하느냐는 질문을 던진다. 그러나 결국에는 그것이 세상에서 예수님의 나라가 길을 내는 방식이라는 확신과 위로를 받게 된다. 그래도 나는 요한복음으로 마무리를 하고 싶다. 거기에는 모든 기독교 정치 신학의 핵심이 되는 주장이 들어 있는 구절이 있다. 요한복음 18장과 19장에서 예수님이 본디오 빌라도 앞에 서실 때, 하나님 나라는 가이사의 왕국과 대치하고 있었고, 사랑의 권력은 권력을 사랑하는 자들에게 그것의 끝이 왔음을 알리고 있었다. 이 대치와 그 결과는 우리가 바울의 서신들과 마가복음에서 본 것과 똑같은 수순을 밟는데, 이번만큼은 실제 대화의 형태를 띤다(앞서 살펴본 3장도 참조하기 바란다).

시작은 요한복음 18:33이연다. 거기서 빌라도는 예수님에게 정말로 유대인의 왕이냐고 묻는다. 첫 응답 후 예수님은 나라를 주장하긴 하시지만, 그분의 나라는 일반적인 종류의 나라가 아니라고 선언하신다. 이 세상에서 자라나는 종류의 나라가 아니라는 것이다. 예수님은 요지를 명확히 못 박는다. 내 나라가 이 세상에서 생겨나는 종류의 것이라면, **나를 따르는 자들이 내가 넘겨지는 것을 막기 위해 싸웠을 것이다.** 마가복음에서도 정확하게 같은 의미가 전달된다. 불한당들과 압제자들의 왕국들과는 다른 종류의 나라라고 명시된다.

그렇다면 어떻게 이 나라는 그 길을 내는가? 예수님은 주제를 바꾸시는 것처럼 보이지만 사실은 문제의 핵심을 찌르신다. 예수님은 이렇게 말씀하신다. "나는 진리를 증거하러 왔다." 빌라도는 그 유명한 질문으로 응한다. "진리가 무엇이냐?" 우리는 이 질문을 냉소가들, 모더니스트들의 비웃음으로 생각해 왔지만, 사실 그것은 고압적인 제국주의자의 비웃음이기도 하다. "권력은 우리 손에 있고, 진리는 우리가 만드는 것이며, 이 세상에서 무엇이 진실인지는 우리가 결정하고 무슨 수를 써서라도 그것이 진실이게끔 만든다." 그런데 요한복음 전체에 걸쳐서 예수님은 다른 종류의 진리에 대해 말씀하시고 그 모범을 제시하신다. 예수님에게 진리란 인간들이 창조주 하나님에 대해 순종하면서 하나님의 새로운 명령을 세상에 전달하는 말을 할 때 일어나는 일이다. 진리는 **사건**이다. 창조적이고 회복적이며 치유적이고 심판하며 재정비하는 현상이다. 그리고 예수님은 세상에 새 창조의 신선한 질서를 부여하는 진리를 말씀하신다. 그런데 예수님은 그 **진리를 말씀**하시는 데에서 그치지 않는다. 창조주 하나님은 옛 세상에 심판과 치유의 진리를 임하게 하기 위해 말씀하셨다. 그리고 부활절 아침에 탄생하기를 기다리는 새로운 세상이 임하게 하기 위해 말씀하실 것이다. 예수님 자체가 그 **진리이며** 살아 있는 말씀(living word)이다.

대화는 이제 권력에 대한 논의로 옮겨 간다. 예수님에 대한 권세를 가진 빌라도는 권세를 주장한다. 그 권세는 예수님이 죽임을 당하게 할 수도 있고 예수님을 방면할 수도 있다. 예수님은 빌라도에게 동의하신다. 빌라도는 정말로 그 권세를 가졌고, 놀랍게도, 그 권세는 하나님 자신이 빌라도에게 주신 것이다. 요점은 우리가 이 책을 통틀어 다양한 단계에서 주목해 왔듯이, 하나님은 인간 권세들이 그분의 세상을 운영하기를 원하시지만, 그들이 어떻게 그 일을 하는지를 놓고 책임을 물으실 것이라는 점이다. 그러나 한편 예수님이 진짜 권력을 가진 분이다. 그리고 빌라도는 고린도전서에서와 동일하게 예수님을 죽음의 자리로 보내고 정말로 그렇게 함으로써 그 자신의 위태위태한 제국주의적 권력의 토대를 파괴시키고 만다. 예수님의 죽음은 마가복음, 요한계시록, 바울의 서신들에서와 마찬가지로 요한복음에서도 하나님의 능력 있는 미련함이 세상의 어리석은 권세에게 거둔 승리로 기술된다.

그렇다면 십자가의 '전통적' 의미들은 더 큰 이 거대 담화에서 어떻게 이해될 수 있을까? 정답은 그 의미들이 모두 세상 안에서 통한다는 것이다. 나의 죄를 위한, 우리 죄를 위한 예수님의 죽으심—귀에 못이 박히도록 들어도 매번 거듭하여 우리를 사로잡는 강력하고 개인적인 진리—의 요체는 예수님의 죽음을 통해 확립되는 하나님 나라가 이를테면 시스템의 꼭대기에서 바닥까지 관통한다는 것이다. 그것은 입술에 기도를 머금고 죽어 감으로써, 폭력의 권세를 굴복시키고 영원히 반복될 수도 있었을 맞대응의 소용돌이와 분노를 잠재운다. 그러나 그것은 그렇게 함으로써 우리를 손아귀에 쥐고 있던 죄의 권세도 굴복시키고, 죄의 수치와 죽음의 암울한 결과를 취하여 그것 역시 소진시켜 버린다. 세상의 권세들이 세상을 지배하는 것은 우리 인간들이 하나님 형상의 담지자들로서 우리가 가진 권세를 넘겨주었기 때문이고, 우리의 죄가 우리를 무력하게 만들어 버렸기 때문이다. 그러나 만일 우리의 죄가 처리되었다면, 세상을 탈취한 어둠의 세력들에게 이 권세를 이양한 것은 무효화된다. 그래서 갈라디아서 1:4에서 바울은 메시아가 "이 악한 세대에서 우리를 건지시려고 우리 죄를 대속하기 위하여 자기 몸을 주셨[다]"라고 선언하는 것이다. 권력자들은 그들의 권력을 우리의 죄로부터 취하지만, 우리의 죄는 십자가에서 처리되었다. 이사야가 보았듯이, 메시아는 자신의 죽음 안에서 우리가 마땅히 받을 벌(세상의 이야기와 이스라엘의 이야기 전편에 걸쳐 새겨진 망명과 죽음)을 취하여 한 곳으로 끌고 갔으며, 그곳에서 그것을 단번에 그리고 영원히 처리하였다.

우리가 단순히 죄의 사함만을 받을 뿐만 아니라 자유로워지는 것은, 십자가의 그러한 다중적 의미들이 하나로 어우러지기 때문이다. 그분의 다른 나라, 그 나라의 다른 방법들을 가져오는 예수님의 나라 프로젝트의 일부가 되어 온 세상의 생명과 관련을 맺게 되는 것이다. 이것이 거의 정확하게 요한이 요한계시록 5:9-10에서 목도한 신성이다. 죽임을 당한 어린 양이 "사람들을 피로 사서 하나님께 드리시고 그들로 우리 하나님 앞에서 나라와 제사장들을 삼으셨으니 그들이 땅에서 왕 노릇"을 할 것이다.

결론

이 부분에 대해서는 계속해서 논의할 수 있는 내용이 많다. 개인적인 삶과 공적인 삶 모두 이것으로부터 얻을 수 있는 것들이 많이 있다. 사실, 어떤 사람들은 그리스도인들은 개인적인 삶에서 예수님의 방식을 따르고 나라들과 정부들은 계속해서 세상의 일반적인 방식을 따르는 것으로 간단히 둘을 분리하길 원할 것이다. 사실상 오랜 세월 동안 서구 세계가 무엇을 해 왔고 서구 교회가 무엇과 결탁해 왔는지에 상관없이 그렇게 하는 것은 위험할 정도로 어리석은 일이다. 나의 그런 믿음을 독자들도 알게 될 것이다. 시시때때로 일종의 기독교 '신정국가'에 대한 시도들이 있어 왔지만 (아무리 좋게 말해도) 큰 성공을 거둔 적이 없다. 어떤 이들은 그런 사실을 언급하며 그 길로 한걸음도 옮기지 못하도록 경고할 것임을 나는 아주 잘 알고 있다. 그러나 나는 신약성경의 독자로서, 예수님이 우리에게 하늘에서와 같이 땅에서도 하나님의 나라가 임하고 하나님의 뜻이 이루어지도록 기도하라고 가르쳤을 때의 그리고 예수님이 나라를 행하고 나라가 마침내 세워지도록 하기 위해 죽을 때의 그 나라는 법적인 성인들만이 사적으로 일견할 수 있는 종류의 나라가 아니라고 믿는다. 그 나라는 권세를 행하는 다른 방법이 있다는 소식과 사실을 가지고 세상의 불한당들과 압제자들에게 맞서도록 의도된 나라 그리고 실제로 그렇게 맞선 나라였다는 흔들리지 않는 강한 확신을 갖고 있다. 나는 무적의 기술력과 기능들로 무장한 채 어리석은 권세의 세상적인 일을 거듭 재현하려다가 파괴적인 실패로 점철된 근래 역사를 짊어진 서구 세계가 그 급진적인 대안을 좀 더 일찍 돌아보았어야 했다고 믿는다.

그것은 마치 예수님의 대답에 야고보와 요한이 풀이 죽어 버렸던 것처럼 인기가 없을 것이다. 그리고 분명히 오해도 낳을 것이다. 아마 고생도 뒤따를 것이다. 그러나 우리가 예수님을 따르고 있다면 다른 대안이 있을 수 없다. 바울이 말하듯이 예수님은 우리에게 지혜, 의로움, 거룩함, 구원함이 되셨다. 예수님의 십자가는 세상이 사실은 어떻게 작동하는지에 대한 비밀, 태초부터 감추어졌던 비밀, 세상의 통치자들이 결코 알지 못했던 비밀을 드러낸다. 예수님과 예수님의 죽음 안에서 우리는 마침내 인간의 모든 지혜보다 더 뛰어난 하나님의 지혜의 미련함과 인간의 모든 강함보다 더 강한 하나님의 연약함을 보게 된다. 그리스도인으로서 우리가 예수님의 이름과 임재와 권능을 주장한다면, 성경을 하나님의 계시의 열쇠로 그리고 십자가를 우리 믿음의 핵심으로 주장한다면 그리고 인간으로서 우리가 세상에서의 권력 남용에 몸서리를 치고 있다면, 우리는 십자가와 십자가의 의미에 대해 성경이 그토록 분명하게 말하는 것을 무시할 수 없다. 이제 바울의 말을 좀더 진지하게 경청하고, 마가복음과 요한복음을 훨씬 진지하게 읽고, 예수님의 말씀에 더욱 진심으로 귀를 기울일 때가 왔다. 이제 세상의 어리석은 권세를 옆으로 치워 버리고 어떤 대가를 치르더라도 하나님의 능력 있는 미련함을 받아들일 때가 되었다.

8장

평시와 전시의 기독교 미덕

여기서의 화제는 어려운 것이고, 늘 그러하듯이 어려움 속에서는 반드시 성품이 강조되게 마련이다. 성품에 대한 것의 골자와 성품이라는 미덕 안에서의 골자는 이 단어들이 어디서 왔는지를 살필 때 파악된다. 인품을 가리키는 영어 단어 'character'는 왁스나 금속 혹은 종이 위에 찍는 표지인 스탬프(stamp)를 뜻하는 헬라어에서 파생되었다.[1] 미덕을 가리키는 영어 단어 'virtue'는 강함을 뜻하는 라틴어에서 파생되었고, 사고와 행동으로, 심지어는 감정의 양상들로 발전되는 성품의 강점들을 일컫는다. 요점은 이러한 미덕들이 우리 안에서 확고하게 형성될 때, 아주 깊게 찍히면서 우리가 골똘히 그것에 대해 생각을 하든 하지 않든 간에—사실상, 특히 무심결에—우리의 행위 가운데 나타난다는 것이다. 그래서 나는 이 장을 '미덕'이라는 단어가 무엇을 의미하는지를 간략하게 개관하는 것으로 시작하려고 한다. 그다음에는 미덕이라는 개념과 관련하여 사람들이 일상적으로 보아 온 문제들 중 일부를 다루어 보고 싶다. 나는 그러고 나서 특히 용기를 살펴보고, 우리 모두가 함양하도록 부름받은 더 넉넉하고 원숙한 성품의 일부로서 용기가

서 있는 방식을 탐색해 보고자 한다. 이것은 이 장의 제목이 암시하듯이, 마침내 이 성품이 평화와 전쟁 중에 스스로를 드러내는 방식에 대한 추가적인 몇 가지 고찰들을 위한 논의의 장을 마련해 줄 것이다.

미덕과 미덕의 구현

미덕에 대한 나의 저서, 『그리스도인의 미덕』[Virtue Reborn(영국 출간 제목), After You Believe(미국 출간 제목), 포이에마 출간]에서 나는 2009년 1월에 일어난 어느 극적인 사건을 '미덕'의 고전적 사례로 들었다. 비행기 한 대가 뉴욕시의 라구아디아 공항에서 이륙하여 곧바로 캐나다 거위 떼와 충돌했다. AWE 1549기는 엔진 두 대가 모두 고장이 났고, 기장인 체슬리 설런버거(Chesley Sullenberger III)는 육지로 돌아가야 한다는 것을 곧바로 깨달았지만 이 경우 가능한 방법이라곤 최악의 상륙 방법밖에 없다는 것도 순식간에 간파했다. 그것은 바로 허드슨강에 수상 착륙하는 것이었다. 그와 부기장은 수십 가지(어쩌면 수백 가지)의 작고도 중요한 과업들을 단 2분 만에 수행했다. 그들은 몇 가지 시스템들은 닫고 몇 가지 시스템들은 활성화하면서 비행기의 방향을 획 꺾어서 급격한 원호를 그리게 하고는 속력을 늦추기 위해 뒤로 살짝 기울인 뒤에 앞으로 조금 나아가면서 마침내 안전하게 비행기를 착륙시켰다. 그리고 나서 기장은 물이 차오르고 있는 비행기에서 앞뒤로 걸어 다니면서 모든 사람의 안전을 확인하고는 매서운 추위로 파르르 떨고 있던 어느 승객에게 자신의 셔츠를 벗어 주었다.

당시 어떤 사람들은 이것을 '기적'이라고 불렀다. 글쎄, 나는 결코 기적과 같은 일을 배제하고 싶지는 않다. 하나님은 신비로운 방법으로 움직이신다. 하지만 우리 문화가 '기적'의 범주를 향해 손을 뻗는 것은 우리가 성품의 도전을, 미덕의 도전을 직면하기 꺼려하기 때문이라고 생각한다. 그날 일어난 일은 30년 이상의 훈련, 학습, 꾸준한 실행의 결과였다. 설런버거는 무엇을 해야 할지 곰곰이 궁리할 필요가 없었다. 책을 뒤적이거나 조언을 구할 필요도 없었다. 흔히 하는 말로 그것은 그의 '폐부에' 새겨져 있었다. 그리고 그것은 '저절로 나왔다.' 그는 그것을 천성적으로 타고나지 않았다. 그는 꾸준하고 의도적인 적용을 통해 그것을 습득했다.

이 이야기는 실천 윤리학이 실제 어떻게 우리의 삶과 관련을 맺는지에 대한 네 가지의 주류적 이론들을 이해하는 데 도움을 줄 수 있다. 오늘날 우리 문화의 대부분은 첫 번째 세 가지 이론의 어딘가에 붙들려 있다. 나는 성품과 미덕에 초점을 맞추는 것이 중요한 진전에 다다르는 방법이라고 믿지만, 우선 윤리를 이해하는 세 가지 길에 대해 짤막히 언급하고 넘어가고자 한다.

첫 번째는 규칙들의 길이다. 많은 사람들은 규칙들(해야 할 것들과 해서는 안 되는 것들)의 긴 목록을 가지고 있다. 이것은 어쩌면 많은 사람들이 군사적 맥락에서 일이 되어 가는 방식이라고 상상할 것이다. 당신은 규칙들을 단순히 배우고 어떻게든 그것을 지켜야 한다. 당신이 명령 사슬의 꼭대기를 차지하고 있다면 예외이겠지만(물론 그럴 때도 당신의 정치적 상관들에게 따라야겠지만), 당신은 그 사슬 어디에 위치하든지 명령에 복종해야 한다. 임의적인 명령에 대한 맹종은 왠지 군대에서는 때때로(특히 정치인들이 명령을 내릴 때는 더더욱) 생명처럼 느껴질 것 같지만,

오늘날 대부분의 사람들에게 그것은 비인간적인 방식으로 보인다. 전체주의에 대한 오랜 반동(反動)의 측면이 있는 지난 세대에 걸친 서구 세계의 반권위주의적 분위기는 규칙에 대한 깊은 의혹을 태동시켰다. 규칙들이라고 하면, 그것을 지켜야 하는 사람들의 진짜 열망과 의향은 고려하지 않는, 무신경하고 현실과 괴리된 권위의 냄새가 난다. 우리의 세상은 철두철미한 상대주의를 향해 휘청휘청 나아가고 있다. 철저한 상대주의는 나에게 진리인 것이 당신에게는 진리가 아닐 수 있고, 거기에는 행동 수칙도 포함된다. 경찰관이 길모퉁이마다 서서 항상 감시하는 걸 좋아하는 사람이 어디 있을까?

물론, 살인자들과 강간범들이 주변을 서성이고 있다면 우리는 갑자기 길모퉁이마다 경찰관이 서 있기를 바랄 것이다. 그것도 한계는 있다. 사실상 규칙에 관한 한, 우리는 일부 규칙들(예를 들어, 아동 학대나 집단 학살을 금지하는 규칙들)을 계속해서 고수하고 있다. 그리고 사실 그런 규칙들에 관하여 상당히 예민해지는데, 그 이유는 부분적으로 남은 규칙들이 많지 않기 때문이다. 그러다 보니 우리의 도덕적 에너지는 얼마 남지 않은 규칙들에 집중된다.

어쨌든, 이 첫 번째의 그리고 어쩌면 가장 잘 알려지고 분명한 윤리 체계는 규칙들의 윤리 체계이다. 오늘날 많은 사람들은 그것이 진정한 도덕성에 대한 설명으로서도 올바른 실질적 행동의 설명으로서도 슬프도록 부족하다고 생각한다. 만일 체슬리 설런버거가 위기 상황에서 무엇을 해야 할지 결정하기 위해 규칙들을 들추어 보아야 했다면, 그가 '거위 충돌'을 색인에서 찾아서 해당 페이지를 펼쳐 보기도 전에 비행기는 추락했을 것이다.

두 번째 대안은 다른 극단에 놓여 있는 것으로, '자연스럽게 나오는 대로 행동하기'의 원칙이다. 오늘날 많은 사람들에게 이것만이 유일한 진짜 규칙이다. 몇 년 전에 캘리포니아 해변의 어느 고물상점에서 우연찮게 이런 표지판을 보았다. "나는 원칙에 따라 행동하고 있다고 생각하지만, 사실 대개는 그저 좋을 대로 한다. 그런데 그것도 하나의 원칙이다." '자발성'에 대한 광신은 '규칙들'의 꽉꽉한 문화에 대한 반동으로 19세기에 자라났고 더 깊은 차원에서 사람들의 참여를 끌어내려는 시도와 관련이 있었다. 이것은 '진정성'이라는 자기다움을 강조하는 최근의 몇 가지 운동을 통해 추가적인 추동력을 얻었다. 이것의 문제는 명백하다. 스스로 알아서 하다 보면 대부분의 사람들은 게으르고 변덕스럽고 흥청망청하고 미덥지 않게 되고, 심지어는 더 극단적으로 망가질 수도 있다. '자연스럽게 나오는 대로' 행동하다 보면 그런 현상들이 '자연스럽게 나오게' 된다. "그때에는 그게 가장 하고 싶었다"고 말하면서 사람들이 자신의 행동을 정당화하려고 할 때가 있다. 그러나 단순히 규칙에 기반한 도덕성으로의 회귀를 아무리 피하고 싶다고 해도, 대부분의 사람들은 '자발성'이나 '진정성'이 도덕적 삶이 어떻게 작동해야 하는지를 완전히 설명할 수 없다는 결론을 반추 끝에 내리게 될 것이다. 다시 앞의 비행기 수상 착륙의 이야기로 돌아가자면, 기장이 그저 '자연스럽게 나오는 대로 행동'하기로 결정하는 신참이었더라면 재앙을 낳고 말았을 것임은 불 보듯 뻔한 일이다.

한쪽의 꽉꽉한 '규칙들'과 다른 한쪽의 자기중심적 '자발성'의 가운데로 길을 내려는 시도들 중 가장 유명한 것으로 '공리주의'(utilitarianism) 또는 '결과주의'(consequentialism)가 있다. 이것은 어떤 행위의 도덕성은 그것의 결과로 평가될 수 있고 사람은 언제나 최다수의 사람들의 최대 행복을 목표로 삼아야 한다는 믿음이다. 이론상으로는 그럴듯해 보이지만 이것을 실천에 옮기려 하자마자 어려움에 봉착하게 된다. 정말로 까다로운 도덕적 상황들에서는 더더욱 그렇다. 어떤 행동이 몰고 올 크고 작은 뜻밖의 결과들을 계산하는 것은 불가능하다. 아무리 우리가 예측할 수 있는 결과들에게만 스스로를 국한시키려 노력할지라도, 결정이 쉽지 않다. 복잡한 실제 상황이나 도덕적 상황에서 우리의 머릿속은 사리사욕이나 편견으로 흔들릴 수 있다. 더욱이 '행복'이라는 멀리 있는 목표는 우리가 도달해야 할 중간 단계들에 대해서 그다지 많은 것을 말해 주지 않는다. 확실히 AWE 1549기의 기장은 비행기 안팎에서 모든 사람들의 행복을 극대화하기를 소망했다. 하지만 그 의도만으로는 비행기를 구하기에 충분하지 않았을 것이다.

네 번째 길은 내가 권하는 길로서, '미덕'의 길이다. 미덕을 기준으로 하는 접근법은 더할 나위 없는 최선의 것을 얻으려고 시도한다. 그러나 고된 노고를 뜻하는 미덕은 옆으로 밀려나기 일쑤이다. 여기서도 규칙은 여전히 중요하다. 왜냐하면 규칙은 미덕이 정말로 존재하는지 여부를 나타내는 지침 구실을 할 뿐만 아니라, 미덕이 아직 무르익지 못한 사람들이 길에서 완전히 벗어나는 것을 막아 주는 가드레일 구실을 하기 때문이다. 그럼에도 미덕을 기준으로 하는 윤리는 규칙들을 지나치게 내세우지는 않고, 그보다는 성품에서 특정한 강점들의 계발을 주장한다. '강점'(strength)은 앞에서 보았듯이, 미덕(virtue)을 의미하는 라틴어 단어 비르투스(*virtus*)[2]에서 파생되었다. 특정 근육을 발달시키는 것과 같은 방법으로 단련하거나 특정 지적 능력—말하자면, 암산이나 언어 학습―을 계발하는 것과 같은 방법으로 연습함으로써 정의로움이라는 미덕을 계발할 수 있다. 운동을 계속하다 보면 처음에는 쉽게 피로하고 뻐근해지던 근육이 마침내는 부드럽게 같은 운동을 해낼 수 있게 된다. 연습을 꾸준히 하면 억지로 생각하지 않아도 마침내 머릿속으로 복잡한 계산을 하거나 러시아어를 유창하게 말하게 된다. 미덕도 그렇다. 예를 들어 '정의'가 정말로 무엇을 의미하는지 찬찬히 생각해 보고 몇 달, 몇 년을 그것에 따라 행동하는 데 몰두하다 보면, 정의로움이 자신의 성품의 일부가 된다. 정의로움의 도장이 당신에게 깊게 찍힌다. 그리고 당신의 '성품'의 일부가 된다.

이 지점에서 처음 두 개의 윤리 체계들[규칙들과 자발성의 윤리 체계들]은 통합되어서 각각의 체계보다 훨씬 더 크고, 그것들의 단순 합보다도 더 큰 무엇이 된다. 일단 그 언어에 유창해지면, 더 이상 문법 규칙에 대해 생각하지 않게 된다. 그것은 문법 규칙들을 모두 이해하지 못해서도 아니고 모두 제대로 이해해서도 아니다. 똑같은 지점에서 당신은 특이한 무엇인가를 해내기 위해 억지로 자신을 밀어붙이지 않는다. 이를테면 '성품'에 어긋난 무엇인가를 하려 하지 않는다는 것이다. 당신은 목적지로 가는 도상에서, 마치 체육대회를 위해 훈련에 돌입하는 사람처럼, 굉장히 고된 훈련을 많이 해야 한다. 그러나 때가 되면 이제 당신은 자연스럽게 나오는 것을 하면 된다. 그것은 그 모든 고된 노고를 다 견뎌 낸 사람에게는 당연한 것이다. 그리고 도덕적 딜레마나 실제적인 딜레마의 느닷없는 압력에 처할 때 공리주의는 수많은 미지의 것들을 포함하는 복잡한 계산을 하라고 요구할 것이다. 반면에 오래전에 그런 계산을 끝마친 미덕은 미지의 것들이 저절로 처리될 것이라고 믿는다. 요컨대 우리에게는 습득된 기능(acquired facility)—나는 하마터면 습득된 취향(acquired taste)이라고 말할 뻔했다—이 있어서 특정한 방식으로 행동하게 된다. 그것은 깊이 밴 습관으로서, 처음에는 전혀 자연스럽지 않았던 삶이나 사고, 감정, 행동의 특정 양식들이 자연스럽게 나타나도록 만든다.

이것이 미덕이 '제2의 천성'이라고 불리는 까닭이다. 우리는 정의를 행하거나 신중하게 행동하거나 자연스러운 본능을 통제하고 제어하는 능력을 타고나지 않는다. 그것은 우리가 한겨울에 엔진이 나간 비행기를 강에 착륙시키는 능력은 말할 것도 없고, 비행기를 조종하는 능력을 타고나지 않는 것과 같다. 우리는 이 '제2의 천성'을 **선택함으로써** 습득한다. 찬찬히 생각함으로써, 달리 말해서, 어떤 방식으로 행동할지를 신중하게 결정함으로써 그리고 악기나 외국어를 배울 때처럼 그런 습관들을 학습함으로써 습득하는 것이다. 바로 여기에 미덕과 악덕의 핵심적 차이가 있다. 악덕은 미덕만큼이나, 잘 자리 잡은 마음의 습관으로, 당신을 꽉 쥐고 있는 그 무엇일 수 있다. 그러나 악덕을 습득하는 데는 노력도, 생각도, 반성도, 의지적 행동도 필요하지 않다. 그저 자신의 기질에 몸을 내맡기고 나쁜 습관들을 향해 흘러가기만 하면 된다. 이것이 자발성—자연스럽게 나오는 대로 하기—에 대한 맹신이 사람의 삶을 망쳐 버리는 또 다른 이유이다.

그렇다면 어떤 성품의 특징들이 함양해야 할 미덕인지를 어떻게 알아볼 수 있을까? 그것은 각자의 목적[3]에 달렸다. 아리스토텔레스에게 목적이란 '유다이모니아'(eudaimonia), 즉 '행복'을 의미했다. 그는 목적이라는 말에 '텔로스'(telos)라는 단어를 사용했다. 여기서 행복이란 맛 있는 차 한 잔을 마시거나 즐거운 영화를 보고 난 뒤에 느끼는 감정을 일컫는 일반적 의미의 행복이 아니다. 그것은 우리가 온전히 살아 있고 온전히 기능하는 자신을 발견할 때 도달하는 인간으로서의 풍성한 만족감이라는 훨씬 더 심오한 의미를 갖는다. 사실, '행복'이라는 단어가 의미하는 바는 세월과 문화의 흐름과 함께 변해 왔다. 오늘 우리가 당면한 도전은 부분적으로, 평화의 때이거나 전쟁 중이거나, 서구 사회 전반에 걸쳐 우리가 스스로 바로 세워야 하는 목표들을 새롭게 바라보고 그러한 목표들을 달성하기 위해 함양해야 할 인품의 강점들을 신선한 시각으로 이해하는 것이다. 이에 대해서는 나중에 논의하겠다.

이 주제에 대해 연구하는 동안, 나는 어떤 사람의 인품과 삶의 습관들이 그야말로 뇌의 변화와 상당한 관련이 있을 것이라는 증거를 접하고 매료되었다. 런던 택시 기사들을 대상으로 한 연구들을 살펴보면, 공간 추론을 담당하는 뇌의 부분인 해마(hippocampus)가 다른 사람들보다 사실상 **물리적으로** 더 크다는 점을 알 수 있다. 우리가 어떤 특정 방식으로 선택을 하거나 행동을 할 때마다, 우리의 뇌에 신경 경로(neural pathway)들이 생성되거나 발달하게 되어서 더욱 '자연스럽게' 같은 선택이나 행동을 다시 하게 만드는 것으로 보인다. 습관이 몸에 배면, **자연**스러워질 뿐만 아니라, 그것이 **부자연**스러웠을 때가 어땠는지를 기억하기도 힘들어지고 심지어 상상하는 것조차 어려워진다.

가볍게 하는 말이나 행동이라고 치부되는 것일지라도, 우리의 행위가 컴퓨터 메모리의 전기적 흔적과 같은 흔적을 우리 뇌에 남긴다는 것은 생각만으로도 깜짝 놀랄 일이다. 그러나 이것의 긍정적인 면은 모든 도덕적 가르침의 목적이 옳은 일을 제2의 천성으로(그동안 해 왔던 대로 멈추어 생각할 필요 없이) 하는 인간들을 길러 내는 것이라는 도덕 이론의 측면에서 중요하다. 그뿐 아니라 전쟁, 집짓기, 요양원 운영, 저술 등의 철저히 실제적인 삶의 측면에서도 중요하다고 제안하고 싶다. 나는 군 관계자들만큼 우리가 '본능적' 행위라고 부르는 것을 계발할 필요에 대해 잘 아는 사람은 드물 것이라고 생각한다. (사실 이것은 '제2의 본능'이라고 부르는 편이 더 적합할지도 모르겠다. 왜냐하면 이런 것들을 태어나면서부터 또는 훈련 없이도 자연스럽게 할 수 있는 사람은 없기 때문이다.) 무엇보다도 전쟁에서는 멈추어 생각할 시간이 없는 돌발적인 어려움과 문제들이 발생하기 마련이다. 물론 광범위한 전략적 선택에 대해서는 일반적으로 심사숙고할 시간이 있을 것이다. 하지만 전투가 시작되면 책에서 답을 찾거나 며칠의 논쟁 끝에 투표를 할 시간이 없다. 이 조치나 저 조치의 모든 가능한 결과들을 조사하고 심사숙고할 여유가 분명 없다.

오늘날 많은 사람들이 이것의 결과를 알게 되면 충격을 받을 것이다. 군대라는 조직체는 훨씬 더 폭넓은 함의들과 용도들을 지닌 어떤 진실을 우리 문화에서 보존해 왔을지도 모른다. 그 진실이란 인간의 온전하고 진정한 삶은 규칙들을 맹종함으로써 얻을 수 있는 것이 아니라, 올바른 방식으로 행동하는 종류의 사람이 됨으로써 얻을 수 있다는 것이다. 왜냐하면 성품 함양이라는 고투를 통해서만이 **그런 종류의 사람이 되어 가기** 때문이다. 이 '되어 가는' 과정은 불가피하게 수고로움을 의미하며, 이를 악물고 학습과 훈련의 가파른 오르막을 오르는 과정을 계속하겠다는 힘든 선택들을 내리는 것을 뜻한다. 이것은

'자발성'이나 '진정성'이 높은 평가를 받는 현재 우리의 문화에서는 환영받기 매우 어렵다. 그러나 우리가 '제2의 천성'이라고 부르는 차원 높은 다른 종류의 자발성과 진정성을 위해서도 이것은 매우 절실히 필요하다.

도입부 설명으로서 한마디 더하자면, AWE 1459기의 기장 체슬리 설런버거는 아리스토텔레스가 '기본 미덕들'(cardinal virtues)이라고 부른 용기, 정의로움, 절제, 신중함의 네 가지 미덕들을 모두 보여 주었다고 생각한다. 그가 용기를 보여 준 것은 분명하다. 그는 임박한 큰 위험 앞에서 냉정함을 잃지 않고 자신의 안전보다 다른 모든 사람들의 안전을 더 중요하게 여기기로 다짐했다. 정의로움의 측면을 살펴보자. 승객들과 더불어 지상의 무고한 시민들에게 그들이 누려 마땅한 정의를 실현하기로 한 그의 결심은 자동적이었다. 자제의 측면에서, 그는 모든 종류의 자연적 충동들을 억제하고 스스로를 잘 통제했음이 분명하다. 그리고 그는 신중했다. 그는 전광석화처럼 빠르게 모든 대안들을 고려하여 올바른 결정을 내렸다. 아리스토텔레스를 비롯한 많은 사람들은 이 네 가지 미덕 가운데 하나라도 가지려면 사실 네 가지 모두가 필요하다고 보았다. 그리고 보조적인 미덕들도 추가적으로 있어야 한다고 생각했다. 그 미덕들은 서로를 보강하고 하나로 결집한다.

그래서 미덕의 본질에 대한 나의 기본적인 제안은, 고된 노고를 통한 꾸준하고 선택적이며 의도적인 성품의 계발이야말로 인간이 각자 의도된 사람됨에 가장 온전하게 도달하는 방식에 대한 그림을 다른 어떤 일반적인 설명들보다 훨씬 더 만족스럽게 제시한다는 것이다. 특히 미덕에 대한 이러한 설명은 현재 인기 있는 두 가지 다른 설명들(내가 앞서서 언급한 처음 두 가지 윤리 체계의 모델들)을 다소 적나라하게 폭로한다. 대략적으로 볼 때, 이것들은 아마도 좌파와 우파의 관점들로 여겨질 수 있다. 왼쪽 방향으로는 자발성과 진정성에 대한 맹종 집단이 있다. 그것은 좋게 느껴지는 것을 하고, 자신에게 충실하며, 케케묵은 옛 규칙들이 자신의 스타일을 옥죄지 못하게 한다. 그것은 자유롭게 부유하는, 절반은 무정부주의 같은 생활양식을 위한 비결인데, 무정부 상태의 문제는 불한당들과 떠버리들이 득세하는 경향이 있다는 것이다. 이러한 경우에, 심지어는 자유롭게 부유하는 좌파의 자발성조차 실제로는 나름의 새로운 규칙들을 필요로 한다. (이를테면) 재활용과 대체 에너지원들에 대하여 새롭고 다소 사납기까지 한 생태적 금기들이 얼마나 부각되었는지 보라. 이렇게 말하다 보니, (비록 일부 대체 에너지원들에 대해서는 던지고 싶은 질문들이 약간 있긴 하지만) 그 두 가지를 모두 긍정하는 셈이 되었다.

그런데 나의 요점은 역설적인 것이다. 영국에서 21세기의 처음 몇 년 동안 우리 역사상 그 어떤 정부보다 더 호들갑을 떨고 후려치는 규정들과 규제들을 도입한 것은 모든 면에서 '자유'에 헌신된 노동당 정부였다. 슬프게도, 정부들에게는 그들의 전략들을 꼼꼼하게 논증할 철학자들이 거의 없다. 만일 정부들에게 그런 철학자들이 있었더라면, 그 정부가 법을 이용해 모든 사람들을 선하게 만들려는 쓸모없는 노력을 기울임으로써 모든 사람을 자유롭게 만들려는 노력이 아무 소용없다는 사실을 엄폐하고 있었음을 깨달았을지도 모른다. 플라톤은 그것에 대한 답을 알고 있었다. 그것은 교육이다. 늘 중요하게 여겨져야 하는 성품의 도야는 교육의 중요성을 여전히 믿는 교육자들과 군사를 비롯한 전문직 영역의 기관들에게 맡겨져 왔다.

하지만 오른쪽 방향에서 우리가 가진 것은 규칙에 기반한 매서운 도덕주의이다. 그 옹호자들은 어깨를 한번 으쓱하며 나 몰라라 하는 좌파의 무정부주의의 위험성을 간파한다. 이것은 현 시점에서 영국에서보다는 미국에서 더욱 도드라진다. 하지만 대서양의 양편에서는 많은 사람들이 더 확고한 질서의 세상을 염원하며, 자유주의의 지니를 병에 도로 넣기를 바란다. 그러고는 우리가 기억하는 바, 혹은 최소한 상상하는 바, 약간 엄격하지만 기본적으로 평화롭고 질서 정연한 사회로 회귀할 기회만을 엿보고 있을 것이다. 다시 한 번 말하지만 그것 역시 가능할 리가 없다. 그나마 좋은 소식은 그런 식으로 생각할 필요가 없다는 것이다. 또다시 우리에게는 교육이 필요하다. 만일 학교들이 성품과 미덕을 함양시켜 줄 수 없거나 그렇게 하지 않으려 든다면, 이전처럼 그 일은 전문 직종들이 대신 할 수 있다. 특히 군대가 할 수 있다. 그러나 그것은 성품 형성과 성품의 변화를 일으키는 교육이어야만 가능하다. 단순히 (뭉뚱그려 말하자면) 비합리적인 명령들을 맹목적으로 수행하는 문제가 되어서는 안 된다. 사람들에게 물고기 몇 마리를 주면 하루의 허기만 채워 주겠지만, 물고기 낚는 법을 가르치면 평생의 허기를 채워 줄 수 있다. 사람들에게 명령을 내리면 그것을 순종하는 한 그들의 행위를 다듬을 수 있을 것이다. 하지만 사람들에게 미덕을 가르치면 평생 그들의 행위가 다듬어져 갈 것이다.

질문은 이제 물론 '어떻게 그것을 할 것인가?'이다.

이제 화제를 돌려 핵심 미덕들 중의 하나인 용기의 개념을 살펴보자. 용기란 무엇이며 어떻게 발휘되는가?

용기라는 미덕

'용기'라는 단어가 무엇을 의미하는지를 말하기란 그다지 어렵지 않다. 사실, 정의로움, 절제, 또는 신중을 파악하는 것에 비하면 상당히 쉽다. 나는 빅토리아 십자 훈장(Victoria Cross)의 수상자들을 위한 기념비 헌정식 때에 당시 캔터베리 대주교였던 로완 윌리엄스가 웨스트민스터 사원에서 했던 설교가 떠오른다. 그는 독주를 마신 뒤 함성과 함께 칼을 휘두르며 전장으로 뛰어드는 사람과 차분하게 다른 사람의 안전을 자기의 안전보다 앞세우는 천 가지의 작은 결정들을 내리다가 마침내 용기가 마음의 습관이 되어 버려서 1,001번째의 사건에서 생각 없이 본능적으로 움직이는 사람을 명확하게 구분했다. 여기서 우리는 두 가지 핵심 요점들을 보게 된다. 첫째, 진정한 용기는 정신이 나가 혈기를 부리거나 무모하게 모험을 하는 것과는 구분되어야만 한다. 우리가 '술김에 부리는 객기'(dutch courage)라고 부르는 것(네덜란드에서는 무엇이라고 부르는지 궁금하다)⁴으로 충만하면 그럴 수 있을 것이다. 둘째, 그와 같은 진정한 용기에 이르는 길은 단순히 일회적인 무작위적 행위가 아닌 습관으로 몸에 배게 되는 행위를 통해서 이루어진다. 일관된 양식을 자발적으로 용의주도하게, 어쩌면 심지어 힘겨운 노력을 통해 선택하는 것이다. 진정한 용기의 경우에 관찰하는 것은 사실 용맹이 나머지 세 가지 기본 미덕들인 정의로움, 절제, 신중함을 돕는 동시에 그것들에 의해 제어된다는 것이다. 여기서 아리스토텔레스를 비롯한 많은 사람들의 발자취를, 오늘날의 표현과 맥락으로 되밟아 보고자 한다.

첫째, 용기는 **정의로움을 돕는** 용맹이다. 위험한 일을 하기 위해 위험한 일을 하는 것은 아무 의미가 없다. 비록 암벽등반과 같은 스포츠에 대해서는 어떤 할 말이 있을 수 있을 텐데, 그러한 스포츠는 몸의 균형을 잡는 방법뿐만 아니라 용맹과 자기 보호라는 자질들의 균형을 맞추는 법을 가르쳐 준다. 진정한 용기란 각자에게 그들이 마땅히 받을 바를 주는 것, 즉 정의를 돕는 용맹이다. 진정한 용기를 몸소 보여 준 훌륭한 시민들의 사례들이 있다. 예를 들어, 가라앉는 페리에서 자신의 몸을 다리 삼아 사람들이 안전한 곳으로 걸어 나갈 수 있도록 한 어느 남자의 영웅적 용맹이 있다. 진정한 용기는 또한 의심의 여지 없이 매일 다양한 전쟁터에서 표출된다. 특히 다른 사람들이 폭발 속에서 스러지지 않도록 침착하게 폭탄을 해체하는 사람들을 통해 빛을 발한다. 진정한 용기는 아마도 인기에 영합하는 사람들에 대해 거세게 비난함으로써 더 넓은 사회를 향하여 정의의 비전을 제시하면서, 인기 없는 진리들을 재차 말할 때도 그 모습을 드러내는 것 같다. (예를 들어 망명 신청자들의 편에 서서 말하는 것이다.) 그리고 진정한 용기는 정의를 위한 용맹인 동시에 정의로움으로 **단련되는** 용맹이어야 한다. 이것은 전쟁에서 적절한 용기에 대해 생각할 때 다시 다루도록 하겠다.

만일 진정한 용기가 타인들에게 그들이 마땅히 받아야 하는 것— 이 경우에는 안전과 복지—을 주는 용감함이라면, 그것은 또한 **절제로 조절되는** 용맹이어야 한다. 다시 말해서, 진정한 용기는 자기 추구(self-seeking)나 자기 섬김(self-serving)이 아닌 자기 통제(self-control)를 표현하는 용맹이어야만 한다. 군의 구성원들이 나보다 더 잘 알 테지만, 진정한 영웅은 자기 자신을 영웅이라고 생각하는 법이 없다. 영웅들에게는 타인의 안전이 최고의 관심사이다. 그들은 타인을 챙기는 데 여념이 없다. 영웅들은 개인적 명성이나 영광에 굶주려서가 아니라 자신과 자신의 충동들을 통제하고 억제함으로써 자기 할 일을 한다. 위대한 용기로 훈장을 받는 사람들은 흔히들 단지 할 일을 했을 뿐이라고 말하며 진심으로 어리둥절해한다. 그런데 용맹은 대부분의 사람들이 공포에 떨거나 몸을 사릴 때에, 무엇을 해야 하는지 알고 그 일에 착수해서 해내는 성품의 강점이다. 그리고 거의 그 정의(定義)에 따르면, 진정한 용기란 **절제를 돕는**(*in the service of temperance*) 용맹이기도 하다. 다시 말해, 진정한 용기란 자기 통제를 고취하고, 자신의 안락과 안전, 자기 보호를 위한 자연적 충동을 억제함으로써 타인을 보호하고, 타인의 안락함과 안전을 도모하려 한다.

분명히 여기서도 군 복무를 비롯한 인간 활동의 많은 영역들에서 발휘되는 개인의 용기 있는 행동들은 기대했던 결과들에서 단지 몇 걸음 떨어져서 취해질 때가 있다. 군인이 터지기 직전의 수류탄과 죽음의 위협을 눈앞에 둔 민간인들 사이에서 본능적으로 몸을 던져서 인간 방패 역할을 하는 경우들이 있다. 그러나 지금 여기서 취하는 용기의 행위가 사실 결국 다른 사람들에게 유익을 가져다줄 것이라는 등식을 그냥 믿어야만 하는 경우도 있다. 그 등식의 성립은 참전하고 있는 전쟁에 대한 더 큰 명분들의 조명 아래에서만 드러나기 때문이다.

그래서 용기란 정의로움과 절제와 함께 걸어간다. 신중함 역시 그들과 함께 가는 것이 분명하다. 마구잡이식으로 용맹한 행동을 수행하는 것은 아무 의미가 없다. 저쪽 강둑에 도달해도 얻는 것이 없는데 위험한 강을 건넌다든지 아무도 접근하지 않을 지역에서 폭탄의 뇌관을 제거한다든지 하는 것은 의미가 없다. 신중함은 용기에 적절히 브레이크를 걸어 주고, 위험한 무모함으로 빠져들지 않도록 막아 준다. 그런데 용기는 **신중함을 돕는** 용맹이기도 해야 한다. 나는 금방이라도 폭력을 휘두를 것 같은 성난 군중 앞에 서서 평화로운 저항과 인내의 미덕들을 설명하는 데스먼드 투투를 떠올려 본다. 종국에는 투투가 승리했지만, 그 신중함을, 그 절제를 고취하기 위해서는 엄청난 용기가 필요했다. 극단주의자들의 악담뿐만 아니라 신체적 위해의 위험도 감수해야 했다. 여기서도 진정한 용기는 다른 세 가지 기본 미덕들과 함께하며, 또한 그것들이 있어야 제자리를 지킬 수 있다는 것을 쉽게 알 수 있다.

이 '기본 미덕들'은 많은 윤리적 전통들에 공통으로 포함되는데, 그 기원은 고대 그리스까지 거슬러 올라간다. 그런데 나는 진정한 용기가 좀더 구체적인 기독교적 미덕 체계(Christian virtue-set)의 특질이기도 하고, 기독교 영성 훈련의 모든 자원들을 가지고 추구해야 할 목적들 중 하나라는 점을 제안하고 싶다. 결국 성경은 용기를 내라는 수많은 명령들을 담고 있다. 시간적으로 멀리는 여호수아가 약속의 땅으로 들어가기 전에 하나님이 내리신 명령들이 있고(수 1:6 등), 가깝게는 "내가 세상을 이기었노라"며 담대하라고 자신의 추종자들에게 예수님이 내리신 명령이 있다(요 16:33). 마찬가지로, 바울은 고린도 교인들에게 "깨어 있으라. 믿음에 굳게 서라. 용기를 내라. 강건하라. 무엇을 하든 사랑 안에서 하라"(고전 16:13-14)고 명령한다. 바울의 명령들은 내가 말하고자 하는 요점을 완벽하게 드러낸다. 기독교적 관점에서 볼 때 용기는 적대적인 세상 속에서 예수 그리스도를 증거하는 데 필요하다. 그 용기를 제자리에 잡아두는 것은 소망이다. ('깨어 있으라'는 명령은 다가올 하나님의 위대한 미래에 대한 기독교적 기대와 밀접한 관련이 있다.) 또한 확고히 서 있어야 할 믿음과 사람의 모든 행동을 특징지어야 할 사랑이 용기를 붙들어 준다.

기독교 미덕과 아리스토텔레스의 미덕의 핵심적인 차이점들 중 하나가 여기에 있다. 아리스토텔레스가 주장한 미덕들은 고독을 위안 삼는 위인(偉人)에게 국한되어 있다. 그리스도인들이 지켜야 하는 미덕들은 팀 스포츠와 같다. 너무도 자주 기독교 신앙을 실천한다는 것은, 안팎의 사람들에게 개인이 천국에 가는 길을 닦고 그 가는 길에 적절하게 행동하려고 노력하는 것으로 비쳐진다. 그와 같은 맥락에서, '용기'는 단상에서 인기 없는 진리들을 말하는 나의 용기, 동료들이 나누는 동기가 불순한 대화에 참여하거나 퇴근 후 나쁜 짓에 동참하기를 거부하는 당신의 용기, 전투 부대라는 피할 수 없는 공적이고 가시적인 세상 안에서 기도를 올리는 누군가의 용기로 환원될 수 있다. 이런 것들은 중요하지만, 사실 그리스도인들에게 요구되는 용기는 그것보다는 더 멀리 가야 한다.

모든 용기가 그렇겠지만, 구체적으로 기독교의 용기는 다른 사람들의 안전과 행복을 나의 안전과 행복보다 우선하겠다는 굳은 결단을 필요로 한다. 좀더 구체적으로, 기독교의 용기는 하나님과 하나님 나라에 대한 어떤 비전을 소중하게 품는 것이다. 그 비전에 따라 어떤 전투가 진행 중이며, 그 전투에서 예수 그리스도가 최초에 거둔 승리는 죽음 그 자체가 정복당하고 하나님이 만유 안에 만유의 주가 되시는 궁극적인 최후 승리를 가리킨다. 기독교의 용기는 마음과 정신과 삶에 깊이 배어든 습관이다. 우리는 용기라는 습관을 통해 언제나 처음 승리와 최후 승리를 모두 바라보고, 용기라는 습관 안에서 어떤 희생을 치르더라도 두려워하지 않고 최후의 승리를 위하여 하나님과 동료 인간들의 처분에 우리를 내맡긴다. 이것을 하는 유일한 길은 팀의 일원이 되는 것이다. 즉 교회에 속하는 것이다. 그리고 자신이 혼자 움직이는 것이 아니라, 각 구성원에게 임무를 할당하는 거대한 군대 안에서 맡은 바 역할을 감당하고 있다고 이해해야 한다. 그래서 기독교적 의미의 용기는 신약성경에 표현된 성령의 능력 안에서 예수님을 따르는 기독교적 인품이라는 큰 그림 안에 위치하게 된다.

이제 더 넓은 의미의 '용기'와 특별히 기독교적인 의미의 '용기'가 서로 다르지 않다는 것이 분명해졌길 바란다. 이 두 가지 의미의 용기는 서로에게서 또 서로에게로 흐른다. 그리고 이것은 이 장에서의 세 번째이자 마지막인 다음 본문에서 내가 그리고자 하는 더 큰 제안을 보여 준다.

평시와 전시의 용기

용기에 대한 고전적 관점과 기독교적 관점의 많은 부분이 실제 전쟁에서 자연적으로 그리고 매우 분명하게 적용된다. 군대에 있는 사람들은 이 분야에 관한 전문가들이며, 전장에서 진정한 용기에 대해 그들은 나름대로 자기들이 선호하는 사례들을 가지고 있다. 그러나 나는 용기에 대한 다소 특수한 이 상황이 서구 사회에서 지금 필요로 하는 용기와 밀접한 관련이 있을 뿐만 아니라 중요한 영향을 준다고 제안하고 싶다. 설명하자면 다음과 같다.

서구 문화의 발달 과정에서 우리는 특별한 순간에 살고 있다. 18세기 유럽 계몽주의에서 발원한 근대주의 운동은 기존의 다양한 확실성들을 쓸어 내 버렸다. 민주주의가 전체주의를 대체했고, 이 과정은 폭력을 동반하기 일쑤였다. 근대 과학과 역사 기록학은 기존에 확립된 종교적 진리들에 대해 이의를 제기했다. 우주의 광활함 앞에서의 겸손은 뒤로하고, 인류는 스스로가 모든 것의 척도이며 궁극적 진리를 발견할 수 있고, 그것을 조작해 목적하는 바를 이룰 수 있는 존재라고 선언했다. 불행하게도, 근대주의 실험은 히틀러, 스탈린, 마오쩌둥과 함께 그 절정으로 치달았다. 이것이 적어도 부분적인 원인이 되어 근대주의가 이전의 확실성들에 내밀었던 냉소적 심문의 칼날은 지난 세대에는 모더니즘 자신에게 도로 향해졌고, 이런 움직임은 시시때때로 포스트모더니즘이라는 이름으로 불리곤 했다. 이러한 움직임 속에서 건축에서 광고에 이르기까지 영향을 받지 않은 분야가 없었다. 더 이상 고정된 진리는 존재하지 않는다. 우리는 모든 현실을 늘 변하기 마련인 우리의 뜻에 따라 구부린다. 고대의 종교에 대한 이야기이든, 훨씬 더 위대하다는 진보에 대한 근대적 이야기이든 우리를 인도할 위대한 이야기는 더 이상 한 편도 남지 않게 되었다. 이런 변화 움직임에 붙은 슬로건 중 하나가 바로 '해체'(Deconstruction)이다.

  우리는 모두 우리 문화에서 맞이한 이 위기의 순간을 인지한다. 왜냐하면 우리가 그 심장부를 살아 내고 있기 때문이다. 아직 그것에 이름을 지어 주지 않았을 뿐이다. 2001년에 해체가 이론의 그늘을 벗어나 끔찍한 현실이 되면서 테러리즘이라는 포스트모던 양식의 무기로 본격 근대주의(high modernism)의 두 상징인 월드트레이드센터와 펜타곤을 공격했을 때 세상은 몸서리를 쳤다. 내가 보기에는 우리가 매우 미심쩍은 방식으로 대응했다. 우리는 유럽에서 발전한 모더니즘에 대한 전쟁이 (아무리 좋게 말해도) 완전히 적합하지 않은 지형과 사회학적 조건 아래에서 근대주의의 전통적 전쟁 무기인 탱크와 폭탄을 이용해, 우리와는 매우 다르고 본질적으로 포스트모던 방식의 규칙에 따라 움직이는 적(敵)을 추적했다. (다른 이야기지만, 우리는 다른 장소에서 다른 적을 쫓았어야 했던 것 같다.) 여기서 문제의 일부분이 드러난다. 서구 열강들에게, 특히 미국에게는 본격 근대주의가 링 위의 모든 선수들을 때려 눕힐 수 없으리라는 것은 그야말로 생각조차 할 수 없는 일이라고 믿은 것 같다. 미국은 근대주의 프로젝트의 전형이다. 그것에 의문을 제기하는 것은 근간을 뒤흔드는 일이었다.

더욱이 우리는 세계의 거의 모든 분쟁 다발 지역들에 존재하는 매우 복잡하고도 축소할 수 없는 종교적 차원을 무시해 왔다. 우리는 고전적 근대주의 방식에 따라, 종교는 문화의 표면에서 달그락거리는 시대착오적이고 위험한 소음일 뿐이라고 여겼다. 좋고 나쁘고를 떠나서, 실용적 목적을 위해서는 종교 문제는 무시하는 편이 최선이라고 가정해 왔다. 이 모든 것에 있어서 언론은 우리의 발걸음을 그릇된 길로 재촉해 왔다. (모든 길목에서 '진보'를 들먹이고 종교적 차원을 무시하면서) 모더니즘의 그 모든 언어와 수사법을 계속해서 사용했다. 정교한 회의주의의 고지(高地)에서 종교를 내려다보기를 즐기면서 다른 한편으로는 허튼소리, 중상모략, 비아냥거리는 말로 포스트모던 상대주의의 카드를 계속해서 이용해 왔다. 이것 역시 의심의 여지없이 낯익은 영역이다. 하지만 대부분의 사람들은 삶에 영적인 차원들이 있다는 것과 이러한 영적인 차원들이 다른 모든 것과 통합된다는 것을 폐부 깊숙이 알고 있다. 그것을 무시하는 것은 위험을 초래한다. 아니, 우리는 그것을 무시해 왔기에 지금 그 위험에 맞닥뜨렸다. 책의 출간을 위해 이 장을 손보고 있는 지금(2015년 11월 14일), 파리에서 테러리스트 공격이 있었다는 뉴스를 들었다. 내가 하려던 말의 요점은 끔찍하도록 생생한 현실이 되어 버리고 말았다.

여기서 나는 책장을 넘겨 새로운 장을 시작하고, 이전과 다르고 더 통합된 세계관을 스케치하고 그에 따라 살자고 제안하는 바이다. '종교'가 사유화되거나 주변화된 '세속적' 사회라는 아이디어로는 도저히 이 위기를 헤쳐 나갈 수 없다. 실용적으로 볼 때, 그런 사회는 세상의 거의 모든 나라에 맞지 않는다. 지난번 인구조사에서 인구의 59퍼센트가 스스로를 '그리스도인'이라고 답한 영국은 말할 것도 없다. (이 수치는 이전보다 크게 떨어진 건 사실이지만 여전히 과반을 확실히 넘는다.) 그뿐만이 아니다. '세속적'인 것을 '종교적'인 것으로부터 분리한다는(이렇게 분리되면 서로를 상대방으로 놓고 대화해야 한다) 아이디어 자체는 철두철미하게 근대적인 아이디어로 유효기간이 지난 지 오래되었다. 어떻게든 우리는 신앙과 공적인 삶이 적절하게 통합된 세계관을 명확하게 기술하고, 그것에 따라 사는 어렵고도 때로는 위험하기까지 한 과업을 수행해야만 한다.

이것은 결코 말랑말랑한 이상으로 버무려진 철학적 논의가 아니다. 진짜 사람들, 어려운 결정들, 치열한 갈등, 딱딱한 현실에 대한 것이다. 그리고 그 세계관의 통합이 우리의 새로운 목적, 당대의 '텔로스'가 되어야 한다고 나는 믿는다. 앞에서 고찰했지만, 미덕들은 목적과의 관계에서 정의된다. 미덕은 우리가 목표로 삼는 미래에서 빌려 온 성품의 강점이며, 그 미래에 능숙하게 발휘할 수 있도록 우리를 훈련시킨다. 내가 이 모든 말을 하는 이유는 그러한 노력에 용기가 필요하다는 점을 강조하기 위해서이다. 그리고 그 용기는 오늘날 우리가 직면한 더 넓은 사회적 과업을 재정의하는 것과의 관계로 다시 정의된다. 이러한 시급한 과업들을 수행하는 데 필요한 용기는 그 자체로서 우리가 추구하는 통합된 인간성의 예표이다.

이 의제를 추구하는 데는 용기가 필요하다. 미디어 플랫폼들과 정치에 관여된 사람들을 포함한 많은 주변 사람들이 신앙과 공적인 삶을 재통합하려는 시도를 절대적으로 싫어하기 때문이다. 그들은 그와 같은 제안에 큰 목소리로 반대할 것이다. 때때로 이것은 그들이 일찍이 종교 교육이나 양육에 크게 데어서 평생을 그것에 반대하는 데 보낸 사람들이기 때문일 수 있다. 또 때로는 자신들이 경험한 신부, 목사, 랍비, 또는 이맘(imam)의 어떤 면에 거부감을 느낀 사람들이 원래의 저항을 정당화하기 위하여 그 구조 전체를 거부하기 때문일 수도 있다. 물론, 때로는 세심하게 구축된 철학적 입장이나 정치적 입장에 서서 이견들을 제기하기도 한다. 그러나 내가 말하고 있는 종류의 반대자들은 목소리가 큰 사람들로, 오랜 조롱의 대가들이다. 그들은 도덕적 고지를 점령했다고 주장하고 다른 관점을 밝히는 사람들을 깔보며 콧대를 세운다. 그리고 만일 당신이 그 다른 꿈에 따라 말하고 사는 새 운동, 신앙과 삶의 신선한 통합을 목표로 하는 새 운동의 일부가 되려 한다면, 용기가 필요하다. 그 용기는 조급하거나 사납게 말하는 무모함이 아닌 차분하고 당당한 자신감이다.

다른 비전이나 현실을 바라보고, 그것을 살아 내고, 기회가 있을 때마다 그것을 말하는 데는 용기가 필요하다. 여기서 나는 '일상적' 형태의 용기와 '기독교적' 종류의 용기 사이에 면도날이라도 밀어 넣어 날카롭게 분리할 수 있을지 모르겠다. 그것이 바로 내가 보이고자 하는 요점의 특징적인 징후로서, 지금이 신앙과 공적인 삶을, 고전적 미덕과 기독교적 미덕을 한곳으로 모아야 할 때라는 것이다. 나는 이것이 언제나 우리에게 필요한 용기이고, 바로 이때에 서구 사회에서 우리 모두가 함양하라고 부름받은 용기라고 제안하는 바이다. 평화는 우리의 세계관들을 이전보다 더 지혜롭게 면밀히 뜯어볼 여유를 허락하는 선물로 여겨야 한다. 그렇게 할 때, 명료성과 용기를 가지고 말할 필요가 있다.

그것이 평화롭게 사는 우리에게 요구되는 용기이고, 전쟁 중에 요구되는 용기도 그와 크게 다르지 않다. 의심할 여지없이 전쟁에는 특별히 요구되는 구체적인 기술들과 맥락들이 있다. 그러나 용기라는 미덕은 모든 단계에서 필수적이다. 우리는 '정당한 전쟁론'(just war theory)이라는 것에 대해 오래도록 많이 들어 왔다. 이 이론은 실제 전쟁에서 어떻게 정의롭게 행동할지에 대한 질문을 다루는 '유스 인 벨로'(*jus in bello*)와 애초에 전쟁에 나설지 여부를 질문하는 '유스 아드 벨룸'(*jus ad bellum*)으로 나뉜다. 우리는 같은 질문들을 용기에 대해서도 던져 볼 수 있다. 우리는 **전쟁 중에 실제로 싸울 때** 용기(courage *in bello*)가 필요하다는 것을 당연하게 여긴다. 내가 앞에서 말했던 진정한 용기가 정의, 절제, 신중함과 서로 관련이 있고 참 용기란 믿음, 소망, 사랑을 통해 가장 잘 유지된다는 점을 독자가 명심하고 있기를 바란다. 어떤 사람들은 이 말에 모순이 있다거나 그리스도인들은 자동적으로 반전주의자(反戰主義者,

평화주의자)라고 생각하지만 나는 그런 주장에 동의하지 않는다. 통치자들은 약자들을 보호할 책임이 있고, 폭력적인 불한당들이 어슬렁거린다면 그들을 반드시 제어해야 한다. 전쟁은 그래서 경찰 행위의 한 형식이며, 있는 모습 그대로의 세상에서 어쩔 수 없이 요구되는 필요악이다. 습관처럼 몸에 밴 용기는 이런 종류의 행동을 취할 때 모든 단계에서 요구된다.

경찰도 군인도 아닌 제3자의 입장에서 바라볼 때, 이것은 군대의 세계에서 더욱더 필요할 것 같다. 새로운 기술로 인해 모든 군인들이 이전 세대의 선배들보다 벌어지고 있는 상황의 다양한 차원들을 훨씬 더 잘 알게 되었기 때문이다. 오늘날에는 질문 없이 무조건 복종하라고 군대에게 요구하는 것만으로는 더 이상 충분하지 않다. 성숙한 책임감을 가지고 생각하고 행동할 수 있도록 군인들에게 반드시 미덕들을 가르쳐야 한다.

그런데 전쟁에 접근할 때의 용기(courage ad bellum)는 어떠할까? 물론 우리에게는 명확하고도 걱정스러운 최근의 전쟁 사례가 있다. 그 전쟁은 영국과 미국의 정치인들이 찬찬히 생각해 보지도 않고 (다른 소소한 이유들도 있었겠지만) 그저 하고 싶어 안달이 나서 벌였던 전쟁이었다. 당시나 지금이나 많은 사람들이 지혜롭지 못할 뿐 아니라 불법적인 전쟁이라고 여기는 전쟁이다. 다양한 군 지도자들은 당시에는 정치인들이 시키는 대로 따라 놓고는, 이후에는 전쟁에 나설 이유가 충분하지 않았다는 등, 아무리 좋게 말해도, 그다음에 무엇을 할지에 대한 계획도 미비했다는 말을 해 왔다. 군대의 지도자들이 자신의 경력 측면에서 무모함과 맞닿은 용기를 필요로 할 것을 인지하면서도 정치인들이 틀렸을 때 틀렸다고 말하는 것이, 그것도 때로는 공공연하게 그런 말을 하는 것이, 진정으로 용기 있는 일이다. 나는 군대의 지도자들이 그 지점에 다다랐을 때, 그것을 어떻게 간파할 수 있을 것인지 곰곰이 생각해 보았다. 어쩌면 그것은 근처에 있는 어린아이가 사망하는 것을 막기 위해 몸을 던져 수류탄을 덮치는 것과 도덕적으로 동일한 일일 것이다. 아니면, 모종의 이유로 정치인들이 전쟁을 원하지 않거나 국가 안보의 위험이 다가오는 것을 보지 못했다 할지라도 군대의 지도자들이 민간 지도자들에게 국가 안보를 위해 전쟁을 **해야 한다**고 말해야 할 때도 있을 수 있다. 앞으로 어떤 새로운 국면이 펼쳐질지 누가 알겠는가? 그렇게 말하는 것 역시 대단한 용기가 필요할 것이다. 나는 이런 종류의 전쟁을 할 용기(courage ad bellum)를 내는 것이 전쟁을 수행 중일 때의 용기(courage in bello)를 내는 것만큼이나 어려울 것이라고 추측한다. 핵 억제력 보유 여부에 대한 현명한 정책의 수립과 유지의 측면에서도 비슷한 상황을 그려 볼 수 있다.

그래서 이 모든 것에 있어서 평시와 전시에 용기를 발휘하라는 부름을 받은 사람들은 용기를 마음의 습관으로서 계발할 소명이 있다고 나는 믿는다. 내가 앞에서 기술한 '미덕'의 의미로서 그리고 성품의 가장 깊은 일면으로서 계발할 소명 또한 있다고 생각한다. 우리는 이 습관을 일찍부터 닦아 오고 용기와 정의, 절제, 신중함 사이에 그리고 용기와 믿음, 소망, 사랑 사이에 균형을 잡을 줄 아는 지도자들이 시급하게 필요하다. 그리고 '용기'는 구현되지 않으면 아무 소용이 없다. 그것은 포화 속에서 부상을 당한 전우를 구하기 위해 폭탄이 쏟아지는 길을 따라 지프차를 몰고 가는 것이든, 심지어는 적의적인 위원회와 마주

하는 것이든, 직면하고 싶지 않은 상황 속으로 고요하게 오롯이 걸어 들어가는 것을 빈번히 요구한다.

불한당들이 악용할 수 있는 위험할 정도로 인위적인 상황들을 만들어 내지 않고 그 모든 것을 어떻게 가르칠 수 있을까? 나는 그것의 상당 부분이 직접적인 본보기와 군대 역사와 전기물을 통한 본보기 모두를 통해 이루어질 것이라고 생각한다. 또한 모든 팀원이 이웃을 격려하고 또 이웃으로부터 격려받는 팀의 일원이 됨으로써 가능할 것이다. '격려하다'(en-courage)라는 영어 단어 자체는 이것이 어떻게 작동하는지를 부분적으로나마 보여 준다.

결론

나는 미덕이 무엇이고 왜 중요한지 그리고 특히 용기가 무엇이고 오늘날 왜 우리에게 절실하게 필요한지를 개략적으로 설명하려고 했다. 성스러운 것과 세속적인 것을 가르고 종교와 공적인 삶을 나누는 오랜 분할법은 이미 그 효용을 다했다. 그래서 우리는 낯설고 새로운 세상, 우리와 동시대를 사는 많은 사람들이 좋아하지도 원하지도 않는 세상, 신앙과 정치가 실제로 분리될 수 없고 그래서 고전적 미덕들이 믿음으로부터 샘솟는 미덕들과 통합될 필요가 있는 세상에 살고 있다. 그러나 나는 그것이 희망과 새로운 가능성들로 넘쳐나는 세상이라고 믿는다. 이 희망을 바라보고, 이 가능성들을 손에 쥐어 보려면 용기가 필요하다. 이 미덕을 전쟁에서 배운 사람들은 그것을 평화로운 시기에도 사용하라고 부름받았다. 포스트모던 세상의 지속적인 냉소주의에 반대하는 기독교 세계관을 또박또박 표명하고 살아 낼 용기를 실천하기 위해 어려움을 겪고 있는 우리에게 그들이 보여 주는 모범은 고마운 선물이다.

9장

공적인 삶에서의 기독교 신앙

"피고석의 하나님"(God in the dock)은 C. S. 루이스가 쓴 짧은 에세이의 제목인 동시에, 그와 같은 글들을 모아 편찬한 모음집[『피고석의 하나님』(*God in the Dock*, 홍성사 역간)]의 제목이기도 하다. 그 모음집을 구성하는 간결한 글들에서 한창 때의 루이스는 믿음의 합리성과 기독교 신앙의 진리를 논리 정연하게 옹호한다. 루이스는 세속적인 모더니즘이 하나님을 모든 사람들의 심판자로 간주하기는커녕 그 반대되는 시나리오를 가지고 있음을 발견하고 그 글의 제목을 "피고석의 하나님"이라고 붙였다. 그 시나리오에서는 다름 아닌 하나님이 피고석에 앉고 우리의 문화가 검사, 판사, 배심원이 된다.

루이스가 오늘날의 판사들과 배심원들을 보았더라면 추측하기가 만만치 않다고 말했을 것이다. 루이스는 근대적인 판사들이 꽤 친절할 것이라고 상상했다. 근대적인 판사들은 피고 측의 변론을 들을 준비가 되어 있고 심지어는 주장된 범죄 사실들에 대해서 하나님께 무죄를 선고할 수도 있을 것이라고 루이스는 말했다. 우리 시대의 신무신론자들(the New Atheists)[1]은 그렇지 않다. 그들은 하나님에 대해 상상할 수 있는 모든 범죄 사실들을 대담하게 주장하고 하나님께 어떤 변명도 변호도 허락하지 않는다. 리처드 도킨스와 같은 사람들의 글을 읽다 보면, 하나님을 믿느냐는 질문에 킹슬리 에이미스(Kingsley Amis)가 했던 유명한 말이 떠오른다. 그는 "아니요"라고 답한 뒤 이렇게 덧붙였다. "나는 하나님을 증오합니다." 많은 평론가들이 지적한 것처럼, 최근 저술들 중 일부에서는 어느 정도 원초적인 분노까지 느껴진다. 그들의 작품에서는 이성에 대한 인본주의적 원칙을 대변한다는 그들의 주장을 일관성 있게 계속 유지하기가 다소 어렵기 때문이다.

이러한 공격들은 예리한 공적인 초점 안으로 특정 질문들을 끌어들인다. 그 질문들은 두 세기가 족히 넘도록 서구 문화에서 우르릉거리다가 이제 새로운 종류의 힘으로 무장한 채 우리에게 맞서고 있다. 나는 이번 장에서 그것들을 붙들고 씨름하고자 한다. (이 장은 원래 더블린에서 행했던 강의의 원고였고, 아일랜드에 대한 구체적 초점이 여러 지점에서 두드러진다.) 세 편의 이야기들을, 즉 세 편의 담화들을 스케치할 것인데, 그중 처음 두 편은 충분히 잘 알려져 있지만, 세 번째 이야기는 그다지 널리 알려져 있지 않다. 독자들이 이미 친숙해졌을 기법일 테지만, 나는 썩 만족스럽지 않은 두 가지 입장을 먼저 대립시킨 뒤에, 이 둘과는 완전히 다르면서도 약간은 타협점이기도 한 세 번째 입장을 제시할 것이다.

세속주의자의 논지

나는 5년 동안 캐나다의 퀘벡주에서 살았다. 아메리카가 계몽주의를 두 팔 벌려 받아들일 때 퀘벡은 전통적인 로마가톨릭이 여전히 굳건

했다. 그러다가 1970년대에 들어서서 거의 하루아침에 믿음을 버리고 삶의 모든 영역에서 왕성하게 세속주의를 추구하기 시작했다. 이전에 교회에게 보여 주었던 끈기 있고 절대적인 충성은 퀘벡당(*Parti Québécois*)에게로 돌려졌다. 하지만 이제는 그것조차 다양한 방식으로 신임을 잃고 틀렸다는 것이 밝혀져서, 퀘벡은 우리처럼 근대적 민주주의와 경제학의 모호성들 앞에서 어리둥절해하고 있다.

내가 하려고 하는 말의 요지는 이렇다. 18세기 중반부터 유럽에서는 옛 방식들이 서서히 침식당해 왔다. 그 침식은 퀘벡과 아일랜드 등지에서는 훨씬 빠르게 진행되어 왔는데, 그 밑을 파 보면 우리가 대충 세속적 모더니즘이라고 부를 수 있는 세상에 대한 신념 체계가 자리 잡고 있다. 이것은 다음과 같이 일관성 있는 이야기를 들려준다. 옛날 옛적에 세상은 종교가 지배했다. 그래서 온갖 종류의 미신들이 생겨났고, 사람들은 초자연적인 원인들 때문에 오늘날 과학으로 설명되는 현상들(천둥 번개, 간질을 비롯한 수많은 것들)이 일어난다고 믿었다. 미신적인 종교는 온갖 종류의 사악함이 자라나는 온상이 되었고, 그 와중에 교회는 개인들의 삶과 모든 사회들을 지배하고 통제하기 위해 권력을 구축하고, 부를 축적하며―순결을 주장함도 불구하고―은밀히 자행된 성적 방종을 계속해서 용인해 왔다. 사실 (세속주의자들의 논지에 따르면) 종교는, 특히 기독교, 그 가운데서도 가톨릭은 세상을 좀먹는 많은 주요 병폐들과 전쟁들과 성전(聖戰)들과 종교재판들과 여성의 억압과 아동학대에 대해 책임이 있다. 교회는 사람들의 삶을 현재의 지옥으로 만들었다. 그런데 그렇게 함으로써 미래의 지옥으로부터 그들을 구한다는 믿음으로 그렇게 해 온 것이다.

사실(세속주의자들은 승리감에 차서 결론을 내린다) 우리는 이 모든 것이 허튼소리임을 이제 안다. 근대 과학은 신, 기적, 천국과 지옥, 이 모든 것을 부인한다. 근대 역사는 예수님에 대한 오랜 이야기들, 특히 부활의 이야기를 뒤흔들어 왔다. 근대 정치는 오랫동안 도전받지 않았던 교황들과 왕들의 신수 왕권(神授王權)보다 민주주의가 훨씬 낫다는 것을 보여 왔다. 그리고 근대의 사회학, 인류학, 심리학은 인간들이 '신'의 형상에 대해서나 '원죄'에 대해서 신에게 빚을 지고 있지 않음을 보여주었다. 인간에게 필요한 것은 교육, 과학, 기술 그리고—적어도 최근에 들어서는—더 나은 경제적 풍토이다. 그것을 구현할 수 있다면 우리는 모두 함께 번영할 수 있다. 한편 휘그(Whig) 역사관[2]은 다른 모든 것과 관련해 사회와 도덕에 적용된다. '진보'는 여전히 진행 중이며, 점점 더 해방되고, 개방되고, 자유로워지고 있다. '이제 21세기가 되었으니' 우리는 그 모든 옛적의 미신들과 제약적인 도덕률들에 작별을 고하고, 모든 사람이 자기가 원하는 것은 무엇이든지 하는 권리를 의미하는 '인권'이 보장된 용감한 새로운 세상을 환영해야 한다는 것이다. 종교적 동기를 품은 테러리스트들이 최근 감행한 끔찍한 행위들은 늘 있어 왔던 것을 그저 드러냈을 뿐이라고 세속주의자들은 선언한다. 작은 종교 하나가 완전히 잘못된 방향의 긴 여로에 올랐다는 것이다.

나는 세속적 시각을 아주 약간 그것도 대략적으로 그렸다. 이 담화나 그와 유사한 담화가 내 인생 중 대부분의 세월 동안 잉글랜드와 스코틀랜드의 공적 담론을 지배해 왔고, 시간이 지날수록 점점 더 대범해지고 있다. 우리나라의 언론은 이것을 당연한 출발점으로 삼는다. 내가 이해하는 바로는, 이제 이와 유사한 무언가가 아일랜드에서도 점점 널리 퍼지고 있다. 종교 일반뿐만 아니라 구체적으로 기독교는 시대착오적이고, 틀렸음이 입증되었고, 건강에 나쁘고, 많은 커다란 악의 원인이라고 가정한다. 그리고 교회는 보부상처럼 돌아다니며 이 악한 것을 이곳저곳으로 퍼뜨리는 동시에 내부적으로 썩었고, 위선적이며, 역사의 스크랩북에나 어울리는 대상이라고 여겨진다. 그래서 기독교 신앙이 현재의 공적인 삶에서 차지할 자리가 있느냐는 질문에 대해서 세속주의자들은 소리 높여, '아니'라고 답한다. 볼테르의 모토인 '파렴치한을 쓸어 버려라', 즉 '에크라제 렝팜므'(*Écrasez l'infame*)가 보금자리로 돌아왔다. 교회와 교회의 말도 안 되는 가르침을 몰아내라. 그러면 우리가 우리의 노력만으로 새로운 종류의 새 예루살렘을 지으리라. 그리하여 오늘날 교회가 공적인 광장에서 무슨 말이든 하려 들면, 커다란 목소리들이 입을 닥치라고 부르짖는다. 나는 상원에서의 경험을 통해 이것을 안다. 같은 일이 아일랜드에서도 일어났었는데, 예를 들어, 가톨릭 주교들이 '시민 동반자 관계'[3]를 합법화하려는 법안에 반대하려고 했을 때가 그랬다. 이 첫 번째 담화에 따르면, 교회가 어떤 경우에든 고려의 대상에서 점점 밀려 나가면서 세상사는 점점 더 쉬워질 것이다. 점점 더 많은 교회당들이 자발적으로 교회를 비우고 매물로 내놓는다. 교회는 이제 주택, 와인 바, 창고로 쓰이고 있다. 향수에 젖고 나날이 노쇠해져 가는 신자들만이 자리를 지킬 날이 멀지 않았다.

옛이야기의 부활인가

두 번째 이야기는 내가 보기에 상당히 정상적인 기독교적 대응이라고 여겨진다. 대부분의 그리스도인들은 교회가 실수를 저질러 왔다는 데 동의할 것이다. 그러나 비록 일부 교회들은 자리가 비어 가고 있지만, 어떤 교회들은 성도 수가 늘고 있다. 아프리카와 중남미와 동남아시아뿐만 아니라 중국에서도 그렇고 영국 상황도 마찬가지이다. 세속주의자들의 예언은 이루어지지 않고 있다. 그리고 알리스터 맥그래스(Alister McGrath)나 데이비드 벤틀리 하트(David Bentley Hart) 등의 저술가들은 신무신론자들의 지적인 공격들을 조목조목 논박해 왔다. 게다가 인류에 대한 최악의 범죄들 중 많은 것들이 그리스도인들이나 무슬림들이 아닌 이들에 의해 자행되었다. 한편으로는 무신론자이거나 공공연하게 이교도적인 나치들이었고, 다른 한편으로는 중국과 소련처럼 공공연하게 무신론적 마르크스주의자들인 계몽주의의 자녀들이 있었음을 몇몇 사람들은 지적한다. 세속적 모더니즘의 창설 영웅들인 프랑스 혁명가들은 '파렴치한들'만 제거한 것이 아니다. 상당히 경이로운 속도로 서로를 제거해 갔다. 앞서도 언급한 바 있지만, 단두대와 가스실은 세속적 모더니즘의 강력하고도 적나라한 상징들이다. 만일 이것이 '진보'라면, C. S. 루이스가 지적했듯이, 그것은 알에서나 볼 수 있는 종류의 진보이다. 루이스의 작품에서 캐스피언 왕자는 이렇게 말한다. "나니아에서는 그것을 '썩는다'라고 말하지요."⁴

더욱이 전통주의자들은 사람은 좋은 종교와 나쁜 종교를 구분할 줄 알아야 한다는 꽤 옳은 대답으로 응수한다. 그리스도인들과 무슬림들과 유대교인들은 결국 수백 년 동안 중동에서 그럭저럭 이웃으로 잘 어울려 지냈다. 최근 수십 년 동안 거침없는 공격을 퍼부은 테러리즘은 거의 완전히 '근대적' 현상이며, 어떤 의미로는 포스트모던 현상이기도 하다.

그러나 대체적으로 볼 때 기독교 응답자들이 들려주는 이야기는 공적인 삶에 기독교 신앙을 위한 자리가 있어야 하는가 여부에 대한 더 심오한 질문을 실제로는 다루지 않는다. 적어도 내가 인지하기에는 그렇다. 그 이야기가 다루지 않는 것은 그것이 전부가 아니라고 나는 생각한다. 당장 시급한 아일랜드의 문제와 도대체 교회가 어떻게 그런 끔찍한 짓을 그렇게 대규모로 계속해서 자행했을 뿐만 아니라 최선을 다해 은폐하려 할 수 있었는가의 질문이 있다. 2011년에 아일랜드의 총리는 수백만 명의 보통 사람들을 대신해서 교회의 심각한 잘못[5]에 대해 냉담한 분노를 표현했다. 나는 두 번째 이야기를 들려주기 원하는 사람들이 교회의 심각한 잘못으로 널리 인식되었던 것에 대해 제대로 이해하고 있는지 잘 모르겠다.

어쩌면 이 모든 것이 첫 번째 이야기에 대해 그토록 많은 반응을 보이는 이유가 된 것인지도 모른다. 기독교가 틀렸음이 증명되었다거나 당신에게 해로운 종교라는 혐의를 그저 반박하는 데에만 집중하면서, 결국 기독교는 기본적으로 사적인 신앙으로서 변호된 것이다. 그러고 나서는 진실하고 좋은 이유를 들어서 교회가 그 사실을 선포할 수 있고, 사람들도 믿을 수 있게 되었을 것이다. 내 생각에는 그 변호의 많은 부분이 가정에 기초하고 있는 것 같다. 우리가 더 새로운 도전들을 물리치고 나면—신용 경색을 겪고 난 후의 은행들과 약간 비슷하게—정상적인 상태를 회복할 수 있다는 가정 말이다. 그리고 계몽주의 시대 이후 서구 세계에서 기독교 교회들이 '정상'으로 여긴 것은 사실상 고전적 기독교의 정경들이 '정상'으로 여기던 것과는 다르다는 것이 나의 견해이다. 우리는 더 광범위한 기저의 질문들을 재차 논의해야 할 필요가 있다. 그리고 일단 몇 가지 작은 부분들을 해결하기만 하면 이전에 기능했던 방식이 기본적으로 문제가 없다고 가정해서는 안 된다. 사실, 교회는 그런 식으로 자주 인식되어 왔다. 실수들을 은폐하거나 옆으로 잠시 제쳐 놓을 수 있다고 상상하면서, 구조에 심각한 금이 가는 것을 미처 알아채지 못한 채 그들의 본업을 진행시켜 온 것이다. 향수(鄕愁)와 안일(安逸)이라는 쌍둥이 위험이 늘 우리의 곁에 도사리고 있다. 신무신론자들에 대한 교회의 대답들이 아무리 이론적으로 유효하다 한들, 우리가 새로운 방식으로 사고해야 한다는 숙제를 벗어날 수 없다. 첫째로는 교회가 어떻게 그런 난장판이 되도록 스스로를 방임했는지에 대해 생각해 보아야 한다. 그리고 둘째로는 (첫 번째 질문에 대해 충분히 답을 한 뒤에야) 우리의 세상과 우리의 시대에 공적인 삶을 침노할 수 있는 건전한 기독교 신앙과 삶에 대해 새로운 방식으로 생각해 보아야 한다.

첫 번째 질문은 중요하다. 그러나 내가 그것을 다룰 만한 능력이 있는지는 확실히 모르겠다. 짐작컨대 교회는 여러 세대에 걸쳐 두 가지 일을 동시에 자행해 왔다. 첫째, 교회는 기독교가 단순히 '종교'와 '도덕'에 관한 것이라는 계몽주의의 제안과 결탁해 왔다. 그러나 '도덕'이라는 것이 워낙 논란이 많은 영역이고, 어떤 경우에든 사람이 일을 저지른 후에 회개할 수 있기 때문에, 실질적인 도덕적 기준은 서서히 하강 곡선을 그리다가 1960년대의 자유주의 물결 속에서 빠르게 내리막을 달렸다. 둘째, 많은 교회들에서, 특히 가톨릭교회에서 사제 서품이나 그에 준하는 직위가 사람들을 새로운 종류의 수준에 올려놓는 것으로 간주되었다. 그러면서 '보통' 그리스도인들은 성직자들의 병폐를 믿기 힘들어 하게 되고, 그들 자신들과 그들의 상급자들은 도덕적 잘못을 주요한 성품의 결함이라기보다는 일시적 문제라고 가정하는 경향이 생기게 되었다. 모든 교회들과 모든 성직자들은 지금 거울을 열심히 들여다볼 필요가 있다.

오직 그럴 때에만, 진정한 회개를 하고 공적인 삶에서 기독교 신앙이 어떤 식으로 펼쳐질 것인가에 대한 가능성을 논의할 수 있다. 여기서 나는 흐름을 거스를 수밖에 없다. 교회 밖 사람들에게는 볼테르가 반(反)기독교, 반(反)가톨릭, 반(反)교권 개입을 표명했다. 미주 대륙은 말할 것도 없고 유럽의 많은 지역을 지배해 온 그런 반응에 아일랜드가 마침내 가세하는 것으로 비쳐질 수 있다. 한편으로는 교회 내부로부터 불거져 나온 스캔들이 있고, 북쪽으로는 '그 문제들'(the troubles)[6] 안에 표면적인 '종교적' 병폐들이 있어서, 모든 것을 더욱 심각하게 만든다. 하지만 나는 그것이 근본적인 문제라고는 생각하지 않는다.

이것에 대한 나의 판단이 옳든 그르든, 세 번째 담화로 옮겨 갈 때가 왔다. 나는 공적인 삶에서 기독교 신앙의 역할을 바라보는, 잘 알려지지 않은 방법을 제안하려고 한다. 그것이 무엇인지 명확히 기술하기에 앞서 우리는 뒤로 한발 물러서서 두 가지 질문들을 고찰해 보아야 한다. 예수님과 그분의 첫 추종자들이 실제로 말한 것은 무엇이며, 지난 몇 세대에 걸쳐 서구 문화에—그리고 지금 마침내 서구 기독교 문화의 출발지였던 아일랜드에—무슨 일이 일어난 것일까?

하나님 나라와 세상의 나라들

내가 들려주고 싶은 세 번째 이야기는 예수님으로부터 시작해야겠다. 흥미롭게도, 신무신론자들은 예수님을 소소한 인물로 마음 놓고 폄하해도 된다고 가정하는 경향이 있다. 예수님이 돌아가신 이후에 추종자들이 그분에 대해 이야기들을 지어내고 그분을 중심으로 하는 종교를 만들어 냈다는 것이다. 나를 포함한 기독교 변증가들은 네 편의 복음서에 실린 이야기들이 사실은 보통 생각하는 것보다 역사적으로 훨씬 더 신뢰할 만하다고 말함으로써 이에 대응해 왔다. 하지만 우리는 보통 이것을 넘어 예수님에게 틀림없이 중요했던 어떤 것, 즉 하나님 나라라는 개념에 대한 새로운 표현을 하는 데까지는 이르지 않았다.

여기서 우리는 새로운 종류의 수수께끼와 맞닥뜨린다. 많은 그리스도인들에게는 나사렛 예수께서 동정녀에게서 태어나 그다지 많은 일을 하지 않고 십자가에서 죽었다 한들 그걸로 충분했을 것이다. 복음서는 그분의 말과 행동을 기록했지만, 그것들은 단순히 바울의 서신들이나 성경의 다른 부분에서 배울 수도 있는 교리들과 윤리를 가르치는 기능을 할 뿐이라는 것이다. 그러나 이것은 네 편의 복음서에 대한 서구 특유의 오해이다. 그러나 서구인들이 가진 이러한 오해에는 다음과 같은 핵심이 빠져 있다. 예수님은 하나님의 친히 담당하심, 주권, 나라를 구현하는 일들을 하심으로써 **이제 하나님이 친히 담당한다**고 선포하고 다니셨다. 이 하나님 나라가 도래하고 있음을 설명하는 이야기들을 사람들이 기대하지 않는 방식, 즉 작은 씨앗이 거대한 관목 숲을 이루고 아버지가 가출한 아들의 귀환을 반기는 것과 같은 방식으로 들려주셨다.

　네 편의 복음서들은 한결같이 예수님의 공적인 사역이 어떤 한 사건(예수님의 세례)으로부터 시작되었다고 말한다. 그리고 그것이 예수님이 오래도록 기다려 온 이스라엘의 왕임을 드러내는 사건이었다고 기록한다. 네 편의 복음서들은 하나같이 예수님이 머리 위에 '유대인의 왕'이라는 팻말을 단 채 죽으셨다고 기록한다. 성경적 전통에 따르면, 오실 유대인의 왕은 세상의 왕이고, 그 왕을 통해 창조주 하나님은 온 세상을 아우르는 통치를 확립할 것으로 여겨졌다. 이 주장은 마태복음의 끝부분에서 명확하게 표현된다. 부활하신 예수님이 "하늘과 **땅의** 모든 권세를 내게 주셨다"라고 말씀하신 것이다. 대부분의 서구 그리스도인들은 하늘에서의 권세(이 말이 무엇을 뜻하든 상관없이)를 예수님이 지금 가지고 있다고 생각하며 기뻐했다. 예수님이 땅 위에서의 권세도 가졌다면 어떨지를 곱씹어 보는 것은 시작조차 거의 하지 않는다.

　이 놀라운 주장을 보통 알아채지도 못하는 데는 두 가지 명확한 이유가 있다. 두 가지 이유가 다 '공적인 하나님을 실천하기'라는 도전, 즉 공적인 삶에서 그리스도의 신앙이 어떤 식으로 나타나야 하는가라는 도전과 직접적으로 관련이 있다. 첫째, 그것은 믿기지가 않는다. 둘째, 그것은 바람직하지 않다. 첫째로, 예수님 당시와 그 이후 시대의 사람들은 예수님과 그분의 추종자들의 주장들에 대해 하나님 나라가 아직 도래하지 않았음이 분명하다고 말해 왔다. 그들은 창밖을 보라고 말한다. 신문을 읽어 보라고도 말한다. 만일 하나님이 친히 담당하고 계시다면, 왜 세상은 여전히 이 지경이란 말인가? (당연하게도, 예수님을 따르는 자들도 이것을 알았다. 그렇지만 그들은 여전히 그 주장을 철회하지 않았다.)

둘째로, 서구 문화는 여러 세기에 걸쳐 정확히 **신권정치**(theocracy)라고 하는 것을 벗어던지기 위해 고군분투해 왔다. 하나님이 친히 담당한다는 사람들의 주장은 일반적으로 '**하나님과 그분의 통치에 대한 그들의 해석**'에 절대적 지위가 부여되어야만 한다는 뜻으로 받아들였다. 하나님의 통치는 쉽사리 종교 지도자들의 통치가 되어 버린다. 오늘날 근본주의자들의 테러리즘은 이 아이디어에 대해 우리가 더욱 낯선 반응을 보이게 만들었다. 그러나 이러한 반응 자체는 계몽주의로만 거슬러 올라가는 것이 아니라, 종교개혁의 불편한 결론들에게도 뿌리를 걸치고 있으며 저 멀리 르네상스와도 맞닿아 있다. 사실 서구 정치의 역사는 점진적인 '신권정치'의 몰락과 그것의 대체에 대한 역사라고 말할 수 있다. 그런데 무엇으로 대체되는 것일까?

글쎄, 문제는 여기에 있다. 지난 200년 동안 사람들의 생각과 삶에 두 가지 큰 움직임이 일어났다. 이 두 가지 운동은 공히 교회와 공적인 삶에서 교회가 차지하는 자리에 직접적인 영향을 미쳤다. 무엇보다도 1780년대 프랑스에서부터 20세기 중국과 러시아에서 일렁였던 혁명의 물결들에 뚜렷한 움직임이 있었다. 물론 식민 지배자들로부터 독립을 쟁취하는 이른바 '제3세계'로 통칭되는 국가들도 빼놓을 수 없다. 이러한 움직임들은 때로는 국가에 대한 신격화를 낳았는데, 공산주의 운동들이 특히 그랬다. 국가는 최고의 선, 최상의 가치, 의미와 삶에 대한 궁극적인 제공자로 신격화되었다. 그러므로 국가는 **반드시 법률상 무신론자**여야 했다. 그 이유는 단순히 어쩌다 보니 사람들이 하나님을 믿지 않아서가 아니라 국가의 구조 내에 하나님을 위한 자리가 없기 때문이다. 그러다 보니, 끈덕지게 하나님을 믿는 사람들은 미쳤고 정상이 아니며 사회에 위험을 끼칠 존재라고 분류된다. 공적인 삶에는 교회를 위한 자리가 있을 수 없고, 이상적으로도 교회를 위한 자리는 전혀 없다. 대단한 혁명적 시스템들이 교회를 파괴하는 데 실패하고, 동유럽 공산주의가 무너져 내릴 때, 공산주의 반대 운동들 중 일부가 공공연히 기독교적이었던 사실에 오늘날 유럽의 극좌파들은 고개를 내저으며 머리를 긁적이지만, 새롭고 주요한 통찰을 아직 제공하지는 못하고 있다.

그러나 둘째로 서구 세계에 위대한 자유민주주의 국가들이 존재해 왔는데, 역설적이게도 그 민주주의 국가들이 낡고 흐무러질 징조들을 보이는 바로 이때에 다른 많은 국가들은 자유민주주의 체제를 열망하는 일이 일어나고 있다. 이 자유민주주의 국가들에 대해서 점점 더 분명해지는 점이 있다면, 그들이 (하나님을 대체하려는 시도는 아니지만) 교회를 대체하려는 시도를 해 왔다는 사실이다. 나의 조국 영국에서는 이것이 데이비드 캐머런(David Cameron)의 '큰 사회'(Big Society)라는 구상에서 점점 명백해지고 있다. '큰 사회'에서는 모든 사람들이 그들의 지역사회의 변화를 이끌고 곤궁에 처한 사람들을 돕는다. 물론 역사적으로 병원을 열고 학교를 세우는 등등의 일은 교회가 늘상 했던 일이다. 그리고 최근 들어서는 큰 성공을 거둔 호스피스 운동을 시작하고 전세계적 부채의 감면을 위한 캠페인을 벌였다. 그러나 서구의 교회는 대개 정부가 교회를 대체하는 움직임과 결탁해 왔고, 계몽주의의 철학이 교회에게 할당한 새롭고도 작은 역할을 감당하는 데 만족해 왔다. 그 역할이란 중심에서 벗어난 어딘가에 조용한 '종교'를 위한 공간을 제공하는 것이었다. 이 지점이 공적 삶에서 기독교 신앙에 대한 오늘날의 논쟁이 반드시 펼쳐져야 하는 부분이다.

계몽주의는 다양한 물결을 일으키며, 15세기 초에 루크레티우스(Lucretius)⁷의 재발견으로 처음 들여다본 에피쿠로스주의 의제를 마침내 구현했다. 루크레티우스의 재발견은 16세기 초 마르틴 루터가 사도 바울을 재발견한 것에 견줄 만한 기념비적인 사건이었다. (예수님보다 약 100년을 앞서 살았던) 루크레티우스와 그의 에피쿠로스주의에 대한 요점을 말하자면, 에피쿠로스주의의 근본적인 아이디어는 신들을 저 먼 하늘나라로 추방하고, 세상과 인간들은 이곳 아래에 남아서 방해와 간섭 없이 행복한 삶을 누린다는 것이다. 이것은 미신을 내쫓고 종교적 권위를 고꾸라뜨리겠다는 근대주의 의제의 명시적 토대가 되었다. 실로, 루크레티우스의 문명의 발전과 '사회계약'(social contract)에 대한 설명은 홉스(Hobbes)나 루소(Rousseau)와 같은 사상가들을 통해 "인간 사회의 토대들에 대한 유일신론적 모델들로부터 역사가들과 철학자들이 스스로를 해방시킬 수 있게" 되었다[『옥스퍼드 고전 사전』(Oxford Classical Dictionary), 3차 개정판, p. 890].

그래서 이 전통에 따르는 오늘날의 사상가들은 자신들의 시각이 근대과학의 결과라고 언급하기를 좋아한다. 그러나 좀더 깊게 분석해 보면 근대주의 과학이라는 것 자체가 그리고 자유민주주의 운동이라는 것도 역시 단순히 에피쿠로스주의 세계관을 상정하고 있음을 알 수 있다. 신들은 사라졌고, 한편의 자연 세계와 다른 한편의 인간 사회라는 세계는 반드시 스스로의 증기력으로 진보의 철길을 달려 나가야 한다. 이것은 이에 부합하는 분리를 낳을 수밖에 없다. 신들과 세계의 사이가 멀어지고, 교회와 사회의 사이가 벌어진다. 교회는 반드시 하나님의 일과 친구가 되어야 한다. 하나님의 일은 그러한 것들을 원하거나 믿는 자들의 마음에 현재의 시간 속에서는 영성을 그리고 미래의 시간 속에서는 머나먼 하늘의 구원을 심어 주는 것으로 재정의되어야 한다. 그러나 **지배적인 에피쿠로스주의 세계관에 따른 정의에 의하면**, 사회나 공적인 삶 안에 교회의 자리는 없다. 르네상스 시대에 옛 중세의 질서가 타파되고, 종교개혁 시대에 옛 가톨릭의 질서가 전복되었다면, 계몽주의 시대에서는 전체 기독교의 질서가 뒤엎어졌다.

우리가 오늘날의 아일랜드에서 보는 것은, 덜 바삭거리고 더 질척거린다. 그러나 우리가 잉글랜드와 스코틀랜드에서 이렇게 조금, 저렇게 조금, 오랜 세월에 걸쳐 보아 왔던 것과 같다고 나는 생각한다. 그것은 하늘과 땅의 괴리 그리고 하나님의 세상과 우리의 세상의 단순한 괴리로부터 얻을 수 있는 첨예하고 바스러지기 쉬운 명료성이다. 이 괴리는 그 자체가 앞에서 말한 서구 사상과 삶에 대한 대운동들의 결과로 발생했다기보다는, 그것들이 전제로 삼은 가정 때문에 발생했다. 찰스 다윈은 다위니즘(Darwinism)의 창시자가 아니다. 루크레티우스가 2,000년 전에 이미 그것을 논했다. 그것도 품격 있게. 생물학적 진화 그 자체와 생물학적 진화의 과정에 창조주 하나님의 개입이 없다는 생각 사이에는 상당한 차이가 있다.

하지만 교회는 하나님의 세계와 우리가 사는 세계 사이의 괴리에 대해 별 무리 없이 행복하게 잘 지내 왔다. 내 생각에, 중세 시대에 사후의 삶에 대해, 단테의 천국과 지옥과, 특히 연옥에 대해 그리고 미켈란젤로의 시스티나성당(Sistina Chapel)의 천장화에 광휘롭게 그려진 종말의 비전에 대해 지나치게 집중함으로써 이런 씨앗들이 심어졌다.

흑인영가는 이렇게 노래한다. "이 세상은 내 집이 아니네.…나는 그저 스쳐 지나가는 나그네일 뿐." 그러나 이러한 감성들은 여러 세기 동안 있어 왔던 '무엇이 정말로 중요한 것인가'에 대한 특정 시각을 대중화시켰을 뿐이다. 그러니까 세상을 자기들이 원하던 방식대로 다듬어 가고자 하는 열망에 찬 나머지 세상이 무엇을 할 수 있고 없는지를 교회가 세상에 말하지 못하게 하려고 열심을 내고, 교회가 하나님과 영혼과 하늘나라에만 집중해야 한다고 말한 것은 계몽주의 사상가들뿐만이 아니었다. 똑같은 메시지가 교회 내부의 많은 입에서 흘러나왔다. 이것은 왜 윌리엄 윌버포스가 노예 해방의 의제를 밀어붙이는 데 그토록 어려움을 겪어야 했는지, 왜 데스먼드 투투가 남아프리카공화국에서 힘겨운 투쟁을 해야 했는지 그리고 왜 오늘날 기독교 운동가들이 엄청난 국제 부채의 탕감이나 망명 신청자들의 적절하고 인간적인 대접을 위해서 캠페인을 벌일 때 그토록 난관에 부딪혀야 하는지를 부분적으로 설명해 준다. 단순히 금융적, 정치적 기득권 세력들이 다른 쪽에 진치고 있기 때문만이 아니다. 사상의 전반적 풍토가 교회가 그와 같은 주제들에 대해 한마디라도 하는 것을 마뜩잖아 하기 때문이다. 하나님과 가이사는 완전히 다른 구획에 속한다.

공적인 삶에서 또는 라디오나 텔레비전에서 기독교적 내용을 축소하는 것에 대한 변명은 언제나 종교적 소수자들이 언짢아할 수 있기 때문이라는 것이다. 그러나 프랑스에서의 무슬림 의복 착용 금지에서 알 수 있듯이, 그것은 진짜 이유가 아니다. '관용'(tolerance)이라는 덕목은 넘치도록 과하게 칭송받았지만 실제로는 매우 공허한 계몽주의적 이상일 뿐 이 문제와는 아무 관련이 없다. 하나님과 세상은 단지 섞일 수 없으므로 종교는 동의 성인(consenting adult)들이 사적으로 행하는 그 무엇이어야 한다는 근대주의 이데올로기가 진짜 그 이유이다. 그리고 다시 말하지만, 그것은 근대주의의 자연과학 또는 정치과학의 **결과**가 아니다. **전제적 가정**이다.

그렇다면 교회는 이 모든 것에 대해 무엇이라고 말해야 하는가? 서구 교회는 대개 하나님 나라라는 아이디어, 하나님이 온 창조 세계에 대한 정당한 주권을 주장하신다는 아이디어를 포기했다. 여러 세대에 걸쳐 나라에 대한 예수님의 언어를 **창조 세계를 다스리시는 하나님의** 구원하는 지배가 아니라, 하나님이 **창조 세계로부터 구원한** 자들을 영접해 들이는 하늘의 나라를 가리키는 것으로 교육해 왔다. 그리고 간혹 공적인 영역에서 기독교적 상징들을 몰아낸 데 대하여 그리스도인들이 저항할 때면, 그들은 애초에 왜 그런 합의에 이르게 되었는지를 이해한다거나 왜, 어떻게 그 합의가 도전받아야만 하는지를 이해하는 어려운 길을 택하려 들지 않고, 그 합의의 논리에 따라 논지를 펼치는 경향이 있다. 나는 이것이 신무신론자들에 대한 현재의 반응이 갖는 문제라고 생각한다. 그 반응은 또는 그 반응의 많은 부분은 동일한 암묵적 사고의 구조에서 일어난다. 그러나 그 사고의 구조는 반드시 도전받아야 한다.

그 도전은 서구 세계가 당연히 두려워하는 종류의 '신권정치'의 이름으로 제시되는 것이 아니라, 반드시 네 편의 복음서가 말하는 완전히 다시 정의되고 새롭게 다듬어진 신권정치의 이름으로 제시되어야 한다. 예수님이 유대인의 왕으로, 그래서 세상의 왕으로 높이 들렸던 십자가의 현장은 **권력 그 자체가 다시 정의된** 현장이기도 하다. 그리고 마치 우리가 처음인 것처럼 엿볼 수 있는 다시 정의된 그 권력 안에서 우리는 하나님이 부여한 핵심적이고 중대한 위치를 찾아볼 수 있다. 그것은 교회와 기독교 신앙이 내일의 공적인 삶에서 차지할 수 있고 차지해야만 하는 자리이다.

보다시피 교회가 주장하는 것은 일반적인 종류의 권력의 작은 조각과 관련된 문제가 아니다. 실제, 몇몇 주교들이 상원에 앉아 있는 영국에서조차 이것은 권력의 문제가 아니다(물론 분명히 그런 적이 한 번 있기는 했다). 그것이 오늘날 작동하는 방식은 교회들의 목소리가 토론에서 들리도록 하는 것이다. 그러나 그것은 요점이 아니다. 그것은 어떤 경우에든 **예수님의 십자가를 중심으로 재조형**(再造形)된 신권정치와 관련된 종류의 권력이 아니다. 예수님의 권력은 완전히 다른 종류의 것이다. 그것이 '세상적'(worldly)이라든가 '지상적'(earthly)이라는 것에 반대되는 의미로 '영적'(spiritual)인 권력이라서가 아니라, 그것이 예수님의 의제의 직접적 결과로서 그리고 그 의제가 심오하게 역설적인 승리의 결론에 도달하는 데 함께한 십자가의 직접적 결과로서 행해지는 권세이기 때문이다.

예수님의 권력이 어떤 종류의 것이었는지는 널리 알려진 산상수훈에서 잘 표명된다. 그렇지만 산상수훈은 너무도 빈번히 오해되어 왔다. 예수님이 팔복(Beatitudes)을 선포하며 특정 종류의 사람들에게 복을 줄 때 사용된 '복'이라는 말의 실제 의미를 우리는 기억해야 한다. '팔복'은 나라의 백성들에 대한 예수님의 의제이다. 팔복은 단순히 우리가 어떠어떠하게 행동하면 하나님이 **우리를 잘 대해 준다**는 의미의 복이 아니다. 팔복은 예수님이 **우리를 통하여** 세상을 다스리기 원하신다는 사실과, 그런 일이 일어나려면 우리가 어떠어떠한 종류의 사람들이 되어야 할 것이라는 사실에 대한 것이다. 산상수훈은 예수님을 따르는 자들에게 그들의 소명을 감당하라는 부름이다. 원래 이스라엘의 소명이었던 것을 예수님이 자신의 소명으로 품었던 것으로, 세상의 빛이 되고 이 땅의 소금이 되라는 부름이다. 예수님의 나라에 대한 비전은 어떤 사람들을 통해서 현실이 될 것이다. 다시 말해 그 소명은 바로 그 어떤 사람들이 되라는 부름이다. 죄와 죽음의 권세에 대한 예수님의 승리는 이런 사람들을 통하여 더 넓은 세상에서 구현된다.

사실 그 나라의 일과, 그것과 함께 이 세상의 공적인 삶에서 예수님의 추종자들이 차지하는 위치는 팔복에 제법 잘 요약되어 있다. 내가 자주 말해 왔듯이, 하나님은 세상을 바꾸기 원할 때, 탱크를 보내지 않으신다. 하나님은 온유한 자, 애통하는 자, 하나님의 의에 주리고 목마른 자, 화평하게 하는 자 등을 보내신다. 하나님의 전반적 **스타일**, 그분이 선택한 운용 방식이 그분의 너그러운 사랑을 반영한다. 하나님은 자신의 피조물인 인간들과 함께 통치하신다. 그래서 예수님의 다스림을 받는 대리인들이 되려면 예수님처럼 상처받기 쉽고, 부드럽지만, 강력한 자기희생적 사랑을 반영하는 방식으로 행동해야 한다. 이런 까닭에 (다시 그들의 이름을 거론하자면) 윌리엄 윌버포스와 같은 사람들에 의해, 인종차별 정책을 그저 종식시키기 위해서가 아니라 남아프리카공화국에서 화해와 용서를 일구어 내는 방식으로 인종차별을 종식시키기 위해 일하고 기도했던 데스먼드 투투에 의해, 죽음의 목전에서 고통받는 환자들을 위해 호스피스를 시작하고 처음에는 의료 종사자들의 무시와 비웃음을 샀지만 한 세대 만에 전 세계로 퍼져 나간 운동의 창시자가

된 시슬리 손더스에 의해 세상은 바뀌어 왔다.

예수님은 기존의 방식들에 급진적으로 도전하는 새로운 주도권을 행사함으로써 오늘날의 세상을 다스리신다. 도저히 갚을 수 없는 터무니없는 빚을 탕감해 주는 주빌리 프로젝트(Jubilee project)[8]들을 통해, 저소득 가구나 노숙인들에게 거처를 제공하는 주택 신탁들을 통해, 빠른 수익을 약속하는 파괴적 방식이 아닌 창조 세계를 보듬는 방식의 지속 가능한 농업 프로젝트들을 통해 예수님은 이 세상을 다스리신다. '선한 일'이라는 기독교적 아이디어를 잘 다듬어서 단순히 '윤리적 계명들을 준수하는 것'이 되도록 만들었다. 그럼으로써 사람들은 공적인 삶에서 기독교 신앙이 차지하는 자리에 대해 다른 사람들에게 '우리의 기준들'을 적용하는 것이라고 상상하게 되었다. 반면에, 신약성경이 제시하는 '선한 일'은 그리스도인들이 더 폭넓은 공동체 안에서 그 공동체를 위하여 행하는 것이다. **모든 사람들, 특히 (물론) 동료 그리스도인들에게**(갈 6:10) 선을 행하라고 바울은 가르친다. **이것이 바로 예수님의 주권이 효력을 발휘하는 방식이다.** 예수님은 주린 자들을 먹이고 병든 자들을 고치며 길 잃은 양들을 구조하고 다니셨다. 예수님의 몸인 교회도 같은 일을 하는 것이 마땅하다. 이것이 바로 예수님의 나라가 일하는 방식이다. 사실, 교회는 여러 세기에 걸쳐 이런 종류의 일을 하면서 세상 속으로 파고들었다. 이제 많은 나라들이 이러한 삶의 영역들 구석구석에서 할 일들을 '국가'의 책임으로 여기고 있다. [이것이 내가 국가, 특히 서구 민주주의 국가들이 '교회적'으로 되었다고 말하는 이유들 중 하나이다. 국가가 일종의 세속적 그림자-교회(secular shadow-church)가 된 것이다.] 교회는 이런 것들이 오랜 세월 교회의 주된 책무였다는 사실을 망각하는 위험에 빠져 있다.

교회의 소명에 대한 이러한 비전—예수님이 계속해서 일하고 가르치고, 그분의 주권적 지배를 하늘에서와 같이 이 땅에서 확립하는 데 도구로 쓰임받는 것—은 참으로 높은 이상이어서 도저히 이룰 수 없고 승리주의적일 뿐만 아니라, 절망스럽도록 능력 밖의 일이고 교회 자신의 죄와 약점들을 부인하는 것으로 들릴 수 있다. 오늘날 가장 많이 반복되는 상투적 문구들 중 하나를 소개하자면, "하나님은 믿을 수 있지만 교회는 참을 수 없고, 예수님에게는 마음이 끌리지만 교회에게는 마음이 서늘해진다는 사람들이 많다." 교회의 어리석음과 단점들은 결코 모자란 적이 없었다. 이 사실은 이것을 슬퍼하는 신도들과 군침을 흘리는 언론인들이 매우 잘 알고 있다. 예수님의 왕권을 삶으로 녹여 내야 할 사람들이 자기편 사람들을 그토록 심하게 실망시키면서 예수님이 왕이라고 말하는 것이 무슨 의미가 있을까?

여기서 할 이야기가 세 가지 있는데, 각각의 이야기가 상당히 중요하다. 먼저, 법정에 서거나 신문에 이름이 거론되는 신세가 되고 마는 모든 기독교 지도자를 지적하기에 앞서, 자신들의 공동체를 벗어나면 알아주는 사람은 없지만 훌륭한 일을 하는 수백, 수천의 그리스도인들이 있다는 사실을 말하고 싶다. 대중은 신문에 보도되는 것에만 주목하게 되고, 신문은 이상한 스캔들만 보도하기 마련인지라, 외부인들은 교회가 티격태격 다투는 파당들의 무리로 몰락하고 있다며 경멸조의 말을 쏟아붓는다. 말하자면, 신문의 관점은 어떤 거리에 사는 거주자들이 마침 쓰레기를 내놓는 요일에만 그 거리를 걷고, 그 거리가 늘 쓰레기로 넘쳐난다고 말하고 다니는 사람의 관점에 빗댈 수 있다. 그리스도인들은 조롱꾼들과 결탁해서는 안 된다. 그 거리를 다른 시간에도 걸어보고 나서야 입을 여는 것이 마땅하다. 쓰레기 수거일이 아닐 때에도 와서 우리를 봐야 한다.

둘째, 예수님이 그분의 시대에 일했던 방식과 우리의 시대에 일하는 방식은 동일하게 용서와 회복을 통해 이루어지는 것임을 결코 잊어서는 안 된다. 교회는 훌륭한 일을 하는 완벽한 사람들의 모임이 아니다. 교회는 용서받은 죄인들의 모임이고, 무엇을 하든지 예수님의 나라를 위해 일함으로써 갚을 수 없는 사랑의 빚을 갚는, 일을 할 자격이 없지만 그 길을 걷는 사람들이다. 나는 그러한 스캔들이 일어나는 원인의 적어도 일부분은, 앞에서 내비쳤던 것처럼 승리주의에 기인한다고 의심한다. 승리주의는 일부 사람들로 하여금 세례나 소명이나 서품 같은 것들 때문에 자신들이 심각한 죄에 대하여 면역력이 생겼다고—혹은 심각한 죄에 대해서도, 그것은 심각한 문제의 숨길 수 없는 조짐이라기보다는 일회적이고 비정상적 사고임에 틀림없다고—생각하게끔 만든다.

그러나 내가 세 번째로 말하고자 하는 요점은 어쩌면 가장 중요한 것으로, 앞에서 살펴보았고 우리가 재차 논의할 주제인 완전히 새로운 영역으로 향하는 문을 활짝 열어 준다. 예수님이 주권적 주되심을 현재의 시간 속에서 행사하시는 방식에는 이상하고 종종 비밀스럽기까지 한, 민족들과 그 통치자들에 대한 그분의 주권이 포함된다. 성경은 사람들이 하나님을 인정하든 인정하지 않든 상관없이 하나님이 세상에서 온갖 방법으로 역사하신다고 주장한다. 그러나 이 믿음은 부분적으로 **교회의 일차적 역할들 중 하나가 예수님의 주권적 다스림에 대해 증언하고 세상에게 해명을 요구하는 것**이라는 믿음이다. 근대 서구 민주주의 국가들은 교회의 어떤 책무를 다른 방식들로 복제하고자 시도해 왔다. 우리는 우리의 제도들 안에서 '책임'의 유사품을 생산하려고 노력해 왔다. 투표자들이 누군가를 싫어한다면, 다음에는 그 사람에게 표를 던지지 않으면 된다. 우리는 모두 이것이 매우 투박한 도구라는 것을 안다. 책임은 생각처럼 만만한 것은 아니다. 영국에서 대부분의 자리는 '안전'하고, 대부분의 후보들은 실제 삶의 현장 경험이 거의 없는 전문적 정당꾼들이다.

그래서 예수님을 따르는 자들에게는, 부름받은 곳이 어디든 앞장서서 진짜 '야당'이 될 책무가 있다. 이 말은 정부가 하려는 모든 일에 실제로 '반대'하고 나서야만 한다는 뜻은 아니다. 저울에 달아 보고, 체로 쳐 보고, 해명을 요구하고, 확인 가능한 것은 확인하고, 초점이 결여되었거나 부족한 것들은 지적하고, 비평할 것은 비평하고, 간간이 혹평할 것은 혹평해야만 한다. 교회 역사의 처음 몇 세기 동안, 기독교 주교들이 가난한 자들의 옹호자로서 더 넓은 세상에서 명성을 얻었다는 사실은 시사하는 바가 크다. 그들은 가난한 사람들의 권리를 위해 목소리를 냈고, 가난한 사람들을 학대하고 함부로 취급하는 자들을 공개적으로 질타했다. 당연하지만, 이 교주들은 예수님의 추종자들이었다. 그들은 예수님의 어머니가 부른 노래[9]를 불렀다. 우리가 무슨 다른 것을 바라겠는가? 이 역할은 오늘날까지 이어져 오고 있다. 그리고 훨씬 더 그 폭이 넓어졌다. 교회는 교육, 보건, 노인 의료뿐만 아니라 난민과 이주자들의 필요와 취약점들을 돌아보는 일을 비롯한 여러 분야에서 풍성한 경험과 여러 세기에 걸친 면밀한 반추라는 자산을 가지고 있다. 우리는 이 경험을 활용해 최대의 효과를 꾀해야 한다.

교회의 '증거'라는 이 측면은 예수님이 오늘날까지 일해 온 통로가 되는 교회의 중심적 소명으로서, 주된 변화를 겪어 왔다. 근대 서구 민주주의 국가들은 이런 방식으로 해명의 자리에 서는 것을 원하지 않기 때문에 공식적으로나 비공식적으로나 '교회'와 '국가' 사이에 두터운 쐐기를 박아 왔다. (신문들도 자칭 '비공식적 야당'의 자격으로 합세했다. 교회를 자기들 구역에 들어오지 못하게 하는 것은 그들의 이해관계가 걸려 있기 때문이다.) 그렇지만 이미 시사했던 것처럼, 이것은 '교회'와 '국가'라는 단어들의 실제 의미를 바꾸어 버렸다. '국가'는 '교회'가 해야 할 일의 일부를 하는 쪽으로 확장해 왔고, 교회들은 '종교'의 사유화와 결탁해 교회가 가장 잘했던 모든 것들을 '국가'나 기타 기관들에게 위탁하고 있다. 그러고 보니, 교회 내의 사람들이 오늘날의 주요 이슈들에 대해서 감히 또는 공공연히 말할 때, 그런 말을 언짢아하는 사람들이 그들에게 당신들의 사적인 '종교적' 세상으로나 돌아가라고 말하는 것도 놀랍지 않다.

그러나 우리는 담대히 목소리를 내고 공개적으로 발언해야 한다. 예수님의 명확한 지시를 받았을 뿐만 아니라 **이것이야말로 예수님이 그분의 주권을 행사하는 방식**이기 때문이다. 또한 **이것이야말로 예수님이 그분의 나라를 현실로 만드는 방식**이라는 약속을 우리가 받았기 때문이다. 요한복음에서 예수님은 자신을 따르는 자들에게 성령이 세상에게 책임을 물을 것이라고 말씀하신다. 이것은 그리스도인의 소명에서 중심적 위치를 차지하지만, 대부분의 그리스도인들에게는 여전히 들추어 보지 않은 책에 불과하다. 어쩔 수 없이 교회는 그것을 자주 잘못 이해한다. 만일 교회가 세상을 향해 선지자적 은사를 발휘하려 한다면, 지금까지 나온 발언들에 대하여 도전하고, 맞서고, 바로잡거나 지지할 필요가 있다. 그렇게 함으로써 교회 자체가 올바로 서도록 하는 교회 내의 선지자적 사역이 훨씬 많이 필요하다.

이것은 예수님의 나라에 대한 오늘날의 의미 중에서 중심적이면서도 자주 무시되는 부분이다. 각 세대와 각 지역 교회는 해당 지역사회 지도자들을 위해서 기도해야 한다. 이 세상의 정부 형태와 헌법의 종류 등이 매우 다양한 점을 감안할 때, 각 세대와 각 지역 교회는 권력을 향해 진리를 말하는 지혜롭고 적절한 방식들을 궁리해 내야 한다. **이것이 오늘날 예수님의 보편적 왕권에 대한 핵심 사안이다.**

우리는 그 모든 것을 이렇게 요약할 수 있다. 우리는 세상을 예수님이 주권적으로 다스리는 시기를 살고 있다. 바울은 예수님이 죽음을 포함한 "모든 원수를 그 발아래에 둘 때까지 반드시 왕 노릇 하시리니"(고전 15:25)라고 말했다. 이 다스림은 아직 완전하지 않다. 그러나 바울은 우리가 예수님이 이미 다스리신다고 말하기 위해 그분이 다시 오실 때까지 기다릴 필요가 없다는 사실을 분명히 못 박는다. 예수님이 다스리시는 현재의 이 '통치'를 이해하려고 할 때에, 우리는 두 가닥의 꽤 다른 줄기를 보아 왔다. 한편으로, 우리는 우주의 모든 통치자들과 권세들이 지금 이런저런 의미로 예수님의 발아래에 있음을 보아 왔다. 이것은 모든 통치자들과 권세들이 예수님이 원하시는 일을 언제나 한다는 말이 아니다. 단지 예수님은 사회적·정치적 지배 구조들이 있어야 한다는 뜻을 갖고 계시고, 또 그분이 그들에게 책임을 물을 것이라는 뜻일 뿐이다. 흑백논리에 사로잡힌 우리에게는 역설적인 일일 테지만, 우리는 권력 구조들의 천부성을 인정하는 데 소극적이어서는 안 된다.

압제적이고 포악하고 급진적 개혁이 요구되는 권력 구조라 할지라도 예외가 아니다. 이 시대 서구에 사는 우리는 정치적 정당성을 단순히 임명의 방식이나 방법의 측면으로만 생각하도록 스스로를 훈련시켜 왔다. 즉 일단 사람들이 투표를 하면, '정당성'이 부여된다. 이에 반하여 고대 유대인들과 초기 그리스도인들은 통치자들이 어떻게 통치자가 되었는가에는 특별한 관심이 없었다. 그들은 일단 권력의 자리에 오른 자들이 실제로 무엇을 하는가의 측면에서 통치자들에게 책임을 묻는 일에 훨씬 더 큰 관심을 가졌다. 하나님은 통치자들을 원하지만, 그들을 책임을 묻는 자리에 세우실 것이다.

예수님은 이 그림의 어디에 들어갈까? 예수님 자신의 관점에서 예수님은 당시의 권력 구조들을 무대 뒤쪽으로 보내는 동시에 그것들을 책임을 묻는 자리로 부르고 계셨다. 그러나 예수님의 죽음, 부활, 승천은 통치자들과 권세들이 아닌 예수님이 주님이심을 보여 주었다. 달리 말해서, 해명의 자리로의 부르심은 이미 시작되었다. 그 부르심은 예수님의 재림 때에 완성될 것이다. 그리고 **권력을 향하여 진리를 말하는 교회의 사역은 원래의 의미를 되찾게 될 것이다. 그 사역이 이러한 것들의 처음 것에 기초하고 두 번째 것을 예표하기 때문이다**. 성령의 권능으로 교회가 하는 일은 예수님의 업적에 뿌리를 두고 있고, 그분의 사역의 최종적인 완수를 예표한다. 이것이 예수님이 현재의 시간 속에서 세상을 운영하는 방법이다.

그런데 행복하게도 이것이 다가 아니다. 교회의 소명에는 세상의 통치자들이 하는 일을 긍정적이든 부정적이든 끊임없이 비판하는 것 이상의 의미가 있다. 세상의 통치자들이 신경도 쓰지 않거나, 지원할 자원이나 정치적 의지가 없는 일들 가운데 교회가 진지하게 착수해야 할 일이 수백만 가지나 된다. 예수님께는 소매를 걷어붙일 온갖 종류의 프로젝트들이 있다. 예수님은 신실한 사람들이 기도하고, 시대의 표적을 분별하고, 바쁘게 움직여 주기만을 기다리고 계신다. 데스먼드 투투가 기도하고 밀어붙이고 일이 되도록 하지 않았더라면, '진실과 화해 위원회'는 아무도 꿈꾸지 못했을 것이다. 여러 교회의 그리스도인들이 가난한 사람들의 터무니없는 역경을 진지하게 받아들이지 않았더라면 국제 부채 감면을 위해 캠페인을 벌이는 주빌리 운동 역시 제대로 진행할 수 없었을 것이다. 정곡을 찌르자면, 다른 어느 누구도 지역사회의 교도소 예배를 위해 피아노를 연주하겠다고 자원하지 않을 것이다. 학교 수업이 끝날 시간에 여전히 일터에서 일하고 있어야 하는 한부모 엄마들의 아이들을 돌봐주기 위해 놀이 그룹을 시작할 사람들은 거의 없을 것이다. 다른 어느 누구도, 내 경험에 비추어 볼 때, 소외된 시골의 지역사회들이나 이들과 똑같이 소외된 도심에서 고립된 삶을 살아가는 거주자들의 곤경에 귀를 기울이지 않을 것이다. 적어도 영국에서는 범죄를 줄이고 목적의식이 없는 젊은이들에게 인간으로서 살아가는 다른 방식을 확고하게 제시하는 데 큰 성공을 거둔 '거리의 목사들'(Street Pastors)을 조직할 생각을 다른 어떤 사람도 하지 못했다. 이런 예는 수없이 많다.

그리고 이러한 것들이 모두 매우 작고, 그 자체로서 무의미하다는 반응이 나온다면, 나는 두 가지로 응답할 것이다. 첫째, 예수님은 자신의 행동들을 설명할 때 가장 작은 씨앗이 자라 가장 큰 관목 숲을 이루는 것에 대해 말씀하지 않았던가? 그리고 둘째, 작은 행동 하나가 어떻게 트렌드로 이어지는지를 우리는 보아 오지 않았던가? 그런 식으로 호스피스 운동이 퍼져 나가 한 세대 안에 불치병으로 죽음의 문턱에 선 사람들을 돌보는 방식을 바꾸었다. **예수님은 일하고 계시고, 그분의 나라의 프로젝트를 전진시키고 계신다.**

의심할 여지없이 예수님은 우리 눈에는 하찮은 백만 가지 방법으로 이 일을 하고 계신다. 골로새서의 우주적 비전은 진실하고, 우리에게 소망을 준다. 특히 우리가 지방정부 관리들 앞에 서서 거리에서 사람들을 위해 기도하며 무엇을 하고 있었는지, 혹은 왜 우리가 여러 차례의 회의를 위해 공회당을 빌려야 하는지, 또는 왜 우리가 젊은이들이나 저소득 가구들을 파렴치하게 착취하려는 새로운 사업에 그토록 끈질기게 반대하는지 설명해야 할 때 그렇다. 우리가 하는 일을 설명할 때 우리 앞에서 그 설명을 듣는 사람들은, 그들이 알든 모르든, 그 일을 하도록 하나님께 임명받은 것이다. 그들이 우리에게 휘두르는 권력은 이미 예수님이 십자가 위에서 굴복시킨 권력이다. 그리고 우리가 기도할 때, 성찬식 중에 예수님의 죽음을 선포할 때, 우리는 그 승리를 주장하고 두려움 없이 침착하게 우리가 할 일을 하러 간다.

결국, 이것은 예수님 자신이 우리에게 기대하라고 말씀하신 것이다. 심령이 가난한 자는 천국이 존재하게 할 것이다. 온유한 자는 땅을 차지할 것이다. 그 과정은 너무나 부드러워서 힘 있는 자들이 눈치 챘을 때는 이미 상황은 끝난 뒤가 될 것이다. 화평하게 하는 자들은 무기 제조업자들을 몰락시킬 것이다. 하나님의 의에 주리고 목마른 자들은 정부 정책과 법원의 판결을 분석하고 사회 밑바닥에 있는 사람들을 위해 목소리를 낼 것이다. 긍휼히 여기는 자는 인간관계를 형성하는 데 다른 방법이 있다는 것을 보임으로써 모든 사람들을 놀라게 할 것이다. 어떤 사람들은 남을 비판적으로 재단하고, 받은 대로 돌려주고, 후려갈기고 보복하는 법만 알지만, 팔복의 사람들은 신선할 정도로 다른 방법을 드러내고 본을 보임으로써 사람들을 격려할 것이다. 예수님은 "너희는 세상의 빛이라.…너희는 이 땅의 소금이라"고 말씀하셨다. 예수님은 완성될 어떤 계획을 선포하고 계셨다. 예수님은 그때나 지금이나 듣는 이들에게 그 계획을 실행하는 일에 동참하라고 초대하고 계신다. 이것이 기독교 신앙이 오늘과 내일의 세상에서 공적인 삶에서 자기의 책무를 다할 때 벌어지는 일이다. 나의 소망과 기도는 영국과 미국에서와 같이 아일랜드에서도 우리가 현재의 곤경들과 슬픔들과 추문들을 차근히 해결해 내는 것이다. 아일랜드는 믿음과 생명에 관한 한 세상의 선생이었다. 또다시 그런 날이 오기를!

10장

예수님과 하나님 나라, 그때나 지금이나

런던시의 거리로 나가 지나가는 사람들 중 아무나 붙잡고 오늘날의 세상에 관해 예수님이 무슨 말씀을 하실 것 같으냐고 묻는다면, 각종 다채로운 답변들을 얻을 것이다. 그중 누군가는 아마도 마가복음 12:17을 인용할 것이다. 영국에서는 우파인 사람들이 그 구절을 인용하는 성향이 높을 테고, 미국에서는 좌파인 사람들이 그럴 것이다. 그렇지만 그것을 인용하는 목적은 동일하다. "가이사의 것은 가이사에게, 하나님의 것은 하나님께"라고 그들은 말할 것이다. 대화는 끝이 나고, 그래서 그들은 생각한다. "교회와 국가를 참 멋지고 멀찍이 분리해 놓았다니까. 우리는 여기 아래서 가이사의 규칙에 따라 세상을 운영할 테니, 당신네 그리스도인들은 잘 살면서 기도나 하고 천국에나 가시오." 그리고 그와 같은 요점을 전달하기 위하여 이 구절을 이용하는 것의 역설을 눈여겨보아야 한다. 또한 혼란의 와중에 사실은 거의 반대되는 요점을 전달하는 날선 대답으로 예수님이 이 구절을 말씀하셨다는 점에도 주목해야 한다. 나는 이 구절에서 시작해 우리 주제의 심장부로 뛰어들 것이다. 왜냐하면 이 구절에서 우리는 가까이에서 위험한 두 가지를 볼 수 있기 때문이다. 그것은 복음서들이 끄집어내기 위해 최선의 노력을 기울였지만, 근대의 복음서 읽기에서는 보통 흐릿해지고야 마는 예수님의 모든 것이기도 했다. 이 구절의 골자는 대체 무엇일까?

질문은 확실히 교묘했다. "가이사에게 세금을 바치는 것이 옳으니이까, 옳지 아니하니이까?" 지금처럼 세금은 예수님의 시대에도 관심을 끄는 뜨거운 주제였다. 그런데 그때에는 더욱 심했다. 그도 그럴 것이 증오의 대상이던 로마인들이 세금을 부과했고, 또 예수님이 어린아이였을 때 이미 징세 반대 폭동들이 일어나 잔혹하게 진압되었고, 그 벌로 십자가에 처형된 이들도 있었기 때문이다. 그 질문은 나쁜 기억이라는 숫돌에 갈려 독 화살촉이 되었다. 예수님이 "세금을 바치라"고 말씀하신다면, 하나님 나라에 대해 그분이 하신 모든 말씀이 완전히 쓸모없어질 것임을 우리는 안다. "세금을 바치지 말라"고 말씀하신다면, 1세기의 급진주의자들은 예수님을 흠모하겠지만, 권력 당국은 그분을 마음대로 휘두르려 할 것이다. 그런데 그들은 예수님이 더 오랜 기억들을 소환하실 수 있음을 미처 깨닫지 못했다. 군중들에게는 200년 전에 유다 마카베오(Judas Maccabaeus)[1]와 그의 형제들이 당시 시리아 제국의 정권에 과감하게 들고 일어나 성공적 봉기를 이끌었던 기억이 아직도 생생했다. 그들의 좌우명은 **"이방인에게는 그들이 받아 마땅한 것으로 갚아 주고, 하나님의 계명을 지키자"**(마카베오상 2:68)[2]였다. 가이사에게는 그가 받아 마땅한 것으로 갚아 주라고? 이 얼마나 역적(逆賊)이 주장할 법한 슬로건이란 말인가? 예수님은 동전을 하나 달라고 하셨다. "좋다, 그러면." 예수님은 이렇게 말씀한다. "가이사에게는 그의 동전으로 갚아 주고, 하나님께는 그분의 동전으로 갚아 주라!" 이것은 교회-국가의 분리와는 아무 상관이 없다. 그렇다, 가이사에게는 이를 주장할 정당한 권리가 있다. 어느 정도 그리고 어느 시점에서는 그에게 맞서 대항할 필요가 있겠지만, 우리가 일상적으로 상상하는 방식으로는 아니다. 그러나 하나님—자신의 형상이 동전뿐만 아니라 모든 살아 있는 인간에게 담겨 있는 하나님—이 갖는 권리는 다른 모든 주장 권리들을 기각하고, 대체하고, 능가하고, 무대 뒤쪽으로 밀어 버린다. 물론, 이것은 교묘한 질문에 대한 교묘한 답변이다. 그런데 그것을 역사적 맥락 안에 배치할 때 종교와 정치의 근대주의적 분리를 지시하는 명령은 전혀 들리지 않는다. 본디오 빌라도 앞에서 행해진 예수님의 재판을 보면, 빌라도는 재판에 대한 어떤 정당한 권한을 갖고 있다. 그렇지만 하나님은 이양받은 소명을 가지고 무엇을 했는지를 묻기 위해 모든 권세들에게 책임을 물을 것이다.

그래서 여기에 마가복음을 비롯한 복음서들이 표현하기 원하는 두 가지가 있는데, 우리의 근대적 성경 해석법들은 그것들을 흐릿하게만 만들어 버렸다. 첫째, 예수님이 하나님 나라에 대하여 이야기할 때 정말로 의미한 것은 하나님이 왕이 되고, 완전히 새로운 방식으로—가이사의 나라 그 자체뿐 아니라 그러한 나라의 형태에 도전하는 방식으로—권력을 잡고 다스릴 때가 왔다는 것이다. 둘째, 예수님은 의식적으로 이스라엘 고대 전통의 무게를 자신이 짊어지고 자신의 소명에 덧입게 하셨다. 그렇다면 근대적 성경 읽기는 이것들에게 무슨 짓을 한 것일까? 첫째, 우리는 **세상을 뒤흔드는 어느 사건**에 대한 복음의 **담화**를 작고 귀여운 윤리적 경구들로 채워진 어느 새로운 **종교**에 대한 가르침의 편린(片鱗)들로 변질시켜 왔다. 둘째, 우리는 본문에 접근할 때에 종교와 정치가 서로 아무 관련이 없다는 우리의 근대적 가정을 가지고 와서는, 말이 되든지 되지 않든지 간에, 그 근대적 신조를 이야기 속에 밀어 넣은 채 읽어 왔다. 그리고 솔직히 말해서 그것은 말이 되지도 않고 될 수도 없다. 왜냐하면 시간을 거슬러서 시편과 예언서들을 거쳐 모세오경까지 올라가며 살펴볼 때, 하나님 나라의 전체적인 의미는, 세상의 사악한 제국들에게 종말을 선언하고 완전히 다른 종류의 제국을 세우는 유일하신 참 하나님에 대한 것이기 때문이다. 그리고 분리된 세상이라는 근대주의의 신조는 여기서 이루 말할 수 없을 만큼 다양한 방식으로 학문과 설교와 대중적인 가정(假定)들에 심대한 영향을 끼쳐 왔다.

이와는 다르지만 똑같이 널리 알려진 이야기로 넘어가 보자. 그것은 이른바 탕자의 이야기이다. 렘브란트가 그림으로 그렸고, 설교자들과 영적 지도자들이 즐겨 인용하는 이야기이다. 수백만 명의 겸손한 영혼들은 그 이야기에서 넘치도록 너그러운 환대를 보여 주는 아버지의 품으로 저 먼 나라로부터 돌아오라는 놀라운 격려를 발견한다. 물론, 마땅히 그럴 만하다. 그러나 거기에는 훨씬 더 많은 것이 있다. 우선, 예수님은 가장 오래된 성경의 주제들 중 하나에 연결의 고리를 건다. 젊은 아들이 먼 나라로 떠나서 돌아왔고 형은 그것이 못내 못마땅하다. 야곱과 에서를 생각해 보라. 그런데 제2성전기 유대교(Second Temple Judaism)[3] 세상의 뭉클한 이야기도 떠올려 볼 수 있다. 끔찍하도록 길어진 '망명'의 시간을 상상해 보라. 지리적으로 바빌론으로 떠나 있었다는 점 외에도, 다니엘 9장의 주장에 따르면, 500년의 시간에 걸쳐 일종의 정치적·신학적 망명의 시간이 지속되었다. 마침내 '망명'

이 끝났을 때 어떠했을까? 이사야서에서와 같이 다니엘서에서도 망명으로부터 궁극적으로 귀환한 이야기는 온통 하나님이 왕이 되는 것에 관한 이야기이다. 그렇다, 같은 주제가 다시 등장한다. 그리고 예수님은 이렇게 말씀하신다. "여기에 있다! 너희들 눈앞에서 펼쳐지고 있다! 보라. 여기 너의 동생은 죽었었으나 다시 살아났다. 잃은 바 되었지만, 다시 찾았다!" 예수님의 많은 비유들처럼, 여기서도 핵심은 '하늘의 의미를 지닌 땅의 이야기'이다.

이것이 우리가 가진 문제의 일부를 구성한다. 우리는 이 활기 넘치는 이야기들을 길들여 왔다. 그래서 개인으로서 우리를 위해 그 이야기들이 마땅히 간직한 놀라운 의미만이 우리가 듣겠다고 허락했으며, 그 때문에 큰 요점이 가려지고 만다. 흔히, 예수님이 이야기들을 들려주실 때, 특히 하나님과 그분이 이스라엘의 이야기 속에서 무슨 일에 매진하고 있는지를 전달하도록 다소 명확하게 꾸며진 이야기들을 들려주실 때, 그 목적은 하나님이나 하늘나라에 대한 추상적인 가르침 그 자체를 주시기 위함이 아니었다. 그것은 예수님이 그 당시에 무슨 일에 골몰하고 계신지를 설명하기 위한 것이었다. **"왜 온통 이런 못된 사람들과 함께 먹고 즐거워합니까?"** 라고 그들은 예수님께 물었다. 예수님은 대답으로 이런 이야기들을 들려주셨다. "옛날에 어느 목자가 양을 한 마리 잃어버렸는데…어떤 여자가 동전을 하나 잃어버렸는데…아들이 둘인 아버지가 있었는데…"(눅 15장).

1세기의 맥락에 대입해 볼 때, 이 메시지는 위안과 번민을 동시에 준다. 아버지가 동생을 두 팔 벌려 맞아들이는 것을 탐탁하지 않게 여기는 이 형은 누구란 말인가? 예수님은 하나님에 대한 이야기들을 들려준 반면, 초대교회는 하나님이 아닌 예수님에 대한 이야기만 하면서 은근슬쩍 예수님을 신격화하고 있다고 사람들은 조롱했다. 하지만 그들은 틀렸다. 예수님은 그 이야기들을, 이 하나님 이야기들을, 이 하나님과 이스라엘의 이야기들을 **자신이 무엇을 하고 있는지를 설명하기 위해** 들려주셨다. 그 당시 그곳에서 무슨 일인가가 펼쳐지고 **있었다**. 이것은 모든 시간들과 문화들을 멋지게 가로지르지만, 결코 단순히 시간을 초월하는 영적 가르침이 아니다. 이것은 예수님의 공적 사역에서 일어난 독특한 사건에 대한 것이다. 그것은 우리의 근대 세계와 종종 우리의 근대 교회가 듣고 싶어 하지 않는 이야기이다. 하지만 그것이 바로 복음서들이 말하는 것이며, 예수님이 **행하고 계셨던** 일이다.

아니면, 세 번째의 다소 분명한 예를 살펴보자. 예수님은 마지막으로 예루살렘을 방문하셨는데, 그곳의 성전에서 어떤 행위를 하셨다. 그런데 예수님의 그 행위는 광분에 찬 반응을 야기하고 그분의 체포와 죽음의 시기를 꽤 빨리 앞당겼다. 우리는 흔히 이 사건을 '성전 정화 사건'이라고 부른다. 그리고 그것을 예수님이 예루살렘의 종교를 깨끗이 청소하고 종교에 깊이 배어든 상업주의를 몰아냈다는 측면에서 해석해 왔다. 그러나 네 편의 복음서들은 그것보다 훨씬, 훨씬 더 많은 것이 있음을 분명히 하는데, 흥미롭게도 각자 다른 방식으로 그것을 표현한다. 때는 유월절이었다. 그것은 해방의 때로, 하나님이 이 세상의 파라오들을 끌어내리고 하나님의 백성을 해방시키는 때였다. 유대인들은 그때도 지금처럼, 우리 대부분이 크리스마스나 부활절 이야기들을 아는 것보다 유월절 이야기를 훨씬 더 잘 알고 있었다. 그들은 이스라엘이 이집트로부터 해방된 것이 광야에서 그들의 하나님을 섬기고 그들의 유업인 가나안 땅으로 들어가기 위함이었음을 출애굽기를 통해서 알고 있었다. 그리고 중도에 있었던 끔찍한 몇몇 순간들에도 불구하고 출애굽기는 장막을 짓고 영광스러운 하나님의 임재가 그 안에 거하게 되는 것으로 장대하게 끝을 맺는다. 출애굽기 40장은 창세기 1장과 2장의 메아리이고, 그것은 상당히 의도적이다. "이것이 새로운 창조 세계이고, 소우주이며, 아브라함의 가족 안에서 이 땅의 모든 가족들이 복을 받으리라는 언약의 강화이다." 출애굽기는 온통 "하나님이 그의 백성을 건지시고 그들 중에 거하기 위해 오셔서 그들이 하나님의 왕 같은 제사장들이 될 수 있게 하신다"는 메시지에 관한 것이다.

그리고 유월절은 단순한 이야기에 그치지 않는다. 예배 의식과 찬양과 극적인 행위들이 있는 축제로서, 그 초점이 성전과 음식, 하나님 나라의 궁극적 도래를 위한 기도, 시편이 전하고 미리암이 바닷가에서 노래했듯이 모든 세상을 다스리는 왕으로서의 하나님을 고대하는 기도에 맞추어져 있다. 예루살렘에 오신 예수님은 성전에서의 희생 제도를 짧지만 심오하게 상징적인 순간에 무력화시키는 극적인 행동을 취하신 후에 따르는 자들을 평범한 유월절 만찬 같기도 하고 아니기도 한 사적인 식사의 자리로 데리고 가셨다. 그때 예수님은 일련의 결합으로 이루어진 맥락화된 상징들을 통해 그 어떤 말보다 훨씬 더 강력한 메시지를 말씀하신 것이다. 예수님은 이렇게 말씀하시는 것이나 마찬가지였다. "지금이 그때이며, 이곳이 그 장소이고, 이것이 궁극적 유월절, 새로운 출애굽, 망명으로부터의 진정한 귀환이 일어나는 방식이다. 이것이 하나님 나라가 도래하는 방식이다. 그리고 그 초점은 돌과 목재로 지어진 이 성전이 아니라 완전히 새로운 종류의 성전에 맞추어질 것이다." 예수님은 공적 사역 내내 마치 자신이 성전인 것처럼 행동하셨다. 당신이 용서받기를 원하거나 치유받기를 원했다면 예수님에게로 왔을 것이다. 이제는 예루살렘 자체도 이 둘을 해결하기에는 충분히 크지 못했다. 예수님은 [하늘의] 상급에 시선을 두셨다. "내가 하나님의 손가락으로 악귀들을 좇아낸다면, 하나님의 왕국이 이미 도래하였고 너희 위에 임하였다"고 예수님은 말씀하셨다(눅 11:20과 마 12:28이 병행 구절).

결국, 메시아라면 무슨 일을 해야 하겠는가? 그 당시의 다양한 전통들은 제각각의 답을 가지고 있었지만, 우리는 그 중심부에서 공통되는 답을 끌어낼 수 있다. 그 답은 메시아라면 성경을 성취해야만 하고, 궁극적인 원수들을 무찔러야만 하고, 성서를 재건하거나 정화함으로써 이스라엘의 하나님이 영광 중에 그곳으로 귀환할 수 있게 해야만 하고, 하나님의 통치를 이스라엘뿐만 아니라 전 세계 위에 확립해야만 한다는 것이다. 이것은 급진적인 우주 재생의 비전인데, 우리는 그것을 종교로 만들어 버렸다. 이것은 해방된 세상과 해방된 인간들의 이야기인데, 우리는 그것을 한편으로는 심리 요법으로, 다른 한편으로는 개인적인 윤리로 바꾸어 놓았다. 이것들은 그 각자의 자리에서 무척 중요하지만, 큰 그림을 대체하기에는 한참이나 부족하다. 예수님은 자신을 다니엘 7장에 기록된 것처럼 괴물들의 손에서 고통당하지만 그 후 높이 들려서 하나님 우편의 자리를 차지하는 궁극적 인간, 인자(the son of man)로 표현하신다. 그분은 가장 어두운 적들의 손아귀로부터 이스라엘과 세상을 단번에 그리고 영원토록 해방시키는 것과 새로운 소우주, 새로운 장막, 즉 돌이나 목재가 아닌 살아 숨 쉬는 인간들로 만들어진 살아 계신 하나님의 거처를 세우는 것이 자신의 소명이라고 믿으셨다. 결코 잊어서는 안 된다. 예수님이 가장 가까운 추종자들에게 임박한 자신의 죽음의 의미를 설명하려고 할 때, 그분은 그들에게 이론을 강의하신 것이 아니다. 한 끼 식사를 베푸셨다.

예수님이 완전한 착각에 빠졌고, 예수님의 꿈들은 그분의 죽음과 함께 스러졌고, 우리가 아는 대로의 기독교가 비극적 착오이거나 단순한 희망적 생각에 기초하고 있다고 생각하는 사람조차, 다가오는 새로운 현실에 대한 이 비전이 여전히 고상하고 강력함을 인정하지 않을 수 없다. 나는 다른 곳에서 이 그림이 완벽하게 역사적으로 믿을 만하다는 것을 상세하게 논증했다. 나사렛 예수는 새로운 '종교'를 가르치지 않으셨다. 만약 그랬다고 한다면, '종교'라는 단어는 어쨌든 상당히 다른 것을 의미했을 것이다. 예수님은 사람들에게 죽은 뒤에 천국에 가는 비법을 알려 주신 것도 아니었다. 예수님은 그것에 대해서는 놀라울 정도로 거의 말을 하지 않으신다. 그분의 메시지가 하늘에 가는 사람들이 아닌, 이 땅으로 오는 하늘―하늘의 통치와 예수님 안에 임재한 천국―에 대한 것이기 때문이다. 예수님은 또 다른 일반적인 저항 운동을 시작하러 오신 것도 아니었다. 물론 우리가 복음서들이 하는 말을 이해할 때, 상당한 저항을 위한 새로운 에너지와 방향성을 발견할 수 있는 것은 사실이다. 예수님은 단순히 당신의 내면의 질서를 다시 세우는 방법만 제공하고 있는 것이 아니다. 물론, 예수님의 메시지에 사로잡혀서 그분의 십자가를 지겠다고 다짐한다면, 당신은 정말로 아래위로 뒤집히고 안팎으로 바뀔 것이지만 말이다. 그 일부는 크나큰 위안이 되지만, 예수님이 경고하셨듯이, 또 다른 그 일부는 말도 못하게 불편할 것이다. 예수님은 하늘에서와 같이 땅에서도 하나님의 주권적 통치―달리 말해서, 일종의 신권정치―를 개시할 것이라고 주장하셨다. 그런데 신권정치라는 바로 그 단어는, 특히 최근 다른 나라들의 좌파와 우파의 신권정치 실험들 때문에 서구 민주주의의 등골을 오싹하게 만들고 있다. 반면, 복음서의 전체적 요지는 예수님의 주장이 **십자가형 신권정치**(cruciform theocracy)―십자가를 통해 하늘에서와 같이 땅에서도 이루어지는 하나님의 주권적 구원의 통치―의 출범이라는 것이었다.

여기서 우리의 현대 세계가―그리고 많은 현대 교회들이―분노하며 반발한다. 우리는 18세기에 그 허무맹랑한 소리를 거두어 버렸고, "다시는 그런 것을 원하지 않는다!"라고 말했다. 지금까지 무슨 일이 벌어졌느냐를 몇 마디로 표현하자면 신들은 저 위 다락방에 있고 세계는 혼자 힘으로 이 아래에서 진보해 간다는 분층적 세계관을 주장하는 계몽주의의 기본적 에피쿠로스주의가 너무도 당연하게 받아들여져 왔다. 그러는 동안 마치 나그네들이 강제로 프로크루스테스의 침대에 맞추어졌듯이, 복음서들에 대한 우리의 모든 읽기가, 예수님과 그분의 메시지에 대한 우리의 모든 생각이, 우리의 모든 공적인 삶과 정치적 삶이, 우리의 모든 도덕과 의미와 결혼과 신비주의를 비롯한 많은 것들에 대한 이론화가 강제로 그 틀에 맞추어져 왔다. 그리고 복음서들은 이것이 틀리다고 우리에게 말한다. 우리는 기록을 조작하고 있다. 그것은 실제 벌어지고 있던 일이 아니다. 당연하게도, 세속주의는 어떤 값을 치르더라도 신권정치를 원하지 않는다. 그러나 교회들은 이것과 잘 어울리면서 하나님과 가이사의 분리라는 아이디어와 결탁하고 사람들의 영원한 운명을 돌보는 일을 담당하는 데 동의하고 정치인들에게 지구의 운영을 맡겨 버렸다. 그러다 보니 너무도 자주 십자가의 의미가 살아 계신 하나님이 권세들에 대해 궁극적 승리를 거두는 놀라운 방식에서 단순히 개인의 죄를 처리하는 작동 원리로 극적인 이동을 해 버리고 말았다. 분명하게 죄를 다루는 것 역시 상당히 중요하다. 사실상 그것은 우주적 승리가 이루어지는 수단의 일부를 구성한다. 이 주제는 다음 기회에 논의하기로 한다.

그리고 물론 예수님의 승리로 끝난다면 이 모든 것은 근거 없는 희망적 생각이라는 혐의를 벗어난다. 교회는 너무도 자주 부활절에 대하여 무엇을 해야 할지 알지 못한다. 우리는 부활절을 예수님의 실망한 추종자들 중에서 믿음이 일어나는 현상으로 비신화화(非神話化)하는 것과 단순히 슬픈 이야기의 끝에 나오는 영광스러운 기적—하나님이 정말로 놀라운 일들을 할 수 있고 우리는 정말로 천국에 결국 가고 말 것임을 증명하는 기적—으로 만드는 것 사이를 시계추처럼 왔다 갔다 했다. 둘 다 아니다. 예수님의 육체적 부활만이 역사적으로 교회가 왜 시작되었고 그 형태를 갖추게 되었는지를 설명한다. 나는 이 점을 다른 곳에서 논증했다. 많은 질문이 있고, 그 질문들을 다루는 것을 나는 기뻐한다. 지금은 잠시 그 논증을 여기서 했다고 가정하고 그 중요한 결론으로 직행하기로 하겠다.

심지어 복음서들이 좋은 의도의 거짓말들(혹은 심지어 나쁜 의도의 거짓말들)을 한 보따리 들려준다고 판단한다 해도, 적어도 복음서들이 무슨 말을 하고 있는지는 명확히 할 수 있다. 복음서들은 사람들을 속여서 새로운 종교를 받아들이게 하기 위해 마술이나 재주를 부리는 마술

사나 슈퍼맨으로 예수님을 제시하지 않는다. 복음서들은 사회주의 유토피아를 제시하는 수염이 텁수룩한 혁명가, 1세기의 체 게바라로 예수님을 묘사하지 않는다. 복음서들은 윤리 선생, 도덕적 모범, 영적 구루, 심지어는 맥락에서 떨어져 나온 속죄 제물로도 예수님을 그리지 않는다. 복음서들은 단순히 우리가 스스로에 대해 좋게 느끼도록 만들어 주는 사람으로도 예수님을 기술하지 않는다. 이 모든 것들은 예수님의 가르침을 구성하는 일부 요소들을 가리키기는 하지만, 각각이 따로 떨어져 나올 때는 예수님의 가르침을 왜곡한다. 그것도 심각하게 왜곡한다. 요점은—그리고 부활은 '만일'과 '그러나'라는 단어 없이 이것을 말하게 해 준다—예수님과 함께 **세상을 다른 곳으로 만들 어떤 일이 일어났다**는 것이다.

그것은 우리가 원하거나 기대했을 법한 방식과 다르지 않다. 그것은 예수님과 동시대를 살아간 유대인들이 원했거나 기대했던 방식과 다르지 않음이 확실하다. 그러나 네 편의 복음서들이 들려주듯이 그리고 나는 예수님 자신께서 그것을 의도하셨다고 생각하는데, 그 30년 동안 그리고 그 정점의 사흘 동안 무슨 일인가가 일어났다. 그 일 때문에 새로운 창조에 대해 말하는 것이 결정적인 의미를 갖게 되고, 새로운 성전에 대해 말하는 것이 의미를 갖게 되며, 새로운 인류에 대해 말하는 것이 의미를 지니게 된다. 그리고 무엇보다도 그것에 대해 말할 뿐 아니라 그것을 살아 내는 것이, 헌신하는 것이, 예수님의 부르심을 지금 당장 그분의 나라 프로젝트의 일환으로 듣는 것이, 본회퍼(Bonhoeffer)가 말한 것처럼 "그리스도가 당신을 부를 때는 와서 죽으라고 명령하시는 것이다"라는 점을 인정하는 것이, 세례 안에서 죽는 것이, 당신에게 너무도 결정적이고 중심적인 부분인 것 같은 죄에 대하여 죽는 것이, 당신의 주위를 위험한 물살로 소용돌이치는 사회적·문화적·지적·정치적 기대들에 대해 죽는 것이 그리고 그 대신에 수행할 그 나라의 과업들과 함께 예수님에게 사로잡혀 새로운 생명으로 따라가는 것이 의미를 갖게 된다. 이 모든 것이 의미를 갖는다. 어쩌면 새로운 종류의 의미이지만, 그래도 여전히 뜻이 통한다.

이것이 바로 네 편의 복음서에 담긴 부활의 담화들이 우리에게 의미하는 방식인데, 나는 잠시 후 다시 이 주제로 돌아올 것이다. 우선은 복음서들이 어떻게 작동하는지에 대하여 몇 마디 하고자 한다. 나는 여기서 복음서들을 전기(傳記)로 연구한 리처드 버리지(Richard Burridge)라든지 복음서들 안에서 성경의 메아리를 듣고자 한 리처드 헤이스(Richard Hays)와 같은 다른 학자들의 최근 복음서 연구 업적의 도움을 받을 것이다. 그럼에도 나는 대부분의 보통 교인들과 많은 복음서 연구자들과 선생들이 복음서들이 들려주는 다층적인 이야기를 수용하기 시작했다고 생각하지 않는다. 인간의 삶은 다층적이라는 점을 직시하라. 사랑과 예술과 음식과 정치와 철학과 쇼핑과 과학과 군주제와 돈과 전쟁과 죽음…대부분의 시간에 우리의 몸과 마음에서 벌어지는 것의 대부분의 것들을 하나로 묶으라. 어느 위대한 교향시처럼 복음서들이 다층적이고 한 번에 몇 가지 차원에서 작동한다고 해서 놀라면 안 된다. 복음서들을 작은 부분들로 조각내 읽는 우리 교회의 (그리고 어쩌면 개인의) 복음서 읽기가 위험한 까닭이 여기에 있다. 우리가 그것을 제대로 할 줄 알 때는 문제가 없다. 우리는 10장을 그런 작은 세 부분으로 나누어 시작했다. 그러나 우리는 더 큰 담화가 필요하다.

그리고 나는 네 가닥의 기본적 줄기들을 제시할 텐데, 이것들은 네 편의 복음서에서 서로 다른 방법으로 만나서 하나로 합쳐진다.

첫째, 복음서들은 모두 예수님의 이야기를 이스라엘의 이야기가 어떻게 의도한 절정에 도달했는지에 대한 이야기로서 들려준다. 루드비히 비트겐슈타인(Ludwig Wittgenstein)은 구약성경이 우리에게 몸통을 제공하고, 복음서들이 그 몸통에 머리를 제공한다고 말했다. 복음서들은 고대 히브리 이야기를 긍정하면서 복음서야말로 바로 고대 히브리 이야기가 흘러가는 목적지임을 확인하기까지 한다. 이것이 바로 창조주 하나님의 주권적이고 구속적인 통치에 대한 고대의 꿈이 이루어지는 방식이었다. 복음서들은 이것을 많고도 다양한 방식으로 달성하면서 모세오경과 예언서와 시편을 고립된 증거 본문(proof-text)들로서가 아닌 단일한 위대한 이야기로서 엮어 낸다. 그리고 이 이야기는 다니엘서의 종말론적 언어로 요약된다. 다니엘서는 하나님 나라를 확립하기에 앞서서 네 개의 이교도 왕국들이 존재할 것이며, 멸망의 가증한 것이 어둠의 사건들을 일으키고 기름부음 받은 자의 운명을 통해 마침내 오랜 망명이 끝이 날 것이라는 관점에서 기술되었다.

둘째, 그와 동시에 복음서들은 모두 예수님의 이야기를 철저하게 새로운 공동체가—그럼에도 아브라함의 가족과 철저한 연속성 안에서—이 세상에서 어떻게 출범하는지에 관한 이야기로서 들려준다. 복음서들은 새로운 '종교'나 또 다른 '-주의'를 창설하는 것을 기술하지 않고 오히려 새로운 인간됨의 방식을 출범시키고, 그 본을 보이고, 만들어 가는 시작을 이야기한다.

셋째로, 그리고 가장 놀라운 것은 네 편의 복음서들이—요한복음뿐만 아니라 네 복음서 모두가—예수님의 이야기를 **어떻게 이스라엘의 하나님이 몸소 돌아와서 세상을 구원하고 그 안에 그분의 거처를 만들겠다는 오랜 약속을 성취했는가**에 관한 이야기로서 들려준다는 사실이다. 분명하게도, 이것은—복음서들이 인정하듯이—추가적 요점에 의지하고 있다. 그것은 부활한 예수님이 이제 어찌어찌하여 이상스럽게도 이미 이 세상을 친히 담당하고 계시다는 것이다. 여기서 다시 한 번 우리는 부활한 예수님이 말씀하셨다고 마태가 기술한 말을 떠올리게 된다. "하늘과 **땅의** 모든 권세를 내게 주셨으니." 그리고 그것은 부활한 예수님이 자신을 따르는 자들에게 능력 있는 성령을 주어 세상 안에서 그리고 세상을 위해 자신의 백성이 되게 하신다는 가정에도 기대고 있다. 그러나 여기서의 골자는 후에 '성육신'이라고 불리게 되는 것, 즉 예수라는 사람 안에 이스라엘의 하나님이 체화되는 것이 아주 처음부터 이야기의 깊은 곳에 있었다는 것이다. 다른 사람들은 그렇다 쳐도, 수많은 성직자들이 대학에서 이것과 매우 다른 것을 배웠다. 이제 우리의 본문들을 새롭게 읽을 때가 되었다.

넷째, 우리가 넌지시 암시해 왔듯이, 이스라엘의 이야기를 절정으로 이끌기 위해 몸소 돌아오시는 이스라엘의 하나님에 대한 담화는 반드시 필연적으로 창조주 하나님과 세상의 우상숭배적인 제국들 사이의 최종적이고도 엄청난 충돌에 대한 이야기일 수밖에 없다. 이것은 우리가 출애굽기에서, 시편(특히 시편 2편)에서, 이사야 40-55장에서 그리고 다니엘에서 발견하는 이야기이다. 그 모든 이야기들은 예수님에 대한 복음서들의 진술에 중심적인 역할을 한다. 또한 그 모든 이야기들은 여지없이 예수님의 소명 의식에 중심적인 역할을 한다. 이 이야기를 비정치적 또는 반정치적 방식으로 읽는 것은 시작도 하기 전에 조작하는 것과 같다. 그래서 나는 앞서 말한 바와 같이 '하나님과 가이사'를 읽는다.

그러므로 복음서들은 긴장감이나 이질감 없이 교회와 지켜보는 세상이 그토록 결합하기 어려워해 온 것들, 즉 나라와 십자가를 한데 놓고 하나로 묶는다. 더럼에 있을 때 나는 나라에 초점을 맞추는 많은 성직자들과 교구 주민들을 알았다. "여기에 배고픈 자들을 먹이고 내쳐진 자들을 구조하는 예수님이 있습니다. 우리도 가서 같은 일을 행합시다." (그런데 곧 당황하게 된다. 여기서는 이렇게들 말한다. '예수님이 그렇게나 젊은 나이에 요절하셨다니!') 그리고 내가 아는 성직자들과 교구 주민들 중에는 십자가에 초점을 맞춘 사람도 많았다. "예수님이 우리 죄를 위하여 돌아가셨으니 우리는 천국에 갈 것입니다." (그리고 여기서는 반대되는 일로 어리둥절해진다. 즉 그들에게는, 예수님이 동정녀에게 태어나 십자가에서 죽는 그사이의 시간에 아무것도 하지 않으셨더라도 충분했을 것이다. 그러니까 마태, 마가, 누가, 요한은 [그사이의 예수님의 행적을 기록하느라고] 시간을 낭비한 셈이 된다.) 이 딜레마는 탈-계몽주의 시대 서구 기독교의 전반적 문제가 보여 주는 증상이다. 복음서들은 어떻게 십자가가 나라의 승리, 메시아의 승리를 쟁취했는가의 이야기를 들려준다. 역으로 나라가―이 땅의 나라들의 방식이 아니라 완전히 다른 방식으로―어떻게 임했고 어떻게 임할지에 대한 이야기도 들려준다. 여기서 우리는 십자가형 신권정치에 다시 한 번 주목하게 된다. 이 세상 통치자들이 이 방식으로 그것을 한다면, 우리는 다른 방식으로 그것을 할 것이라고 예수님은 말씀하셨다. 권력이 물구나무를 섰다. 교회가 그것을 내내 진지하게 받아들여 왔더라면 좋았으련만.

나는 오늘날의 우리에게 이 모든 것이 무슨 의미를 가질 수 있는지에 대해 결론에서 말할 것이라고 약속했다. 나에게 가장 큰 싸움은 언제나 우리가 전문 용어로 **시작된 종말론**(inaugurated eschatology)이라고 부르는 것에 대한 아이디어를 사람들에게 이해시키는 것이다. 시작된 종말론에 따르면, 예수님의 나라를 출범시키는 활동에서, 그분의 죽음과 부활과 승천 가운데 무언가가 **일어났다**. 그 무언가 때문에 세상은 완전히 다른 장소가 되었으며, 새로운 가능성들이 열렸는데, 특히 인간의 소명과 삶, 운명에 더욱 그런 특징이 나타났다. 그런데 이 메시지는 계몽주의의 미움을 샀다. 왜냐하면 계몽주의의 주장에 따르면 예수님에 관해서는 정말로 아무 일도 일어나지 않았고, 단지 몇몇 새로운 종교적 선택 사항들이 사람들의 입맛에 따라 생겨났을 뿐이다. 역사의 진정한 전환점은 계몽주의의 순간으로, 근대과학과 민주주의가 발흥한 순간이기도 하다. 그 충돌은 오늘날 우리가 고민하는 많은 퍼즐들 뒤에 자리한다. 서둘러 덧붙이자면, 나는 과학과 민주주의는 원칙적으로 하나님의 축복이라고 믿는다.

그러나 그것들은 하나님 나라가 아니다. 내가 볼 때 오늘날 복음과 복음서들이 거시적 차원에서 통렬함을 발휘하는 곳은 서구 사회가 계몽주의의 담화들에 그토록 깊게 설득되고는 최근처럼 세상의 비극들이 그야말로 우리의 해변까지 밀려올 때 무엇이 잘못되었는지 이해하지 못하는 방식과 관련이 있다. 난민 위기와 함께 우리가 오늘날 보는 것은 부분적으로는 지난 20년에 걸친 끔찍하게 그릇된 결정들을 내려 온 결과이며, 특히 그 **담화**를 우리가 이해하지 못한 결과이다. 평화,

사랑, 꽃의 힘(flower-power)⁴과 서구 민주주의가 자동적으로 왕성해지도록 폭군들을 제거하는 것에 대한 이야기를 우리는 스스로에게 들려줘 왔다. 어떻게 그렇게 순진할 수 있었을까? 대신에 예수님의 부드럽고 지혜로운 통치—산상수훈을 떠올려 보라—아래의 세상에 대한 복음의 비전은 매우 다른 이야기를 들려준다. 성경이 제시하는 인간 통치 양식을 알고 싶다면 시편 72편을 읽으라. 궁핍하고 막막한 사람들의 필요가 절대적으로 우선시되어야 한다. 또한 자기도 모르게 하는 행동으로 더 많은 사람들을 빈곤과 막막함으로 빠뜨리는 사람들은 마땅히 구호 활동의 선봉에 서야 한다. 모더니즘의 큰 이야기들이 우리를 실망시켜 왔다는 점에서 포스트모더니티의 주장은 옳다. 그런데 포스트모더니티는 그 자리에 채워 넣을 새로운 이야기를 가지고 있지 않고, 그와 같은 이야기라는 아이디어 자체를 증오한다. 우리에게는 그와 같은 이야기가 있다. 그런데 그것은 권력 이야기가 아닌 사랑의 이야기이다. 우리는 반드시 그 이야기를 본으로 삼을 뿐만 아니라 우리들의 통치자들에게 그것이 앞으로 나아가는 유일한 길임을 일깨우고 그 길로 갈 것을 촉구해야 한다.

다른 주요 포스트모더니티적 비평들, 진리와 권력과 자아에 대해서도 마찬가지이다. 요한복음 18장과 19장을 읽어 보면 예수님이 본디오 빌라도와 나라, 진리, 권력에 대해 논쟁하는 장면을 볼 수 있다. 예수님은 그러고는 우리의 현재의 분노와 애통의 쓰레기들 위에 그 본보기를 올려놓는다. 복음의 관점에서 볼 때, '진리'는 하나님의 질서를 세상에 가져올 때 인간들이 사용하는 단어이다. 그런데 여기서의 '진리'는 냉소주의의 옷을 재빨리 차려입는 단순히 옛 창조의 '진리'가 아니라, 새 창조의 진리이다. 현재의 옛 창조 세계의 비극들과 참상들을 충분히 고려하면서 지금 여기서 새 창조의 부활의 생명으로 가는 길을 여는 치유와 자유의 단어를 의미한다.

권력으로 말하자면, 사람들은 (흔히들 그러듯이) "왜 하나님이 무언가를 **하지 않는가?**"라고 말하곤 한다. 그들은 하나님이 정말 통제한다면 탱크들을 보내 불한당들과 파렴치한들이 빠져나가지 못하게 할 것이라고 항상 가정하는 것 같다. 그러나 로마의 십자가를 지고 온 힘을 다해 걸으며, 조롱하는 자들에게 다른 뺨을 돌려 대고, 몸을 숨길 곳 없는 언덕 위에서 마지막을 맞으며 죽음의 자리로 가면서 예수님은 바로 산상수훈의 의제를 성취하셨다. 이 산상수훈에 따르면, 하나님은 세상을 바꾸기 원할 때 탱크 부대를 보내시지 않는다. 앞 장에서 보았듯이, 하나님은 온유한 자, 애통하는 자, 긍휼히 여기는 자, 의에 주린 자, 화평하게 하는 자, 마음이 청렴하고 청결한 자들을 보내신다. 이 목록은 결코 하늘나라에 가기 위해 함양해야 할 자질들의 목록이 아니다. 이 목록은 언제나 **하나님이 하늘에서와** 같이 **땅에서도 하나님 나라가 임하도록 하는 데 이용하는** 인간의 특징들의 목록이다. 그리고 불한당들과 오만한 자들이 무슨 일이 벌어지고 있는지 깨달을 즈음에는, 온유한 자와 애통하는 자와 긍휼히 여기는 자들은 병원을 짓고 학교를 지었으며, 아픈 자들과 다친 자들을 돌보고 있고, 주린 자들을 먹이고 막막한 자들을 구조하고 있고, 힘 있는 자들과 기득권을 가진 자들에게 "이것이 진정으로 인간적인 사회의 모습입니다만…"이라고 말하고 있다.

이것이 교회가 처음부터 해 오던 일이라는 사실에 하나님께 감사하자. 바로 지금 이 프로젝트의 뱃머리에 서서 일하는 모든 사람들로 인하여 하나님께 감사하자. 종종 소명에 대해 우리가 이해하는 것은 사실 그것의 근저를 이루는 복음서들의 통합된 신학적 메시지를 이해하는 것보다 훨씬 더 강력하다. 하지만 이 통합된 메시지는 우리가 이러한 과업들로 나아갈 때 우리를 강하게 만들어 주고 방향을 제시해 줄 것이다. 특히 구체적으로 기독교적인 책임을 지는 일, 바로 권력자들에게 이 진리를 말하는 데 도움을 줄 것이다.

신문들은 우리가 그 일을 하는 것을 당연하게도 싫어한다. 왜냐하면 신문들은 권력을 향해 진리를 말하는 것이 자기들의 일이라고 확신하기 때문이다. 그래서 신문들은 정치인들처럼, 우리가 가서 기도나 하면서 그들의 길에서 비켜서 주기를 바란다. 그러나 물론 우리는 기도ㅡ "아버지의 나라가 하늘에서와 같이 땅에 임하소서"가 중심이 되는 기도ㅡ를 더 많이 할수록 예수님이 빌라도에게 말씀하신 것처럼 말하기를 더더욱 억제할 수 없게 된다. 설사 그들이 우리를 그 일로 십자가에 못박는다 해도 말이다.

그리고 모더니티의 그 위대한 수호자이며 포스트모더니티 해체의 대상인 '자아'(self)에 대해서는 어떤가? 그 진흙탕에서 토출되는 것은 어마어마하고 종종 불건전하기까지 한 집착이다. 그 집착은 '자아'에 대한 것일 뿐만 아니라 '정체성'에 대한 것이기도 해서, 대단한 오해를 불러일으킨다. 흔히 사람들은 기독교 메시지의 핵심이 모든 종류의 '정체성들'을 '긍정'하는 것이라고 잘못 이해한다. 이러한 오해는 복음이 아닌 영지주의로부터 비롯되었다. 예수님은 나를 찾기 위해 나를 잃는 것에 대해 말씀하셨다. 복음서들은 이 '잃음으로써 찾기'의 역학으로 우리를 이끌어 가는 방식으로 저술되었다. 이 분실-후-습득의 역학(losing-and-finding dynamic)에서는 하늘 아버지의 사랑을 제외한 모든 것이 변화를 겪는다. 이것에 대해서는 할 말이 많이 있지만, 다음에 하겠다.

나는 다른 곳에서 네 편의 복음서들, 특히 요한복음이 예수님을 따르는 자들에게 새로운 종류의 사명을 가지고 세상으로 나아가라는 도전으로 마무리를 짓고 있는 방식에 대해 기술한 바 있다. 복음서들은 새 창조 세계에 대해, 새 성전에 대해, 새 삶에 대해, 나라와 십자가와 부활에 대해, 성경 말씀의 성취와 땅으로 오는 하늘에 대한 이야기를 들려주고 있다. 이 웅대한 담화는 우리 각자를 해일처럼 덮친 뒤 우리를 퍼 올려서는 그 도량(度量)과 본질 속으로 밀어 넣는다. 그리고 우리가 어쩔 수 없이 "안 됩니다. 저는 아직 준비가 되지 않았어요. 저는 그럴 자격이 없어요, 저라는 그릇에 넘치는 분량입니다. 이해할 수도 없고, 어쨌든 겁이 나서…"라고 말할 때, 예수님은 요한복음 21장에서 베드로에게 했던 것처럼 우리에게 말씀하신다. "괜찮다. 네가 선 자리가 거기라면 우리는 거기서부터 시작할 것이다. 자, 이제 나를 따르라."

예수님과 복음서들에 대해 아주 간략하게 토론했지만, 그러는 가운데 복음서들의 심장부에 서구 세계의 많은 부분이—슬프게도 교회마저도—거의 망각해 버린 이야기를 들려주고 있다는 점을 명확히 깨닫길 바란다. 이 이야기는 새로운 종교를 만드는 것에 대한 이야기도 아니고, 본받아야 할 도덕적 영웅이나 종교적 영웅으로서 예수님에 대한 이야기도 아니고, 세상에서 도피해 하늘나라로 가는 새로운 방법에 대한 이야기도 아니다. 이 이야기는 세상의 진정한 주님인 나사렛 예수에 대한 이야기이다. 그 예수님은 참되고 살아 계신 유일신 하나님의 살아 있는 화신으로서 사랑이 넘치는 분이고, 공적 사역과 죽음과 부활과 승천을 통해 하늘에서와 같이 땅에서 하나님 나라를 열고, 어느 곳에서든 남자와 여자와 아이들을 불러서 그들이 예수님의 생명에 참여하고, 예수님의 죽음을 통해 구원받고, 예수님의 부활을 기뻐하며, 승천한 주님으로서 예수님의 다스림을 받으며 살 수 있게 한다. 세상이 새로운 도전과 격동의 21세기라는 바다를 헤쳐 나갈 때 이 모든 것에 대해 결정적인 증거 활동을 하는 교회를 위해 우리가 반드시 올려야만 하는 기도가 있다. 우리는 예수님의 메시지와 사랑에 붙들린 자들이 그 부름을 듣게 해 달라고, 이 험난한 세월에서 예수님이 자신의 백성들을 위해 하는 일 가운데 그들에게 무슨 역할이 맡겨지든 성령의 도우심으로 그 몫을 당당하게 감당하게 해 달라는 기도를 올려야 한다.

감사의 말

서문에서 언급했듯이, 신선한 정황에 대해 신선한 방법으로 다음과 같은 주제들을 통해 깊이 생각할 기회를 준 이들의 친절한 초대에 대단히 감사한다. 그들의 따뜻한 환영과 환대 덕분에 즐겁고 고무적이며 다양한 시간을 가질 수 있었다.

Paul and the Bible in tomorrow's world
Dr Perse's Sermon, Gonville and Caius College, Cambridge, February 2008.

The Bible and the postmodern world
Orange Memorial Lecture, Christchurch, New Zealand, August 1999.

Pilate, Caesar and Bible truth
St Andrews University Distance Learning Programme, September 2010.

God, the earthly powers and terror
Durham Cathedral, November 2006.

Power, faith and the law
London School of Economics, February 2008.

God, power and human flourishing
The Squance Lecture, Sedbergh School, November 2008

God's powerful foolishness in a world of foolish power
Elmbrook Church, Milwaukee, November 2012.

Christian virtue in peace and war
William Wright Memorial Lecture, The Royal Military Academy, Sandhurst, October 2010.

Christian faith in public life
The C. S. Lewis Lecture, Dublin, October 2011.

Jesus and the kingdom of God, then and now
St Paul's Cathedral, London, October 2015.

성경과 고대 문헌 찾아보기

구약

창세기 61, 72, 81
1-2장 301
2:1-2 105

출애굽기 301, 309
15:21 301
40장 301

여호수아
1:6 253

역대하 50, 57

시편 225, 228, 298, 301, 308
2편 57, 309
72편 57, 312
72:8 100

잠언 50

전도서 50

이사야 57, 299
10장 102
11장 57
40-55장 309
42장 57
53장 230

에스겔
1:15-21 226

다니엘 298, 308-309
7장 230, 302
7:13-14 230
9장 298

말라기 50, 57

외경

마카베오상
2:68 296

신약

마태복음 78, 81, 309
1:23 226
5-7장 78, 282, 308-309
12:28 302
28:18 161, 226, 275, 309

마가복음 78, 81, 129-130, 132, 169, 176
10:35-45 187, 229
10:42-45 229
10:43 98
12:17 295

누가복음 59, 78, 309
9:51-56 226
11:20 302
15장 299
19:28-40 226
23:28-31 226

요한복음 78-86, 229, 236, 308
1:1-18 79

3:1-21 79
4:1-42 79
8:23 97
10:18 103
11:49-52 99
12:20-32 82-84
12:21 83
12:23 82-84
12:28 83
12:31-32 83
13-17장 83
13:1 83
13:2 83
14장 83
14:30-31 83
16장 85
16:8-11 85, 97, 289
16:13 104
16:33 85, 253
17:14 97
18-19장 78, 81-83, 96-106, 231, 312
18:28-32 97
18:33-38 97, 231
18:36 98
18:37 105
19:7 99
19:10-11 102
19:11 102
19:12 97
19:14-15 99
19:15 103
19:21-22 100
19:30 81, 105
20장 105
20:11-18 79
20:24-29 79
21:15-9 79, 315

사도행전 59, 103
17:16-34 17, 23-29

로마서
1:4 102
8:26 135
10:3 121
13:1-7 102

고린도전서 209, 210, 213, 229, 233
1:12 207
1:18-25 204, 228
1:26 205
2장 209
2:6-8 211
2:8 211
15:20-28 289
16:13 253

고린도후서 52
5:19 126
8:9 198

갈라디아서
1:4 234
6:10 284

골로새서 65
1:15-17 131
2:15 213

야고보서
1:20 121

베드로전서 231

요한계시록 50, 231, 233
5:9-10 234

초기 기독교/영지주의 문헌

도마복음 47, 59

폴리카르포스의 순교
10.2 102

주제와 인명 찾아보기

C. S. 루이스 265, 270
G. E. 레싱 37
G. W. 라이프니츠 28
H. S. 라이마루스 39

가이사(혹은 카이사르): 아우구스투스 카이사르 99, 161; 가이사의 권세 103-104; 율리우스 카이사르; '가이사의 왕국' 82, 231; 가이사에게 "갚을 것을 갚아 주라" 296; 가이사의 대리인으로서의 빌라도 97; 가이사의 것은 가이사에게…'바치라' 295; 티베리우스 카이사르 99; 카이사르 베스파시아누스 아우구스투스 100; **제국**을 보라
개선 행렬 66; **예수님에서 예수님의 승리**를 보라
객관적 지식 36; **계몽주의, 근대주의**를 보라
거대 담화: 성경의 거대 담화 60-69; 거대 담화의 '죽음' 43, 47, 49-54; **이스라엘의 이야기, 포스트모더니티, 이야기에서 성경의 이야기**를 보라
계몽주의: 기독교 '이단' 170; 계몽주의의 어두운 면 38; 에피쿠로스주의와 계몽주의 24, 180; 계몽주의의 종말론 68-69; 종교와 신앙의 사유화 19, 153-159;

기적들의 문제 39, 162; 이성 33; 계몽주의의 수사 26-30, 40
고대 유대 지도자들 96-100
고든 브라운 90
교황 베네딕토 16세 88, 144
교회: 압제받는 자들과 약자들의 옹호자 188; 정부들에게 책임을 묻도록 부름받음 169, 189-190, 288; 예수님의 몸 71, 283; 교회의 분열 206-209; 세계적 성장 270-271; 공적 공동체 31-32, 258; 교회와 '국가' 287-288, 295-297; 신학과 교회 45; 예수님의 증인 287
구세군 32, 171
구약성경: 구약성경의 정경적 형태 57; 구약성경에서의 엘리야 226; 구약성경의 담화 125; 이스라엘 국가와 구약성경 119
국제연합 33, 87, 115, 137, 144-146, 193
굴라크(소련의 교정 노동 수용소) 19, 109, 111, 148
권세(혹은 권력, 권능, 권한): 세상적 권세는 하나님으로부터 온다 102-106, 185; '권세들'에 대한 도전 130-136; 권력에 대한 기독교적 재정의 187-194, 276; 하나님의 권능으로서의 십자가 205-

206; 제국과 권력 64-66, 71-72, 79-83; 어리석은 권세 205-210; 물구나무 서기를 한 권력 310-311; 통치자들과 권세들 65-66, 115
권위(혹은 권한, 권력, 권세): 가이사의 권세 101-105, 162; 교회와 권세 189; 예수님의 권위 102; 정치적 권세 151
그레이엄 쇼, 『권위의 비용』 52
그리니치 돔: **영국**을 보라
근대주의 35-42, 43-44, 75, 117-120; **계몽주의**를 보라
근본주의 19, 23, 27-34, 40, 148

나치 227; **히틀러, 홀로코스트**를 보라
넬슨 만델라 49
「뉴 스테이츠먼」: "하나님: 우리는 무엇을 믿는가?" 16; "공적인 하나님" 21
뉴에이지: **범신론과 이원론, 스토아학파**를 보라

단테 280
대학교: 종교와 대학교 16, 33, 111
댄 브라운 21, 96
데스먼드 투투 223, 253, 280, 284
데이비드 캐머런 277
도마복음 59, 63; **영지주의**를 보라
돈: 성경적 신학에서의 돈 195; 금융 구제 195; 2008 금융 붕괴 197
디트리히 본회퍼 306

렘브란트 298; **탕자**를 보라
로고스: **스토아학파**를 보라
로널드 레이건 152
로버트 주잇와 존 셸턴 로렌스, 『캡틴 아메리카, 그리고 악마의 성전: 열광적 민족주의의 딜레마』 118
로완 윌리엄스 141-149, 155, 167, 172, 193, 250

루드비히 비트겐슈타인 308
루크레티우스 278; **에피쿠로스주의**를 보라
르네상스 67-68, 276, 279
리처드 도킨스 18, 92-93, 149, 266
리처드 버리지 307
리처드 헤이스 307
리하르트 바그너 '신들의 황혼' 55

마르틴 루터 54, 278
마리아의 송가 219
마지막 날들 58
막달라 마리아 21, 79
망명 226-234
메시아 57-58, 91, 100, 107, 126, 167, 210, 213, 225-226, 230, 234; **유대인의 왕**을 보라
명예-수치 문화 207, 218
무신론 90-91; 무신론적 정치 체제들 119
미국: 근대주의 프로젝트의 전형 257; '종교'와 '국가'의 헌법적 분리 19, 154; 제국으로서의 미국 87, 95, 114-119; 이라크와 아프가니스탄 115, 136, 138, 169, 219; 전 지구적 민주주의의 추구 22; 이스라엘 국가 119
미국 혁명 153
미덕: 기본 미덕 247; 기독교적 미덕 대 아리스토텔레스의 미덕 254; '강점'의 라틴어 237, 242; 제2의 천성 244
미켈란젤로 279
민주주의: 의회 113; 민주주의의 수사 22; 서구 민주주의 15-17, 44, 66, 87, 114

바벨탑: 포스트모더니티에 대한 은유로서의 바벨탑 105
버나드 로너건 73
버넌 보그다노 144
버락 오바마 118, 182
범신론과 이원론 61, 122, 179-180

베르길리우스: **제국에서 아우구스투스의 제국**을 보라
복스 포풀리 복스 데이 142, 153, 182
복음: 기독교 복음 69, 76, 200-201; 복음의 목표 212; 복음의 구약적 배경 64; 바울의 선언 27; **새 창조를 보라**
본디오 빌라도 77-97, 231, 297, 312
볼테르 152, 269; **프랑스혁명을 보라**
부활: 정치적 질서를 뚫고 들어오는 부활 168; 죽음의 정복 58, 133; 새 창조 106, 126, 162; 아테네에서의 바울 17-18, 23-31; '기적'의 문제 39, 162; 하나님의 아들 104
부활절 300, 305
불가지론 122
빌 클린턴 117

사도 바울: 아테네에서의 바울 17-19, 25, 126, 159, 198; 세상의 '권세들'에 대한 승리로서의 십자가 65, 213; 선한 일 284; 하나님의 형상 164; 예수님이 우리의 '가난'을 담당하셨다 198; 권세 203; 화해 125-126; 사도 요한과 사도 바울 81
사도 베드로 79
사랑: 하나님의 사랑 62, 73, 75, 135, 201, 211; 예수님의 사랑 70; 앎의 형식으로서의 사랑 72-74
사회 다윈주의 215, 222
산상수훈 79, 201, 282-283, 313; **주기도문을 보라**
산업혁명 28, 36
삼위일체 129-130
새 창조(창조 세계) 27-29, 39, 56, 69, 129, 162, 232, 313
샘 해리스 149
서구: 기독교 144, 167, 223, 309; 복음 315; 저널리즘 42-43; 정의 158; 사회 35,

38; 우월주의 165, 225
선지자들(구약성경의) 57, 166
성경: 성경의 권위 78; 현대 세상과 성경 82; 성경이 말하는 용기 253; 문화적 산물로 취급되는 성경 54; 근대주의에서의 성경 35-42; 포스트모더니티에서의 성경 49-54
성육신 75, 80, 309
성육신한 말씀 80-83; **성육신을 보라**
성전: **예수님에서 예루살렘에서의 예수님을 보라**
성찬 71
세계관: 기독교적 세계관 138; 에피쿠로스주의적 세계관 279; 유대교적 세계관 27; 이교도적 세계관 27; 서구 세계관 138
세속주의 19-20, 23, 31, 33, 91, 110-111, 142-144, 149, 153; 세속적 공산사회주의 143; 세속적 자유주의 143; 세속주의자의 논지 262-269; 세속화 법 18
셰익스피어 148
소명 129
소크라테스 18; **아테네를 보라**
속죄(대속) 82, 86
숄토 번즈 16
스탈린 53
스토아학파 24-25, 195; **범신론과 이원론을 보라**
스티븐 호킹 93
시슬리 손더스 217, 284
신약성경: 신약성경에서의 '선한 일' 284; 신약성경에서의 예수님 50-60; 신약성경의 영성 29; 신약성경의 이야기 93-94; **정경의 4복음서를 보라**
신정주의(혹은 신권정치): 십자가형 신권정치 276, 281-282; 서구 정치와 신정주의 276, 281
신학: 속죄 신학 81, 85; 창조 신학 103;

신학의 중요성 45, 180-181; 해방신학 51; 정치와 신학 29; 신학 연구 15, 21; 조직신학 82
십자가: 믿음의 핵심 236; 세속주의와 근본주의의 비평들 168; 포스트모더니티를 '해체하다' 74-76; '완수되었다' 81-83; 왕국과 십자가 100, 310; 하나님의 사랑의 징표와 확신 135, 167; 승리 65-66; 하나님의 지혜 204
십자군 전쟁 163-165

아나스타시스 26; **사도 바울에서 아테네에서의 바울**을 보라
아레오파고스 18, 27; **사도 바울에서 아테네에서의 바울**을 보라
아리스토텔레스 244-245
아브라함: 아브라함 전통들 18; 아브라함의 부름 125-126; 아브라함 가족 301
아우구스투스: **가이사에서 아우구스투스 카이사르**를 보라
아이작 뉴턴 28
아일랜드 44-45, 208, 266-267, 269, 271, 273, 279, 293
아카데미아주의 24-26, 180; **사도 바울에서 아테네에서의 바울**을 보라
아테네 17-18, 23-25, 28, 159, 174
아폴로 27
악: 예수님과 악 167; 악의 문제 88, 113, 165, 180
알지 못하는 신에게 바쳐진 단: **아테네**를 보라
압제(혹은 전제정치, 폭압): 압제에 대한 무장 저항 221; 민주주의와 전제정치 145; 폭군들의 제거 146; 탈-계몽주의의 '통치자들'에 대한 의혹 152; 가려진 폭압 22, 142-143; 서구의 폭력과 압제 219
앤 위드콤 18

에피쿠로스주의 12, 24, 180, 182, 185, 195, 200
엑수시아: **권위에서 예수님의 권위**를 보라
영국: 우생학 38; 유럽연합 87; 두 번째 학위에 대한 재정 지원 15; 그리니치 돔 48; 이라크와 아프가니스탄 115, 219; 난민 44; 영국에서의 종교적 이슈들 20, 88-89, 109, 120; 거리의 목사들 291; 무역과 서비스 업종들 41
영지주의 21-23, 29, 94-98
예수 세미나 39
예수님: 예수님의 죽음 81-86, 101, 103, 127; 임마누엘 226; 온전히 인간이자 온전히 신 124-125; 예수님의 영광 209; 예루살렘에서의 예수님 83, 227, 300-301; 주님 33, 58, 94, 102, 139, 160-163, 181, 210, 290; 종 186-188, 230; 예수님의 승리 86, 133, 213, 282, 292
오사마 빈 라덴 219; **테러와의 전쟁**을 보라
옥스퍼드 17, 45
왕 같은 제사장 74, 301
우디 앨런 178; **사도 바울에서 아테네에서의 바울**을 보라
웨스트민스터 17, 43, 250
윈스턴 처칠 220
윌리엄 윌버포스 171, 280, 283
유다 마카베오 296
유다이모니아: **아리스토텔레스**를 보라
유대 메시아주의 57-58, 99-100
유대인의 왕 99-100, 231; **메시아**를 보라
유럽연합: **영국**을 보라
유월절 300 **출애굽**을 보라
유일신주의(유대교의) 103; **창조주 하나님**을 보라
윤리적 이슈들과 공적 정치적 이슈들 33, 87, 90, 197
의회 33, 88
이교주의 61-62

이성 24, 142, 147, 159, 173; **계몽주의**를 보라
이스라엘의 이야기 57, 59, 124-125, 234, 299-300, 308-309
이슬람: 기도 시간 알림 17; 이슬람의 성장 19, 114-116, 119; 히잡 18, 91, 110; 이슬람법 143; 코란 15
이신론 150-155; **에피쿠로스주의**를 보라
이야기: 성경의 이야기 51, 62, 71; 이야기로서의 교리 28; **이스라엘의 이야기, 거대 담화**를 보라
「이코노미스트」 16
인식론: 기독교 인식론 72-74; 계몽주의 인식론 36-41
인자 40, 83, 187, 229-230, 302
잉글랜드 여왕 43, 89

자유·평등·박애: **프랑스혁명**을 보라
장 자크 루소 278
재세례파 전통 222
전쟁: 냉전 215; 전쟁 중의 용기 251; 제1차 세계대전 109, 149; 유대 전쟁들 160; 종교와 전쟁 37; 제2차 세계대전 60, 109, 123; 영적 전쟁 127; 서구 민주주의 국가들과 전쟁 22, 112-117
정경 50
정경의 4복음서 47, 59, 213, 225-227
정당한 전쟁 이론 260
정의로움: 정의로움을 돕는 용맹 250-251; 정의를 향한 갈망 139; 정의를 행함 134-135; 제국과 정의 31; 미덕으로서의 정의로움 247; **하나님에서 하나님의 의**를 보라
제국: 미국 제국 87, 136; 아우구스투스의 제국 95; 제국에 대한 기독교의 도전 30; 영지주의와 제국 21-23; 영지주의, 포스트모더니티, 제국 29, 94; 로마 제국 112-113, 131

제러미 코빈 156
제임스 데이비슨 헌터 120
조지프 버틀러 150
조지 부시 114, 117, 156, 169
존 F. 케네디 177
존 그레이 142, 150, 163
존 폴킹혼 200
종교: 절대적 주장들 18-19; 성장 20; 나사렛 예수는 '새로운' 종교를 가르치지 않았다 303; 종교와 마르크스 22; 종교의 사유화 153, 258, 288; 종교 연구 45
종교개혁 40, 154, 279
주기도문 121, 161, 167, 304; **산상수훈**을 보라
줄리언 반스 47
중동 30, 33, 44, 51, 56, 86, 88, 111, 115, 146, 194, 220, 270
중세: 사후에의 집중 279; 중세라는 아이디어의 발명 67-68
지그문트 프로이트 41-42
진리: 진리의 도전 132; '숨겨진' 진실 21; 예수님과 진리 104-107, 231-232; 상대적 진리 96; 부활과 진리 30, 86; 진리의 영 104
진보의 신화 43, 142; **계몽주의, 근대주의**를 보라

찰스 다윈 38, 279
찰스 밍거스 56
창조 세계 **새 창조**를 보라
철학: 플라톤주의 28; 철학 연구 19; **아카데미아주의, 에피쿠로스주의, 근대주의, 포스트모더니티, 스토아주의**를 보라
체슬리 설런버거 238-240, 247
출애굽 51, 166, 300; **유월절**을 보라

칼 마르크스 22, 41-42, 54, 69, 270
코피 아난 34, 146

Q문서 47, 59
크리스마스 20, 43
크리스토퍼 히친스 149
키케로 206
킹슬리 에이미스 266

「타임스」 43
탕자 298
테러리즘 92, 113, 117, 138, 144-145, 221, 256, 276; **테러와의 전쟁**을 보라
테러와의 전쟁 112, 115, 117, 119, 121
텔로스: **아리스토텔레스**를 보라
토니 블레어 15, 88, 90, 91, 163
토라의 멍에 160
토머스 홉스 278
톰 라이트: 『창조, 능력, 진리』 94; 『악의 문제와 하나님의 정의』 113; 『하나님은 어떻게 왕이 되셨나』 101; 『마침내 드러난 하나님 나라』 161; 『그리스도인의 미덕』 238
통치자들: 통치자들과 권세들 213-214; 지도자들과 통치자들 164; 통치자들의 책무 262; 이 시대의 임금 206
티머시 리스 135

파리: 기요틴 148; 테러리스트 공격 219
판테온 25; **아테네**를 보라
팔복 282-283; **산상수훈**을 보라
평화·자유·정의: 복음에서의 평화·자유·정의 27, 139; 서구 민주주의에서의 평화·자유·정의 22, 30-31, 66-67
포스트모더니티 23, 29-33, 35-76, 94-96, 104-106, 112-113, 147-171; **해체**를 보라
프랑스혁명 38, 152

프랜시스 후쿠야마, 『역사의 종말』 44
프리드리히 니체 41-42, 46, 53, 69, 183, 227; '노예'로서의 그리스도인 227; 초인 183, 227
플라비우스 요세푸스 100
플라톤: 교육 248; 부활 28, 162; **철학**을 보라
플리니우스 162

하나님: 창조주 하나님 24, 56, 80, 101-102, 124, 126, 129, 130, 136, 164, 168-169, 212; 신들과 하나님 23-24, 180; 세상에의 개입 123-130; 하나님의 의 25-26, 62, 102, 121, 134, 161-162, 168-169, 189, 284; 하나님의 사랑 62, 100-101, 133, 201, 211, 217, 223; 하나님의 임재와 권능 199-201; '하나님'이라는 단어 178-181
하나님의 나라: 제국과의 대치 231; 하나님 나라에 대한 소망 160-161; 하나님 나라에 대한 오해 280; '이 세상으로**부터**가 아닌' 97-98; '하늘에서와 같이 땅에서도' 227, 304, 313; 하나님 나라의 이야기들 127
하나님의 아들: 예수님 40, 99, 104, 206, 227; 로마 황제 206
하나님의 형상 53, 74, 125, 130, 198, 233
해럴드 윌슨 183
해체 46, 49-53, 63-69, 256, 314; **포스트모더니티**를 보라
호메로스 162
홀로코스트 51, 111, 122, 128
휴거 150
히틀러 53; **홀로코스트**를 보라

옮긴이 주

1장 내일의 세상에서 바울과 성경

1 시인 매슈 아널드(Matthew Arnold)는 옥스퍼드를 '꿈꾸는 첨탑들의 도시'(the city of dreaming spires)라고 칭했다.
2 어떤 사물을 그것이 속하지 않는 집합에 집어넣는 실수를 가리킨다. 범주 오류를 범하면 매우 논리적인 접근을 해도 올바른 의사 결정을 내리지 못하게 된다.
3 열역학 제2법칙인 엔트로피 증가의 법칙을 말한다. 자연이 무질서도가 증가하는 방향으로 나아간다는 것이다. 일상생활의 예를 들자면, 혼합하는 것은 쉽지만 분리하는 것은 어렵고, 어지르는 것은 쉽지만 치우는 것은 어렵다. 컵을 깨뜨릴 수는 있어도 깨어진 컵을 원래대로 되돌리기는 어렵다는 것이다.
4 앨러스테어 캠벨(Alastair Campbell)이 "we don't do God"이라는 말을 하자 많은 사람들이 그 의도에 대해 분분한 해석을 내놓았다. 캠벨 본인은 그 말을 '툭 던지는 말'로 내뱉었다고 한다. 「가디언」(*The Guardian*) 지에 따르면 토니 블레어(Tony Blair)는 정치 지도자들이 'do God' 해야 한다고 말했다. 그가 한 말을 인용하자면, "20세기에 정치 이데올로기가 중요했던 만큼 종교적 믿음과 그 향방이 21세기에 중요하다. 지도자들은, 본인이 종교적 믿음을 갖든 갖지 않든, '하나님을 실천해야' 한다."
5 우리말로 정치적 재화 또는 정치재로 새겨지는 political goods는 J. Roland Pennock이 "Political development, political systems, and political goods"라는 논문에서 처음 도입한 것으로 보인다. 그는 이 논문의 첫 면에서 "나의 목적은

제3의 용어, '정치적 재화'를 도입하고 그것을 나머지 둘(정치 발전과 정치 체계)과 연결 지음으로써 이 논의에 기여하는 것이다"라고 말하고 있다.

2장 성경과 포스트모던 세계

1   알리스터 E. 맥그래스(Alister E. McGrath, 1953-)의 저서 『신학이란 무엇인가』(*Christian Theology: An Introduction*, 복있는사람 역간)에 따르면, 레싱은 '추악하고 거대한 도랑'이 있다고 말했다. "아무런 역사적 진실도 증명될 수 없다면, 역사적 진실들에 의해 증명될 수 있는 것이 없다. 즉 역사의 우연적 진실들은 이성의 필요한 진실들의 증거가 결코 될 수 없다.…그렇다면 내가 아무리 자주 아무리 진지하게 뛰어도 건널 수 없는 추악하고 넓은 도랑이 있는 것이다."
2   최종 해결책은 제2차 세계대전 중에 유대인들을 말살하려 했던 독일의 계획을 일컫는 것으로 알려졌다.
3   독일의 철학자이자 계몽주의 저술가인 헤르만 라이마루스(1694-1768)는 이신론적 입장의 신학자였다고 한다. 『칸트사전』(사카베 메구미 등, 이신철, 2009, 도서출판 b 역간)에 따르면 "신구약성서에서 보이는 기적, 메시아의 부활, 재림 등을 이성주의 입장에서 강하게 비판"했다.
4   크누트 대왕(Canute the Great, 995-1035)은 잉글랜드를 정복하고 왕위에 오른 왕으로, 덴마크 왕을 겸했다. 톰 라이트는 Samuel Griswold Goodrich의 *The Second Book of History*에 나오는 크누트 대왕 이야기를 하는데, 그는 조수가 밀려들어 오자 바다에게 물러서라고 명령했다. 톰 라이트는 이 책에 나오는 '조수가 밀려들고 있다'는 표현을 똑같이 인용했다.
5   J. Richard Middleton과 Brian J. Walsh의 *Truth Is Stranger Than It Used to Be: Biblical Faith in a Postmodern Age*는 우리나라에서는 의역된 제목 『포스트모던 시대의 기독교 세계관』(살림 역간)을 달고 나왔다. 한국 IVP에서 재출간을 준비 중이다.
6   후쿠야마 박사는 개발 및 국제정치에 관한 책을 다수 저술했다. 본문에 소개된 에세이를 바탕으로 『역사의 종말』(*The End of History and the Last Man*, Free Press, 1992, 한마음신서 역간)을 저술했다.
7   마태, 마가, 누가의 복음서인 공관복음서 중 마태복음과 누가복음이 마가복음과 주로 예수님의 말씀(logia)으로 구성된 Q라고 칭하는 다른 문서(Q source,

Q document)를 참조했다는 가설(Q hypothesis)이 있다.
8   스뫼르고스보르드(Smörgåsbord)는 북유럽식의 뷔페이다.
9   아이리스 머독(Iris Murdoch, 1919-1999)은 아일랜드 태생의 영국 소설가이자 철학자로, 『그물을 헤치고』(*Under the Net*, 민음사 역간), 『바다여, 바다여』(*The Sea, The Sea*, 민음사 역간) 등의 책을 출간했다.
10 딜런 토머스(Dylan Thomas, 1914-1953)는 영국 웨일스 스완지(Swansea) 태생의 시인으로, 「고사리 언덕」(*Fern Hill*), 「공원의 곱사등이」(*The Hunchback in the Park*), 「저 좋은 밤으로 순순히 들어가지 마세요」(*Do Not Go Gentle Into That Good Night*) 등의 시가 유명하다.
11 장-프랑수아 리오타르(Jean-Francois Lyotard, 1924-1998)는 프랑스 철학자이자 문학이론가였다. 1970년대 후기에 포스트모더니즘을 명확히 설명하고 인간 조건에 대한 포스트모던성의 영향을 분석한 것으로 잘 알려져 있다.
12 『잭과 콩나무』와 함께 유명한 잭 이야기들의 하나로, 잭이라는 용감한 젊은이가 아서 왕 시대에 많은 거인들을 죽인다.
13 북유럽의 라그나로크(Ragnarök, 신들의 멸망) 신화에 기초한 독일 작곡가 리하르트 바그너(Richard Wagner, 1813-1883)의 오페라이다. '신들의 황혼'을 뜻하는 독일어 '괴테대머룽'으로 제목을 붙인 것은 라그나로크를 라그나뢰크(Ragnarøkkr, 신들의 황혼)로 오해했기 때문이라고 한다.
14 코넬리우스 타키투스(Cornelius Tacitus, 56-117)는 로마의 위대한 역사가로 『타키투스의 연대기』(서울 범우 역간, 2005)를 저술했다.
15 데키무스 유니우스 유베날리스(Decimus Iūnius Iuvenālis, 50-130)는 로마의 시인으로서 『풍자시집』(*Saturae*)을 남겼다.
16 버나드 로너건(Bernard Joseph Francis Lonergan, 1904-1984)은 캐나다 태생의 예수회 소속 철학자이다. 『통찰: 인간 이해에 대한 연구』(*Insight: A Study of Human Understanding*)를 비롯해『신학 방법』(*Method in Theology*, 가톨릭출판사), 『은총과 자유』(*Grace and Freedom*, 가톨릭출판사) 등 여러 책을 남겼다.
17 펠라기우스주의(pelagianism)는 영국의 수도자 펠라기우스(Pelagius, 360-418)의 이론으로, 그는 예정론을 반대하고 자유의지를 강조했다.

3장 빌라도와 가이사와 성경의 진리

1   개역개정판은 "그는 내게 관계할 것이 없으니"라고 번역했다(요 14:30b).
2   '틈새들의 신'(God of the gaps)은 '과학적 지식의 빈 칸(혹은 빈 틈)들을 하나님을 불러 채워 넣어야 한다'는 아이디어를 나타내는 표현이다.
3   미국의 1달러 지폐의 뒷면 중앙에 'IN GOD WE TRUST'라는 글귀 아래 크게 'ONE'이라고 적혀 있고 그 왼쪽에 *NOVUS ORDO SAECLORUM*'이라는 문구가 있는 동그란 인장이 있다. 이 라틴 문구는 영어로 'A New Order of the Ages'라고 한다.
4   고대 로마의 초대 황제 아우구스투스 시대의 시인이다.
5   성경 주석서들은 유프라테스강으로 본다(예. *Benson Commentary; Cambridge Bible for Schools and Colleges*).
6   세인트앤드루스(St. Andrews)는 스코틀랜드의 항구 도시이다. 빌라도가 세인트앤드루스가 아니라 퍼스셔(Perthshir)에 있는 작은 마을 포팅걸(Fortingall) 출신이라는 전설이 있다(Martin Palmer and Nigel Palmer, *The Spiritual Traveler*, HiddenSpring, p. 265 등 참조).
7   좁은 의미의 진리 대응설(correspondence theory of truth)에 의하면 진리는 사실에 또는 사실과 대응한다. 그 기원은 아리스토텔레스의 진리의 정의로 거슬러 올라갈 수 있다.
8   개역개정의 번역에 따르면 '안식 후 첫날'이다.

4장 하나님과 세상 권력과 테러

1   4장은 저자가 2006년 11월 9일 더럼 성당에서 행한 강연의 원고와 많은 부분 일치한다.
2   영국의 신앙 학교는 일반 교과목을 가르치지만 특정 종교의 성격을 띠고 특정 종교 단체와 관련이 있다. 우리나라의 미션스쿨과 다소 비슷해 보인다.
3   영국 총리 관저가 있는 곳으로 영국 총리와 정부를 가리킨다.
4   ISIL(Islamic State of Iraq and the Levant)과 ISIS(Islamic State of Iraq and Syria)는 흔히 IS(이슬람 국가, Islamic State의 약자)로 혼용되어 왔다. 알카에다에서 떨어져 나온 ISIS는 2013년 시리아를 침략함으로써 그 이름을 얻었다. ISIL

은 중동 전역에 걸쳐 퍼져 있는 테러리스트 집단이며, 레반트(Levant)는 시리아, 레바논, 팔레스타인, 이스라엘, 요르단을 통칭하는 지리학적 용어이다.

5 라틴어로 유스 벨룸 유스툼(*jus bellum iustum*)이라고 하는데, '정의의 전쟁' '정의로운 전쟁' 등으로 번역된다. 이것은 전쟁에 나설지 여부에 대한 유스 아드 벨룸(*Jus ad Bellum*)과 전쟁에서 어떻게 행동할지에 대한 유스 인 벨로(*Jus in Bello*)로 나뉜다.

6 이사야, 에스라를 비롯해 구약성경 여러 곳에 페르시아(바사)의 고레스 왕에 대한 기록이 나온다. 이사야 45:1에서는 그가 여호와께 기름부음을 받은 자라고까지 기술되어 있다.

7 티머시 리스는 웨일스에 있는 란다프(Llandaff) 교구의 주교였다.

5장 권력과 믿음과 율법

1 런던 정경대학(LSE) 유럽 사상 교수로, 서구 계몽주의에 노골적인 불신을 나타낸 대표적인 지식인이다. 저서로는 『하찮은 인간, 호모 라피엔스』(*Straw Dogs: Thoughts on Humans and Other Animals*, 이후 역간), 『가짜 여명—전 지구적 자본주의의 환상』(*False Dawn: The Delusions of Global Capitalism*, 이후 역간), 『이단들』(*Heresies*, 국내 미발간 서적) 등이 있다.

2 크리스토퍼 히친스는 영국계 미국인 작가이자 언론인, 평론가로 어린 시절은 독실한 기독교 교육을 받았지만 신에 대한 깊은 회의감을 보이며 종교 비판서를 여러 권 썼다. 『신은 위대하지 않다』(*God Is Not Great*, 알마 역간), 『신 없이 어떻게 죽을 것인가』(*Mortality*, 알마 역간), 『젊은 회의주의자에게 보내는 편지』(*Letters to a Young Contraian*, 미래의창 역간) 등의 저서가 있다.

3 샘 해리스는 미국 신경과학자이자 철학자로서 『종교의 종말』(*The End of Faith*, 한언 역간)을 저술했다.

4 러다이트 운동은 19세기 영국 섬유 노동자들의 노동운동으로 실업의 위험에 맞서서 기계를 파괴하는 등의 폭동을 일으켰다.

5 만성절(All Saint's Day)에 시민 대부분이 교회에 모여 있을 때 포르투갈의 리스본에서 일어난 지진으로 3만 명 이상이 사망했다.

6 조지프 버틀러(Joseph Butler, 1692-1752)는 영국의 주교로서 신학자, 변증자, 철학자이다.

7 자연신학은 "신의 존재 및 그 진리의 근거를 초자연적인 계시나 기적에서 구하지 아니하고, 인간의 이성이 인식할 수 있는 자연적인 것에서 구하는 신학"이다.
8 Celia M. Deutsch의 『숨겨진 지혜와 쉬운 멍에』(*Hidden Wisdom and the Easy Yolk*) p. 5에는 Nehuniah ben ha-Kanah가 말했다고 전해지는 격언을 소개한다. "누구든지 토라의 멍에를 받아들이는 자는 자신으로부터 나라[정부]의 멍에와 세상 직업의 멍에에서 벗어나지만, 누구든지 토라의 멍에를 벗어던지는 자는 자신에게 나라의 멍에와 세상 직업의 멍에를 씌운다."
9 호메로스(Homeros, 주전 800?-750). 서사시 『일리아스』와 『오디세이아』를 저술한 것으로 알려진 고대 그리스의 전설적 작가.
10 로마의 장군, 정치가, 학자로 군사, 역사, 수사학 등의 자연과학을 연구한 대(大) 플리니우스(Gaius Plinius Secundus, 주후 23-79)와 그의 조카로 법률가이며 정치가였던 소(小) 플리니우스(Gaius Plinius Caecilius Secondus, 61-113) 중 누구를 가리키는지 확실히 알 수 없다.
11 스티븐 언쇼(Steven Earnshaw)의 『포스트모던 환경』(*Postmodern Surroundings*)의 p. 59에서 포스트모더니티의 특징으로서 학문들의 와해가 가정되고 제안된다고 말하며 문학과 역사가 와해되어 서로의 속으로 들어가는 것을 언급한다.

6장 하나님과 권력과 인간 번영

1 플라톤은 주전 387년 아카데미아(Ἀκαδημία, Academy)라는 학교를 세웠고, 아카데미아는 플라톤 학파의 교육의 장으로 활용되었다.
2 달리 말해서, 자신들의 정당성이 하늘로부터 왔다고 하면서 하나님을 다락방으로 쫓아내는 것은 언어도단이며, 하나님을 다락방으로 쫓아낸 성직자들에게는 사적인 영성과 사후 구원 외에는 붙들 것이 없을 것이다.
3 지배 민족(the master race; Ger. *das Herrenvolk*)은 나치 이데올로기의 개념으로, 나치는 아리안 민족이 모든 다른 민족보다 우월한 지배 민족이라고 주장했다.
4 여기서 '조국'으로 번역된 'fatherland'는 이 맥락에서는 일반적인 의미 외에 나치와 연관성을 갖는 단어이다. 나치가 민족주의 고취를 위해 이에 대응하는 독일어를 사용했다고 한다.
5 저자는 이 지도자가 누구인지 이름을 밝히지 않았지만 맥락상 히틀러가 분명하다.
6 일반적으로 피와 흙(Ger. *Blut und Boden*)은 스토아주의가 아닌 나치 독일의

이데올로기나 대량학살과 함께 언급된다. 피는 특정 인종을, 흙은 영토를 지칭한다고 한다. 여기서 저자는 이 표현만 빌려 와서, 신성이 자연계 어디에나 존재한다는 스토아학파의 신관을 축약적으로 기술하려 한 것으로 보인다.
7 존 C. 폴킹혼(John Charlton Polkinghorn, 1930-)은 영국의 물리학자이자 신학자이다.

7장 어리석은 권세의 세상 속, 하나님의 능력 있는 미련함

1 마르쿠스 툴리우스 키케로(Marcus Tullius Cicero, 주전 106-43)는 로마의 정치가, 웅변가, 철학자, 저술가였고, 국부라고까지 불렸다.
2 데스먼드 투투(Desmond Mpilo Tutu, 1931-)는 성공회 신부로 국가적·국제적 관심을 남아프리카공화국의 인종차별 정책에 집중시키는 데 큰 역할을 했고 1984년 노벨평화상을 수상했다.
3 명백한 운명주의(manifest destiny) 혹은 명백한 사명주의는 19세기 미국의 정착민들이 널리 품었던 믿음으로, 미국인들과 그들의 제도가 가진 특별한 미덕들, 서구를 구원하고 재창조할 미국의 사명, 이 기본적 사명을 완수할 저항할 수 없는 운명이라는 세 가지 기본 주제를 갖는다.
4 미국 예외주의(American exceptionalism)는 미국이 역사적으로 다른 나라들과 다르고, 세상을 변화시킬 고유의 사명이 있으며, 그런 까닭에 미국이 다른 나라들보다 우월하다는 설로서 그 뿌리는 알렉시스 드 토크빌(Alexis de Tocqueville, 1805-1859, 프랑스의 정치철학자, 역사가)로 거슬러 올라간다.

8장 평시와 전시의 기독교 미덕

1 영어 단어 character는 라틴어 *character*에서 파생되었는데, 이는 다시 '새겨진 표지'(engraved mark) 또는 '영혼에 [찍힌] 상징이나 각인'이나 '표지를 찍기 위한 도구'를 뜻하는 그리스어 *kharakter*에서 유래했다고 한다.
2 라틴어 '*virtus*'(비르투스)는 '힘', '효력', '덕성' 등 여러 가지 의미를 갖는다.
3 아리스토텔레스는 목적(goal; *telê*)을 세 단계로 나누었다. 첫째, 중간적 목적(intermediate goals)은, 이를테면 부와 같은 것으로, 다른 것들을 위해 선택된다. 둘째 목적 같은 목적(goal-like goals; *telê teleia*)은 쾌락, 명예, 이성처럼 그 자체

를 위해 선택된다. 셋째, 가장 목적 같은 목적(most goal-like[teleiotaton] end)은 가장 최상의 목적으로 행복을 뜻한다.
4 글자 그대로 번역하면 '네덜란드식 용기'인 영어 표현 'dutch courage'에 대해서, 더치 진(Dutch gin)을 먹으면 몸이 따뜻해지고 전쟁 전에 마음이 진정된다고 해서 영국 군인들이 마셨다는 설과 네덜란드 군인들이 예네이버(Jenever)라는 술을 마시고 용기를 내는 것을 본 영국 군인들이 그 용기를 'dutch courage'라고 이름을 붙였다는 설이 있다.

9장 공적인 삶에서의 기독교 신앙

1 신무신론자들은 21세기 초에 무신론을 옹호하는 책을 쓴 저자들을 일컫는데, 여기에는 샘 해리스, 리처드 도킨스, 대니얼 데닛(Daniel Dennett), 크리스토퍼 히친스가 포함된다.
2 휘그주의 역사관(Whig history)은 과거를 더 큰 자유와 계몽을 향한 필수불가결한 전진이라고 본다. 허버트 버터필드(Herbert Butterfield, 1900-1979)는 자신의 유명한 에세이『역사에 대한 휘그의 해석』(The Whig Interpretation of History, 1930)의 서문에서 "많은 역사가들이 신교도들과 휘그주의자들의 편에 서서 저술하고, 성공한 혁명들을 찬양하며, 과거의 특정 진보의 원리들을 강조하고, 현재를 예찬하지는 않을지라도 추인하는 이야기를 만들어 내는 경향"을 언급한다.
3 시민동반자 관계(Civil Partnership)는 결혼한 부부와 비슷한 권리가 법적으로 인정되는 동성 간의 연합을 의미한다.
4 C. S. 루이스의『나니아 연대기』의 세 번째 시리즈인『새벽 출정호의 항해』(Voyage of the Dawn Treader)의 4장에 나오는 내용으로, 노예무역을 중단하는 것은 시곗바늘을 거꾸로 돌리는 것과 같다고 말하며 진보나 발전에 대해서는 아무것도 모르는 것 아니냐는 거버너의 질책에 대해 캐스피언 왕자가 한 말이다.
5 아동 성추행을 일컫는 것으로 보인다.
6 'The Troubles'는 20세기 말의 북아일랜드의 인종 민족주의 분쟁을 일컫는다.
7 티투스 루크레티우스 카루스(주전 99-55)는 로마의 시인이다. 에피쿠로스주의 세계관을 종합적으로 파헤친 철학적 서사인『사물의 본성에 관하여』(De Rerum Natura)의 저자이다.
8 주빌리 운동(Jubilee movement)이라고도 불리는 Jubilee 2000이라는 국제적

연합 운동이 펼치는 프로젝트들을 일컫는다.
9   누가복음 1:46-55에 걸쳐 나오는 마리아의 송가를 의미한다.

10장 예수님과 하나님 나라, 그때나 지금이나

1   예후다 하마카비(Yehudah Ha-Makabi, 유다 마카베오, 유다 마카비 등의 여러 가지 발음으로 알려짐)와 그의 형제들은 셀레우코스 제국(Seleucid Empire, 시리아 왕국)과 헬레니즘에 영향에 반대해 마카비 전쟁을 일으킨 이스라엘의 영웅이다.
2   "너희를 학대한 이방인들에게 복수하고 율법이 명하는 것을 잘 지켜라"(공동번역).
3   제2성전 시대는 예루살렘에 제2성전이 건축된 주전 약 151년부터 제2성전이 로마에 의해 파괴된 주후 70년 사이를 일컫는다.
4   '꽃의 힘'(flower power)은 1960년대 후반과 1970년대 초반의 수동적 저항 및 비폭력 이데올로기의 상징으로 사용된 슬로건이었다. 긴스버그(Ginsberg)가 이 용어를 만들어 냈다고 한다.

옮긴이 안시열은 서울대 사범대 졸업, 서강대 경영대학원 MBA과정 수료 후 한국외국어대 통번역 대학원을 졸업했다. 지학사, 한국네슬레, 인터브랜드 코리아 등에서 다양한 경력을 쌓았으며, 통번역대학원 졸업 후 다국적기업에서 인하우스 통번역사로 근무했다. 현재 출판 번역 네트워크 '사이에'의 위원으로 전문 번역가로 활동하고 있다. 옮긴 책으로는 『언스크립티드』를 비롯하여 『두려움이 인생을 결정하게 하지 마라』 『원 위크 마케팅』 『생각의 속도로 실행하라』 『소크라테스 카페』 등이 있으며 『프루스트는 신경화학자였다』를 공역했다.

광장에 선 하나님

초판 발행_ 2018년 6월 25일

지은이_ 톰 라이트
옮긴이_ 안시열
펴낸이_ 신현기

펴낸곳_ 한국기독학생회출판부
등록번호_ 제313-2001-198호(1978.6.1)
주소_ 04031 서울시 마포구 동교로 156-10
대표 전화_ (02)337-2257 팩스_ (02)337-2258
영업 전화_ (02)338-2282 팩스_ 080-915-1515
홈페이지_ http://www.ivp.co.kr 이메일_ ivp@ivp.co.kr
ISBN 978-89-328-1638-8

ⓒ 한국기독학생회출판부 2018

책값은 뒤표지에 있습니다.
무단 전재와 복제를 금합니다.